世界史の中の
近代日韓関係

長田彰文
Akifumi Nagata

慶應義塾大学出版会

目　次

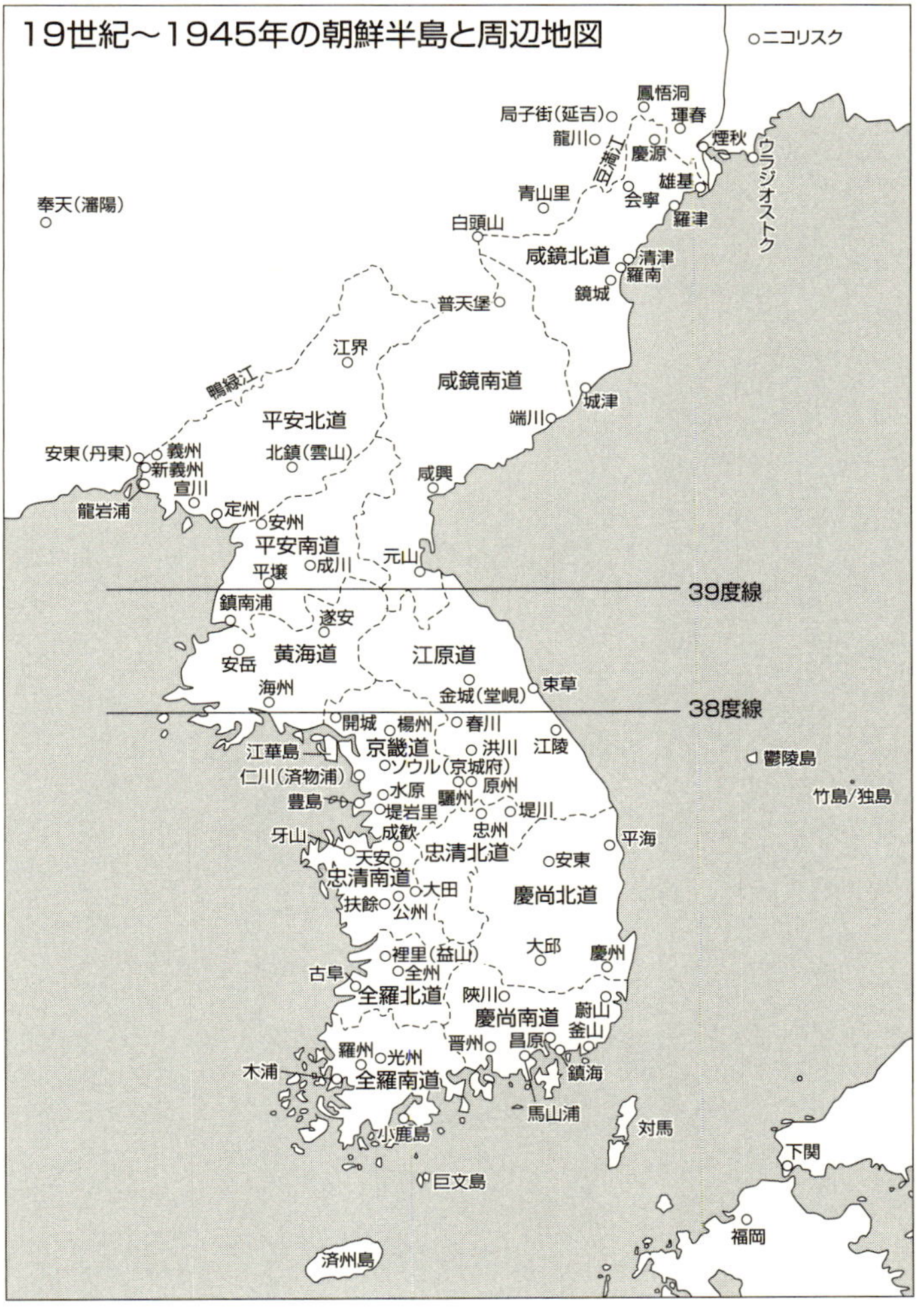
19世紀～1945年の朝鮮半島と周辺地図
ニコリスク
鳳悟洞
局子街(延吉)
琿春
龍川
慶源
煙秋
ウラジオストク
豆満江
雄基
青山里
会寧
羅津
奉天(瀋陽)
白頭山
咸鏡北道
清津
羅南
鏡城
普天堡
江界
咸鏡南道
鴨緑江
城津
平安北道
端川
安東(丹東)
義州
北鎮(雲山)
新義州
咸興
宣川
龍岩浦
定州
安州
平安南道
元山
平壌
成川
39度線
鎮南浦
遂安
黄海道
江原道
安岳
海州
金城(堂峴)
束草
38度線
開城
楊州
春川
江華島
京畿道
洪川
江陵
鬱陵島
仁川(済物浦)
ソウル(京城府)
原州
竹島/独島
豊島
水原
驪州
堤岩里
堤川
牙山
成歓
忠州
平海
天安
忠清北道
安東
忠清南道
大田
慶尚北道
扶餘
公州
裡里(益山)
大邱
慶州
古阜
全州
全羅北道
陜川
慶尚南道
蔚山
晋州
昌原
釜山
羅州
光州
木浦
全羅南道
鎮海
馬山浦
対馬
小鹿島
下関
巨文島
福岡
済州島

はじめに

古代～七世紀の朝鮮と日本

日本と中国にはさまれたような形で位置する朝鮮半島は、古くは古代からその日本および中国、特に強大かつ地続きで接している中国の影響を否応なしにうけてきた。

古くは古代に朝鮮半島南部にできた馬韓・辰韓・弁韓の三韓の時期においては、そのうちの馬韓と辰韓にはさまれる地域に位置した弁韓が中心となってのちに伽耶となった。伽耶は、日本との強いつながりを示す古墳などの出土品もみられている一方、かつて日本の出先統治機関であるとされた「任那日本府」の存在は現在、否定されている。

三韓に続いて北部の高句麗、南東部の辰韓が中心となってできた新羅、南西部の馬韓が中心となってできた百済が並立する三国時代においては、百済が日本の大和朝廷との関係を深めて、新羅や高句麗に対抗しようとした。一方、新羅は中国の隋、そして隋に代わって登場した唐との関係を深めて唐・新羅同盟を結んで、まずは六六〇年に百済を滅亡させ、そのあとの六六八年には高句麗を滅亡させた。日本は、百済と組んで唐・新羅連合軍と戦った白村江の戦い（韓国・朝鮮では「白江戦闘」）で敗れて、九州北部に防人などをおいて守りを固め、百済からの亡命者を受け入れる一方、新羅との関係は緊張をはらんだものとなり、関係の改善は限定的な範囲でしか進まなかった。さらに、日本は、新羅および唐を牽制するため、七世紀末に朝鮮半島北部から現在の中国東北部、ロシア沿海州の一部にわたる地域に建国された渤海との関係を深めた。また、新羅は、高句麗や百済を滅亡させたのち、唐が朝鮮半島に居すわろうとしたため、唐との関係を悪化させ、六七〇年から六七六年まで唐・新羅戦争を戦い、唐軍に攻め込まれながらも最終的にそれを退け、朝鮮半島の統一を果たしたのち、朝貢関係をもって唐との関係を改善させた。

元と高麗・日本

その後、高麗の建国が九一八年になされ、高麗は九三五年には新羅、翌年には百済の再興をめざして九〇〇年に建国された後百済を滅亡させ、朝鮮半島を統一した。高麗期の日本と朝鮮半島をめぐる国際関係において最大の出来事は、何といっても一二七四年の文永の役、一二八一年の弘安の役、いわゆる元寇である。中国においては唐宋時代に続いてモンゴル族が台頭して、一二世紀前半には高麗に服従を要求したが、高麗がそれを拒否したため、高麗に侵入した。高麗も約三〇年間も徹底抗戦したが、結局は服従を余儀なくされた。モンゴル族は、それ以前およびそれ以降とちがって、高麗への内政干渉も行なったため、反発が強まり、中には朝鮮半島の南方に浮かぶ済州島に立てこもって抵抗を続ける人たちも出た。それでも、現在の中央アジア地域、中東地域までも支配するにいたったモンゴル族は一二七一年、元を建国して、日本にも服従を求めたが、当時の鎌倉幕府がそれを拒否したため、元は一二七四年、高麗との連合軍を形成して日本に侵攻しようとした。しかし、海を越えての日本侵攻は当時の船舶技術をもってしてはむずかしく、また偶然にも侵攻時に大型の台風に遭って、退却を余儀なくされた。そして、元は一二八一年、高麗を従えて再度、日本への侵攻を企てたものの、やはり偶然にも大型の台風に遭って、退却を強いられた。元は、この二度にわたる失敗によって、日本への侵攻を断念せざるをえなくなった。また、一四世紀になって元が衰退するようになると、高麗は元と断交し、相対的に自由となる一方、東アジア海域などを中心に出没する海賊である倭寇に苦しめられるようになり、力を削がれるようになった。そして、一三六八年に中国において明が起こって元を追いやるという状況下、朝鮮では親明派と親元派に分かれて勢力争いが行なわれていた。そのため、高麗は、さらに力を消耗した。その間に倭寇の撃退で名をはせた李成桂が別に政権をたて、親明派の支持をうけてそれを固めた上で、一三九二年に朝鮮王朝を興し、自らが初代国王に就いた。高麗は、これをうけて滅亡したが、朝鮮（韓国）の英語表記「Korea」は、この高麗から来ており、高麗は、現在にもその名をのこしている。

朝鮮王朝の建国と日朝関係

朝鮮王朝は建国後、特に第四代国王の世宗大王が一四一八年に王位に就いて、全盛を迎えた。現在の大韓民国の一万ウォン紙幣の肖像にもなっている世宗大王は一四四六年、現在の朝鮮半島で使われているハングル文字を配下の学者に命じて作成・公布し、さらに仏教に対して廃仏政策をとって高麗時代の国教であった仏教に代わって儒教を国教とするなど、文化面にも影響を及ぼした。一方、外交面においても倭寇への対抗から一四一九年、対馬に侵攻して、応永の外寇を起こしたが、対馬側の応戦で被害をうけたため、退却し、翌一四二〇年には室町幕府と和解するが、それもあって倭寇はこれ以降、衰退するにいたった。また、朝鮮王朝と対馬とのあいだでは一四四三年、嘉吉条約が結ばれ、貿易上の取決めがなされたが、朝鮮との通商は、対馬だけではなく、日本の中国地方、九州地方の諸藩にも認められていた。しかし、一五一〇年には朝鮮半島南東部の慶尚道に位置する釜山浦、薺浦（現在の慶尚南道・昌原）、塩浦（現在の蔚山広域市）在住の日本人たちは、朝鮮側が自分たちに対して加えてくる各種の通商上の制限に対する反発から三浦の乱とよばれる反乱をおこし、日朝関係は、断絶状態となった。結局、朝鮮側が二年後の一五一二年、壬申約定を対馬藩主の宗貞盛に出し、日朝貿易の宗氏のみへの限定などをつきつけ、日本側も、それに応じざるをえなかった。

以上概観してきたが、朝鮮をめぐる国際情勢は古代以来、地続きで接していて、はるかに強大な中国、また海を隔てての隣国である日本との関係によっていかに左右されてきたのか、その一方で朝鮮がいかに屈服はしないで独自の存在を維持してきたのかがうかがえる。そして、そのことは、本書で対象とする近代の時期においても同様であるが、近代になってからは、朝鮮をめぐる国際関係において影響を与えることになるのは、日本や中国だけではなくなった。

つまり、一八世紀以降に現在のシベリア沿海州地域を中国から割譲させて、朝鮮半島の最北東部とわずかの距離ながらも国境を接するようになるなど、東アジア地域に進出を図ったロシア、さらに一八世紀後半に世界で最初に産業革命を成し遂げ、飛躍的に生産量が増えた商品の販売先などを求めて東アジアへの進出を図った英国、それに続く欧米列強なども朝鮮をめぐる国際関係に重大な影響を及ぼすようになり、朝鮮（韓国）は、近代以前以上に東アジアの国際関係の展開の影響をうけ、かつ影響を与えることになる。

本書においては、対象とする一九世紀半ばから一九四五年までの朝鮮（韓国）をめぐる国際関係の展開を日本との関係を中心にして詳細にみていきたい。

第一章

朝鮮の開国と当時の国際情勢

1　東アジア国際秩序の崩壊と朝鮮

倭乱と通信使

一六世紀末の日本では、豊臣秀吉は「天下取り」を果たしたのち、アジアにおける盟主となる夢をいだいて、そのために中国の明を服従させるため、そこへの通路となることを朝鮮に要求した。しかし、拒否されたことから一五九二年から一五九八年にかけて朝鮮への侵攻を行なった（日本では「文禄・慶長の役」、朝鮮では干支にちなんで「壬辰・丁酉倭乱」という）。これは、亀甲船を率いて日本側の海からの侵攻に抵抗した李舜臣[*1]に象徴される朝鮮および明の抵抗もあり、日本側が秀吉の死をもって一五九八年一一月に撤退したのをうけて、終わりをつげた。その間、日本側が朝鮮半島の南部から漢城（現在のソウル）を経て北部まで蹂躙したため、朝鮮は、大被害をうけた。また、日本は朝鮮からの撤退時、五万～六万人の朝鮮人を日本に強制的に連行したが、その中には陶工などもふくまれ、日本から朝鮮に帰れなくなった彼らは、否応なしに日本の九州などに定住するほかはなく、萩焼、有田焼、薩摩焼などを始めたともいわれる。[*2]また、日本は、朝鮮の文化財なども焼失させたり、日本に移送したりもした。

日本では、徳川家康が一六〇〇年の関ヶ原の戦いで勝ち、一六〇三年に江戸幕府を開いて、徳川の時代になった。家康は、秀吉へのライバル心もあって、断絶してしまった朝鮮との関係を修復することをめざしたが、朝鮮側の警戒心は、非常に強かった。それでも、一六〇九年に朝鮮と対馬の宗氏（宗義智）とのあいだで己酉約定が締結されたが、これは、通商・貿易上のさまざまな規定であった。この約定によって、日朝交易の窓口を宗氏のみとすること、朝鮮における日本の寄港地を釜山のみとすることなどが決まった。さらに、再度の「倭乱」への朝鮮側の警戒心から、釜山におかれた倭館[*3]に対馬の代官が行き、その中で外交や貿易などを行なうことに行動を限定され、彼らがたとえば漢城に行くことは認められなかった。そして、家康以降の江戸幕府の将軍は、自らは朝鮮に直接使節を送ることはなく、宗氏をあいだにおいての間接的・実質的関係をもつにとどまった。

一方、朝鮮から日本への使節として派遣されたのが、朝鮮通信使であった。「日本国王」（この場合、将軍を指す）への国書を手交する使節としての朝鮮通信使は、己酉約定が締結される二年前の一六〇七年に最初に派遣されたが、それと一六一七年、一六二四年の三回は、「倭乱」の時に日本に連行された朝鮮人の送還を目的としたため、「回答兼刷還使」とよばれた。そして、一六三六年の四回目からは通信使とよばれるようになり、「日本国大君」に宛てた国書を担った。この時期、一六三三年から一六三九年にかけて、一連の鎖国令が出され、日本は、禁止したキリスト教に対する警戒心から、布教しないことを約束したオランダ以外のヨーロッパ諸国に門を閉ざしたため、日本の対外関係は、中国[*4]およびオランダとの通商関係、朝鮮および琉球[*5]との通信関係に限定され

釜山・龍頭山公園の李舜臣像

た。朝鮮通信使はその後、一六四三年、一六五五年、一六八二年、一七一一年、一七一九年、一七四八年、一七六四年、一八一一年の計一二回派遣されたが、そのうち八回は、江戸幕府における新将軍の襲職時になされた。通信使は一回あたり、総勢が数百人にもなり、釜山から江戸までを往復したが、日本の儒者などはその道中、随員から教えをうけるなどして、日本文化にも影響を与えた。ただ、日本側にとってその負担は決して少なくはなく、六代将軍徳川家宣の政治顧問であった新井白石は一七一一年の時、通信使の受入れの簡素化および立場の対等化をめざした。ただ、白石は、「古代の三韓＝本朝の西藩」とか「朝鮮＝狡猾」といった倒錯した悪のイメージから、そのことを行なったといわれる。*6

鎖国と開国

ヨーロッパでは、一六四八年締結のウェストファリア条約によってヨーロッパ内における対等な国家間関係がきずかれたものの（その一方で、ヨーロッパあるいは欧米の外に対しては不平等な関係を求めることになる）、東アジアにおいては、そうではなかった。中国（清）を宗主国、周辺地域を朝貢国とする一種の上下関係が存在する冊封体制である東アジア国際システムがあり、朝貢国としては朝鮮、ベトナム（越南）、琉球などがあった。日本は、「大陸（中国）―半島（朝鮮）―島国（日本）」という東アジア国際システム内の序列においては下位に位置付けられたものの、正に海を隔てた島国であることから、その枠の外にもおかれ、中国の影響は朝鮮などの中国と地続きの国とはちがい、直接には及ばなかった。朝鮮などの朝貢国は、自国の国王が代わった時などに使節を中国に送り、恭順の意を示した一方、中国は、朝貢国に贈物

大院君

高宗

閔妃（と伝えられる女性）

をし、また朝貢国の内政には干渉しなかった。他方、日本は、鎖国によって独自の文化や政治体制をつくることができた。そのこともあって、江戸時代に対しては、鎖国によって世界から取り残されてしまったという否定的な評価がある一方で、独自性が保持されたこと、およびその中で教育や産業などの基盤づくりがなされたことという肯定的な評価もなされるようになってきている。

欧米諸国は、英国が一八世紀後半に世界で最初に産業革命を成し遂げてから、飛躍的に増加した商品の販売先およびその商品の素材となる資源の供給先などを求めて、アジアに対する接近をしばしば行なうようになった。清国は、一八四〇年から翌年にかけてのアヘン戦争において英国に敗北し、一八四二年の英中間の南京条約によって開国させられ、不平等条約という形で西欧国際法システムに組み込まれた。それをうけて、欧米の目は、今度は日本と朝鮮に向くようになり、たとえば米国下院海事委員会委員長のプラット（Zadoc Platt）は一八四五年、日本および朝鮮との通商関係樹立の必要性を決議させ、翌年にはビッドル（James Biddle）が日本に来航し、通商を要請したものの、拒否された。米国は、その時の経験をふまえて、一八五三年にペリー（Matthew G. Perry）艦隊の派遣による「砲艦外交」によって、翌年には日米和親条約を締結して日本を開国させ、さらに一八五八年の日米通商修好条約も、ヨーロッパ諸国に先んじて日本と締結した。そして、ヨーロッパ諸国も、米国に引き続いて日本と条約を結び（一八五八年の日米修好通商条約後、英仏露蘭とも修好通商条約を結び、「安政の五カ国条約」とされる）、日本も、西欧国際法システムに編入させられることになった。

一方、朝鮮では、朝鮮王朝における封建体制が動揺を見せる中、実子がなかった前国王哲宗の遠縁にあたる李熙が一八六三年、高宗として国王に即位したが、わずか一二歳だったことから、彼の父親である李昰応が後見役となり、李昰応には「大院君」の称号が与えられた。大院君は、それまでの「勢道政治」（王妃一族などの門閥や貴族階級にあたる「両班」による政治）を打破しようとする一方、自らも、封建的性格をもち、対外的には徹底的な異国排除の姿勢をとった。そのような中、一八六六年には米国の武装商船のジェネラル・シャーマン号が平壌を流れる大同江を遡行し、朝鮮側が退去を求めたものの砲撃や朝鮮人の拉致などを行なったため、民衆が攻撃をして沈没させ船員二四人全員が死亡するという事件[*7]、フランス人カトリック宣教師が処刑されたことにともなって同年にフランス艦隊が江華島を侵攻したものの撃退された事件[*8]（韓国・朝鮮では「丙寅洋擾」という）、一八六八年にはドイツ系商人のオッペルト（Ernst Jakob Oppert）が大院君の父・南延君の墓を盗掘しようとしたものの未遂に終わった事件がおこった。また、一八七一年にはシャーマン号事件に対する報復として米アジア艦隊司令官ロジャーズ（John Rogers）提督が率いる五隻からなる米艦隊が江華島を砲撃し、江華島の一部を占拠して朝鮮側に大きな被害を与えたものの朝鮮側の持久戦への引込みによって攻めきれないままで撤退に終わった事件（韓国・朝鮮では、「辛未洋擾」という）も発生した。これらの「洋擾（欧米諸国による襲撃）」において朝鮮が欧米の攻勢を退けたため、大院君政権は、「斥和碑」を全国各地に建立して、鎖国攘夷の不動の意思を内外に誇示した。しかし、まさにそのために、朝鮮は、とりわけ日本と比べて開国が遅れてしまった。

日本は、もちろん開国は望まなかったが、それにもかかわらず開国させられたことで、単なる藩レベルをこえて、「黒船」にしてやられたという危機意識、被害者意識ももつにいたり、「国際政治＝道理が通用せず、力がものをいう世界」、「日本の開国は、力が足りなかったせい」、「日本も、力をつけなければならない」などと認識するようになったが、これらの認識はその後、朝鮮をはじめとする近隣アジア諸国・地域に対する姿勢や政策の基盤となったといえよう。欧米が出没し、開国を要求するという状況の中で、産業の国有化や貿易の振興などを唱えていた佐藤信淵はすでに日本の開国前、国防の観点からアジア諸国への侵攻の必要性を唱え、一八五〇年代には吉田松陰が征韓を唱え、一八五九年に安政の大獄によって処刑された後は、彼が現在の山口県萩で運営した松下村塾において弟子であった人たちに征韓の考えが引き継がれたとされる。

2　日本における倒幕・明治維新と朝鮮

江戸幕府は、一八五〇年代の開国によって自らが定めた鎖国という掟を自らが破ることを行ない、また開国後の経済的混乱や社会的不安の増大によって、統治における正統性を喪失することになった。結局、紆余曲折をへて、薩摩藩や長州藩などとの争いの中で、一八六七年一一月に第一五代将軍の徳川慶喜による大政奉還、翌一二月の王政復古の大号令が行なわれ、明治維新が成った。

明治維新と「征韓」の主張

そのような中で、戊辰戦争が新政府と旧幕府とのあいだで戦われ、結局は一八六九年、薩長や土佐藩、肥前藩などが率いる「官軍」の勝利に終わるが、その終結前後の時期、長州藩を軍事的に率いた大村益次郎（村田蔵六）、政治的リーダーであった木戸孝允（桂小五郎）は、いずれも「征韓」を主張した。特に、木戸は旧暦の一八六八年一二月一四日、「使節を朝鮮に遣わし、彼の無礼を問い、彼若し不服の時は、其の土を攻撃し、大いに威を伸長せんを願う」と日記に記すほどであった。

日本では一八六八年二月二五日、外政機関として外国事務局が設置されたが、それが同年六月一一日、外国官となり、さらに翌一八六九年八月一〇日、外務省が設置された。その中で、まだ旧幕府勢力と戊辰戦争を戦っていた新政府は、戦争を有利に戦う中で、幕府時代に調印された諸条約の継承・遵守を確認して、駐日公使館からの国書奉呈などによって欧米からの承認をえた。しかし、新政府は、対外的和親や国権の拡張などを国是とする一方で、早くも一八六八年には不平等条約を改正する意向を表明していた。

明治政府が初期から欧米諸国とのあいだで外交的課題とした「条約改正問題」はその後、難航し、その解決は結局、明治期の終わりまでかかることになるが、明治政府が初期の段階においてもう一つ外交的課題としたものが、周辺地域との関係、とりわけ国境の画定および外交の一元化であった。そのような中で、朝鮮問題が、次第にクローズアップされることになる。

3 「征韓論」の台頭と日朝修好条規の締結

「征韓論」とその背景

その前段階として、江戸末期、幕府の対韓外交の中心を担ったのは対馬藩家老の大島正朝であったが、大島は、対馬を中心とする「日韓提携案」をもって朝鮮に対して強硬であった木戸を説得した。そして、二人は、幕臣で軍艦奉行並の勝海舟にそれを献策し、勝も日朝清の提携連合のため、朝鮮に赴こうとしたが免職されてしまい、実現しなかった。また、対馬藩は一八六七年、朝鮮と米仏間の調停にのり出そうとしたものの、幕府が崩壊してしまい、やはり実現はしなかった。そして、新政府は一八六八年四月一五日、対馬藩主の宗義達を「朝鮮通交事務取扱」として、外交の一元化に向けての第一歩を歩んだ。そして、新政府は、王政復古を朝鮮に通告するための使節を朝鮮に派遣することを決め、対馬藩にそれにあたらせた。それをうけて、対馬藩家老の樋口鉄四郎は一八六九年一月二三日、「大政一新通告ノ先問書契」を携えて、朝鮮に出発した。しかし、その書契には「皇室」とか「奉勅」といった文字があった。朝鮮からすると、「皇＝中国の皇帝のみ」であったことから、江戸期とは反対に自分たちのほうが日本の下に立たされることになるとして、反発し、また署名や印章も従来のものとは異なるとして、書契の受取りを拒否した。ただ、朝鮮側は、日本の使節を「洋夷」の尖兵と疑いつつも、伝統的に維持してきた日本との外交関係、すなわち日本への限定的な「開港」を再開する必要性も感じてはいた。

　書契の受取り拒否に対する反発や、また戊辰戦争に従事したあとは明治維新、その後の一八六九年に新たな華族（旧公家・大名）・士族（旧武士）・卒族（旧下級武士）・平民（旧農工商民）間の「四民平等」が実施されたこともあって「用済み」となっていた士族を転用するためもあり、木戸は一八六九年二月、三条実美・岩倉具視宛ての書簡で、兵力をもって釜山を開港させたいが、それは物産金銀の面からは損失かもしれないものの、「皇国の大方向を立て」国民の目を内外に一変させるのが目的であるとした。そして、政府は、対韓交渉の事務を宗氏から外務省に移し、宗氏に朝鮮への使節の派遣の中止を指令し、一八七〇年一月七日、外務省出仕の佐田白茅および外務小録の森山茂たちを朝鮮に派遣した。彼らは、前年から「征韓」を主張していたが、大政維新通知書の伝達を釜山で交渉したものの、朝鮮側は、拒否した。そこで、彼らは帰国後の同年四月、征韓のため三〇大隊の出兵を建議した。さらに、同年八月、外務大丞の柳原前光が岩倉具視右大臣に宛てた「朝鮮論」において朝鮮に対する積極策を説いた。さらに、同年一〇月、外務権少丞の吉岡弘毅と森山が朝鮮に派遣され、二人は外務卿の書簡を伝達しようとしたものの、拒否された。そして、吉岡は、釜山の倭館において朝鮮側における日本との交渉の責任者である訓導の安東晙と会見したが、進展はなかった。

　一方、そのような中で、外務大丞の丸山作楽は、佐田に共鳴し、沢宣嘉外務卿に征韓の実行を促したものの、容れられなかったため、在職のままで軍艦や兵器を購入して有志を募った上での朝鮮への出兵計画を立てたが、発覚して、禁固処分となった。このように、慎重な姿勢もみられたものの、外務省は一八七

○年四月、「対朝鮮政策三カ条」を出した。その一は国力の充実まで朝鮮との交際を廃止する、その二は皇使（この時は木戸を想定）を派遣して、国書の受理および通商条約の締結を迫り、拒否時には武力を発動する、その三は宗主国である清国と対等条約を結び、その朝貢国である朝鮮を一等下におくというものであった。そして、そのうちの三として、一八七一年九月一三日、日清修好条規を締結して、相互に領事裁判権を認めるなどした。

ただ、この時期、朝鮮問題以外にも周辺国・地域とのあいだで外交問題が浮上していた。ロシアとは、樺太問題が浮上したが、一八五五年の日露和親条約で樺太は日露両国人の雑居、千島はウルップ島以北はロシア領、択捉島以南の歯舞群島、色丹島、国後島は日本領で合意した[*9]ものの、樺太におけるロシア人の数が増大してバランスが崩れつつあった。さらに、ロシアが一八六九年八月、函泊において兵営陣地を構築したりしており、一方で駐日英公使のパークス（Harry S. Parkes）は樺太の放棄と北海道経営への専念を勧め、日本政府内でも開拓次官の黒田清隆はそのことを主張するという状況であった。また、一八七一年一二月一八日、琉球の八重山群島の漁民五四人が台湾に漂流したのち、現地人に殺害されるという事件が発生したが、琉球王国の（薩摩と清国に対する）「二重朝貢」を解消させるためもあって、台湾出兵論が出た。さらに、一八七一年一一月二〇日、一応の名目は欧米各国の財政・法律制度の研究のためであったが、実際は条約改正のため、右大臣の岩倉を特命全権大使、大蔵卿の大久保利通、参議の木戸、工部大輔の伊藤博文を副使などとする使節団が欧米に向けて派遣された。そして、日本にのこったのは、いわゆる「留守政府」であった。西郷隆盛をおし立てた土佐・肥前の人たちは「留守政府」において権力を掌握していく一方、対外的には強硬な政策をとるようになった。

一八七一年七月に実施した廃藩置県によって、新政府は、対馬の宗氏の対朝鮮外交権を接収し、対朝鮮外交の一元化を完成させた。そのような中、一八七一年一二月、外務卿に肥前出身の副島種臣が就いた。そして、そのもとで一八七二年九月、外務大丞の花房義質は軍艦を率いて釜山に赴き、草梁の倭館を接収し、「日本公館」と称した。それでも、大院君のもとで「衛正斥邪」が行なわれていた朝鮮側はこれを認めなかったため、交渉自体は不調であった。

一八七三年になると、日本政府は四月に、朝鮮在勤として外務省出仕の広津広信を釜山に赴任させ、すでにいた森山茂に協力させた。しかし、朝鮮側は五月に、草梁倭館への食糧の供給を中止し、倭館の門前に「無法之国」との掲示を行なった。これをうけて、森山は六月に帰国しこのことを報告したので、政府内では、この問題の解決のため「征韓」の機運が高まった。

おりしも副島は、日清修好条規の批准書交換のため清国に渡っていたが、そのような中、副使の柳原が一八七三年六月二一日に清国側と会談した際、清国側は、朝鮮の和戦の権利には干与しないとした。すでに大久保は五月二六日、木戸は七月二三日に帰国していたが、清国側の意向を聞いて帰国した副島の報告をうけて、八月一七日の廟議において西郷隆盛の朝鮮への派遣が決定された。ただし、天皇は、岩倉の帰国を待って裁可するとした。西郷の朝鮮行きには副島、肥前出身で司法卿の江藤新平、土佐出身の板垣退助、後藤象二郎が賛成した一方、大久保は、この時点では反対できなかった。西郷の朝鮮行きの目的については、既存の研究では「征韓」か「遣韓」かなどをはじめとしてさまざまな説がたてられており、現在も決着がついていない。以上のような中で岩倉が九月一三日に帰国し、一〇月一四日の廟議において遣韓使について協議されたが、この時に大久保や岩倉、木戸たちは内治優先論を唱えて遣韓使に反対し、決定しなかった。翌一五日に太政大臣の三条実美は西郷たちに迫られて議決したものの、その後、大久保たちからも迫られ、三条は一〇月一八日、病気を理由にして辞職した。そして、一〇月二四日、岩倉の上奏によって天皇が遣韓使の無期延期を決めたため、西郷、江藤、副島、板垣、後藤の五人は下野した。その直後の一一月には対民衆行政および殖産興業のために内務省がおかれ、初代内務卿には大久保が就いた。

これがいわゆる「明治六年政変」であるが、征韓をめぐってというよりも、「薩長土肥」という藩閥政府において非主流派であった土佐と肥前の勢力が政府内での主導権をにぎるため主流派の薩長に対して仕掛けたものの最後の段階で失敗したということは否定できない。

日朝修好条規の締結へ

さて、一八六三年に即位した高宗は一八六六年、大院君夫人の推薦で結婚するが、その相手が閔妃であった。舅と嫁の関係であった大院君と閔妃は初めはうまくいっていたものの、ほどなく対立するようになり、高宗もまきこむことになった。しかし、一八七三年一二月には閔妃による追落としが奏功し、大院君は隠退した（癸酉政変）。閔妃は、大院君への反発から、それまでの政策の転換を図り、明治政府を対日交渉の相手として認めた。また、一八六〇年代より欧米との洋擾にも関わった朴珪寿は一八七一年の辛未洋擾以来、鎖国に反対し、大院君の隠退以後は違式による書契の不受理にも反対した。彼は一八七四年以降、国政から退き、人材の育成に努め、その中から金玉均、金允植、朴泳孝、兪吉濬などの開化派が輩出されることになる。

日本政府は一八七四年二月六日の閣議で台湾の「征討」を決定したのち、四月四日、陸軍中将の西郷従道を台湾蕃地事務都督とし、西郷従道は五月二二日、台湾に上陸した。そして、台湾問題決着のため、大久保が九月に北京に行き、一〇月三一日、日清両国間互換条款を結んで、台湾において「日本国属民」が危害を加えられたことを認めさせ、それをうけて、一二月に台湾から撤兵した。そのような流れの中で、日本は、朝鮮とも相対した。日本政府は一八七四年五月、外務省出仕となっていた森山茂に朝鮮差遣を命じ、日本公館長となった彼は一八七四年九月三日、朝鮮訓導の玄昔運から初めて正式の接見をうけた。それをうけて、森山は一〇月に帰国し、一二月二八日に理事官として朝鮮に向かった。彼の任務は、三条の裁可を経た外務卿寺島宗則の朝鮮礼曹判書宛ての書契の伝達であった。しかし、そこにはやはり「皇上極ニ登リ」とか「勅ヲ奉シ」などの文言があり、朝鮮側は、受理を拒否したが、宴享（使節歓迎の儀式）をもつことは、江戸期の旧来のやり方でという条件で同意した。それに対して、森山が洋式の礼服の着用を主張したため、交渉は頓挫し、宴享も延期された。それをうけて、日本政府は一八七五年の五月と六月、軍艦である雲揚号および第二丁卯号をそれぞれ釜山に派遣した。そこで、朝鮮側は、日本に抗議をする一方、六月九日には書契の受理をめぐって会議をもったが、受理四、拒否七、保留・不明二四で、拒否が決まった。受理を主張する側には朴珪寿、拒否を主張する側には大院君がいた。そして、通訳官の金継運が釜山に送られたが、森山は、会見を拒否した。

排水量が二四五トン、井上良馨少佐が艦長であった雲揚号は釜山で発砲演習を行なったのち、朝鮮の東海岸を北上して測量活動や咸鏡道永興湾や慶尚道迎日湾に上陸したりして、いったんは長崎に戻った。しかし、雲揚号は九月、再び朝鮮に赴き、同月二〇日、ソウル西方の要衝地である江華島の東側と朝鮮半島のあいだを流れる河口を北上しつつ、測量・示威を行なったが、この行為は、現在でいうところの領海侵犯に相当するものであった。その際、雲揚号は、江華島南東にある草芝鎮に飲料水を求めたところ、朝鮮側が発砲したため、応戦した。そして、雲揚号は南下して、現在は埋立て・拡張して仁川国際空港が位置する永宗島を攻撃・占領したが、同島の朝鮮軍民約六〇〇人は敗走し、朝鮮側の死者は三五人、日本側の死者は一人出た。雲揚号は同月二八日、長崎に帰港したが、そこから東京の海軍省に対して事件について報告した。なお、森山は事件翌日の二一日、旧式の宴享に従うのを拒否するとして釜山を離れて、帰国した。そして、日本政府は二九日から対応を協議したが、とりあえず「居留民・日本公館の保護」のため、春日号を釜山に派遣し、この船は、釜山に停泊した。

以上のような状況の中、日本政府は、清国に仲介を依頼するための、外務少輔の森有礼を派遣した。森は一八七六年一月二四日、北洋大臣・直隷総督で清国の最高実力者であった李鴻章と会談したが、不調に終わった。その一方で、一八七五年一二月九日に寺島と駐日米公使のビンガム（John Bingham）のあいだで会談がもたれた際、ビンガムは二〇数年前のペリー艦隊の日本来航時のやり取りなどをペリー自身が記した『日本遠征記』を寺島に手渡し、かつてペリーが日本に対して行なったことを今度は攻守ところを代えて日本が朝鮮に対して行なうにあたっての「手順」を示していた。また、朝鮮では同年一二月、書契の受理を決定したものの、時すでに遅く、結局、日本政府は、特命全権大使の朝鮮への派遣を決定した。そして、その大使には木戸が手を挙げたものの、彼は病気のため、辞退した。その代わりに大使となったのが、薩摩出身の陸軍中将・黒田清隆であり、バランスをとるため副使には長州出身の井上馨がなった。黒田への訓令は、事件の責任は朝鮮側にあると認めさせること、しかし日本と修好条約を結び、通商を拡大すれば「賠償」は求めないというものであった。日本は、この問題が書契問題のように長引くことを嫌ったため、艦隊の動員による圧力をもってして交渉を一気に進めようとした。そして、日進号以下三隻の軍艦、玄武丸以下三隻の輸送船、随員約八〇〇人を率いて、黒田は一八七六年一月六日、品川を出発し、一五日に釜山に着いた。そして、黒田一行は二三日に釜山を出港し、江華島に向かう一方、一九日には黒田の陸兵増派要請によって陸軍卿の山県有朋が下関に着いた。

江華島においては、一八七六年二月一一日から二〇日まで四回にわたって本交渉が日朝間でなされ、朝鮮側は、接見大官の申櫶、接見副官の尹滋承が交渉の席についた。江華島事件に書契、黒田の高圧的態度などによって、朝鮮は不利な立場に立たされ、朴珪寿は、不利な条約の締結にはブレーキをかけようとしたもののうまくいかなかった。結局二月二六日には日本側は黒田と井上、朝鮮側は申櫶と尹滋承が調印して、日朝修好条規が締結されたが、朝鮮側としては、旧来の限定的な対日開港を続けるつもりであった。

その第一款は、「朝鮮国は自主の邦にして日本国と平等の権を保有せり」というものであったが、日本は、これによって中朝宗属関係の否定を企図した。また、第二款は、「日本国は……使臣を派出し朝鮮国京城に到り、……朝鮮国は……使臣を派出し日本国東京に到り……」とあり、お互いの首都への使節の派遣・滞留を定めた。現在のソウルは、当時の朝鮮では「漢城」を正式の名称としていたが、日本側がもともと「都」の意味である「京城」とつけた。さらに、第四・五款は、釜山以外の二港の開港、第八・一〇款は、それら(結局、現在の仁川である済物浦および元山となった)に管理官を派遣することおよび彼らによる治外法権を日本が手にした(朝鮮側は、「无為明白相孚之道」として、無条件で応じた)。そして、第一一款に従って通商章程の協議がもたれ、一八七六年八月二四日、日朝修好条規付録の付属往復文書と貿易規定が調印された。

日本は、この頃において欧米とのあいだの不平等条約の改正が不調に終わっていた一方、その不平等条約を朝鮮には押し付けるという「抑圧の移譲」を行なったといえる。そして、日本は、これをもって朝鮮と近代的国際法関係に入ったと考えたが、朝鮮は、そのように考えてはいなかった。その象徴が、第一款の「自主」の解釈をめぐってであった。日本側がこれによって朝鮮の清国からの「独立」と考えた一方、朝鮮側は、従来の冊封体制内における「自主」と考えて、中国から独立する考えはなく、日本を牽制するためにも清国の力を借りようとした。朝鮮政府の重臣であった李裕元は、対日政策について清国の李鴻章に意見を求めたが、李鴻章は、最初はロシアの脅威を強調して、日朝修交自体には反対しなかった。しかし、日朝修好条規の文言、また一八七九年八月に日本が琉球を沖縄県に編入したことに対して、李鴻章の対日警戒心は強まった。そこで、李鴻章は一八七九年八月、李裕元への書簡で①軍備の強化、②欧米への開国を勧告した。しかし、朝鮮は、この時点では②は拒否した。

日朝修好条規・付録などが一八七六年に締結されたが、朝鮮側は、ソウルにおける公使館の設置や内地旅行などについては譲歩しなかったし、二港の開港をいつどこで行なうかも決めなかった。また、日本側は朝鮮側が関税のことまで考えていなかったことを利用して上記の付属往復文書（朝鮮代表趙寅熙宛て日本代表外務大丞宮本小一書簡）に輸出入税の不課を挿入したものの、実際には朝鮮側はその後、一方的に課税するなどして、不平等条約ではあったものの、当初の実態は、以上のとおりであった。

4　朝鮮問題の「国際化」

修交後の日本と朝鮮

日本においては「明治六年政変」以降、各地で士族による反乱が起こったが、一八七七年二月から九月までの西南戦争で決着し、反政府運動は、すでに起こっていた自由民権運動が担うことになった。そのため、日本陸軍の任務が国内における内乱に対するためである必要はなくなった。そのような中、一八七八年には陸軍省参謀局から独立する形で参謀本部が設置され、初代参謀総長には山県有朋が就いた。この措置は、自由民権運動の勢力が政権を掌握することになる場合にその影響が陸軍に及ぶことを阻止するためのものであったが、軍令を担う参謀本部は陸軍の作戦や指揮などに携わり、しかも天皇の直属でもあったため、陸軍省でも関与できないことになった。そして、彼のもとで陸軍が外向きのものとなったのである。

日朝修好条規などの締結によって、日朝貿易は増大した。そのため、不利な状況におかれた朝鮮は金山における課税にふみきったが、日本とのあいだで摩擦が生じた。そこで、その問題の協議のため、金弘集が一八八〇年八月から九月、修信使として日本を訪問した。金弘集は、全権委任状を持っていなかったので、関税問題については日本政府と交渉できなかったが、八月三〇日の参内もふくめた日本政府要人との会見、各種施設の見学などを行なった。一方で、金弘集は駐日清国公使館も訪問したが、その際に公使の何如璋は、書記官の黄遵憲が著した『朝鮮策略』を贈った。その内容の要点は、「防俄之策如之 日親中国結日本聯美国以図自強」(ロシアを防ぐ策として、中国と親しくして、日本と結び、米国と連なることをもって自強を図る)というものであり、李鴻章の考えと類似していた。金弘集は帰国後、『朝鮮策略』を高宗に献上し、日本視察の報告も行なった。そのため、朝鮮政府は日本に対する印象を改善させ、また鎖国政策を転換させ、欧米に対して開国する方向へとかたむくことになる。そして、駐朝代理公使から弁理公使に昇格した花房が一八八〇年一二月二七日、高宗に接見した(朝鮮国王が外国使臣に接見した最初のもの)のをうけて、日本公使館がソウルに設置された。

「陰謀の大海」へ

おりしも、米国海軍提督のシュフェルト(Robert Shufeldt)が一八八〇年四月、朝鮮と修交する目的で長崎に来航した。しかし、外務卿の井上馨は、日本の介入が朝鮮の対日感情を害する恐れがあるとして、影響力の行使は拒絶して、紹介状のみを渡した。それを持ったシュフェルトは五月一四日、釜山に着き、領事の近藤眞鋤の紹介で国書を朝鮮側に捧呈しようとしたものの、拒否に遭った。そのような経過を見て不快に感じた李鴻章は、自らの力で朝鮮と米国とを結びつけようとして、八月に天津においてシュフェルトと会談した。その際、李鴻章は、米朝条約に「朝鮮は、清帝国の付属国」との文言を挿入しようとしたが、これは、日朝修好条規における「朝鮮＝自主の邦」によって傷つけられた清国の宗主権の回復を図ったものであった。しかし、シュフェルトがこれを拒絶したため、妥協案として条約には入れずに、シュフェルトが別の公簡において中朝は宗属関係であることを認定し、朝鮮国王も米国大統領に朝鮮が清国に付属するという書簡を送ることで両者間で合意にいたった。それでも、大統領のアーサー（Chester A. Arthur）は、その合意を拒絶したため、中朝関係に対する米中間の考え方の違いは埋まらなかった。結局、一八八二年五月二二日、仁川においてシュフェルトと朝鮮代表の申櫶および金弘集のあいだで米朝修好通商条約が締結された。その第一条は、「周旋条項」（Good Offices Clause）であり、「第三国が締約国の一方を抑圧的に扱う時、締約国の他方は、事態の通知をうけて、円満な解決のため周旋を行なう」という文言であった。また、領事裁判権などの文言もあり、朝鮮にとって不利な内容の不平等条約であったが、すでにあった清国や日本の欧米との同様の条約と比べると、その不平等性は希薄であった。そして、この米朝条約が呼び水となって、英国とドイツが翌一八八三年、ロシアとイタリアが一八八四年、フランスが一八八六年、相次いで朝鮮とのあいだで修好通商条約を締結したが、それらは、米朝条約よりも不平等性が強く、朝鮮、特に高宗の米国に対する期待はこれ以降、強まることになった。清国は、朝鮮問題をめぐって日本を牽制するために朝鮮と欧米間の修交を促したが、それは、清国からの朝鮮の独立と、列国間の国際的角逐に朝鮮を引き込むこと、言い換えれば「陰謀の大海に朝鮮を浮遊させる」結果となったのである。

5　朝鮮をめぐる日清対立・清国の優越と朝鮮

民衆の困苦と壬午軍乱

朝鮮政府は一八八一年、一連の近代化政策に着手した。その中で、軍制改革として同年五月、日本から堀本礼造少尉を教官に招いて、約八〇人からなる洋式の別枝軍を創設し、旧軍を統合したが、別枝軍が優遇された。また、同年五月から一〇月にかけて、朴定陽、洪英植、魚允中、兪吉濬たちからなる紳士遊覧団が日本に派遣されたが、遊覧団は、日本の政治・経済・教育・軍事などを視察し、報告書を作成した。そのうち、兪吉濬は、日本に留まって慶應義塾に留学した。一方、金允植が同年九月、軍事技術を学ぶための留学生とともに清国の天津に行なったが、こちらのほうはうまくはいかなかった。

以上のような状況に対して、大院君を中心とする鎖国攘夷派は反発し、国王の高宗の許には近代化に反対する上疏が相次いだが、上疏をした者たちは、流刑や処刑に付された。

ところで、日朝修交以降、米や大豆、金などが日本に流出したが、とりわけ輸出の中の八割を占めた米価が二～三倍にまで暴騰し、朝鮮の民衆にとって生活が苦しくなった。そのため、朝鮮の近代化政策、また漢城（ソウル）に唯一公使館をもつ日本に対する怨嗟の機運が高まった。そのような中、一八八二年七月二三日、一年以上の俸給米の遅れののちにようやく配られた米がじゃり混じりの粗悪品であったことに端を発し、旧軍が別枝軍を襲撃する事件が発生したが、大院君が旧軍を指揮し、さらに漢城の民衆も加わって暴動化し、反日および反閔妃の色彩をおびたものとなった。彼らはまず堀本を殺害後、日本公使館を襲撃したため、花房以下二八人は、済物浦に脱出したが、そこまでの道中およびそこでも襲撃され、二六日に英国の測量船に収容を求めて救助されて、二九日には長崎に着いた。暴動の波は二四日、閔妃もいる昌徳宮にも及んだが、閔妃は脱出に成功して、忠清北道の忠州近くの長湖院に身を隠した。その間に、堀本をふくめた日本人一三人が殺害されたが、二五日には大院君が全権を掌握し、近代化政策を否定し、具体的には別枝軍や統理機務衙門が廃止された。

日本政府は、花房の報告をうけ、七月三一日の閣議において朝鮮政府への謝罪と賠償の要求、朝鮮への軍の派遣などを決定した。そして、対朝交渉を委ねられた花房は八月一三日、軍艦四隻、輸送船三隻、陸軍一個大隊とともに済物浦に上陸した。一方、東京の公使館からの報告で事態を知った清国は、李鴻章の代理の張樹声が軍艦を出動させ、また呉長慶が指揮する陸軍約二、〇〇〇人を派遣することを決定した。さらに、天津に滞在中の金允植と魚允中が大院君の逮捕を清国に求める中、清国は、日朝間の調停を日本に申し入れたが、日本は、「独立国」朝鮮との二国間の問題であるとして、拒否した。

朝鮮入りした清国軍は、日本軍を制して漢城に進駐したが、クーデターに参加した兵士や民衆を掃討したのち、八月二六日には大院君を拘束し、天津から保定に拉致した。そして、それに先立つ八月二三日、中朝間で朝清商民水陸貿易章程が締結されて、中朝間の宗属関係が明記された。欧米に対する朝鮮の開国は清国が進めたものであり、これに反対した大院君は、清国の怒りを買った。そして、これ以降、朝鮮に対する清国の影響力が増大する中で、閔妃は九月一二日、昌徳宮に戻った。一方、花房と李裕元、金弘集のあいだで済物浦条約および日朝修好条規続約が締結された。前者は、この壬午軍乱中心人物の処断、日本人被害者への見舞金計五万円の支払い、損害賠償および軍の出動費五万円の支払い、公使館の警護兵の設置などが内容であり、後者は、日本公使・領事の朝鮮内地旅行権の承認などが内容であった。また、一八八三年には、一八八〇年の元山に続いて、済物浦が開港された。

李鴻章は壬午軍乱のあと、朝鮮政府の要請で馬建常およびドイツ人メルレンドルフ（Paul G. von Möllendolf）の二人を顧問として派遣した。そして、朝鮮政府は、政府機構の再建、清国軍にならった「親軍」の創設、海関（税関）の新設などを行なったが、いずれも、清国の影響のもとでなされた。

甲申政変

そのような中、一八八二年一〇月には、軍乱を謝罪するための修信使として朴泳孝と金玉均が来日し、国書を捧呈した。そして、同年一二月一八日には朝鮮政府が日本の外国為替専門銀行であった横浜正金銀行から一七万円の借款を受ける協定が成立したが、うち五万円は日本への賠償金の支払い、残りの一二万円は、朝鮮内の「開化派」を支援するための資金として使われた。また、時期は戻るが、同年一一月一六日、新駐朝弁理公使に竹添進一郎が就き、花房は、駐露公使に転出した。翌一八八三年一月には慶應義塾で福沢諭吉の門下生であった井上角五郎などが漢城に来て、開化派を援助した。彼はたとえば一八八三年一〇月三一日、朝鮮で初めての官報兼新聞であった『漢城旬報』の創刊にも関わった。しかし、この時期、朝鮮政府において朴泳孝や金玉均などは左遷されており、そこで金玉均は同年六月、それを挽回するために来日し、翌一八八四年五月まで滞在したが、その間に第一銀行（現在のみずほ銀行）頭取の渋沢栄一をはじめとして日本側に三〇〇万円の借款を求めた。しかし、日本側の開化派に対する期待が薄くなっていたため、それは失敗に終わった。

壬午軍乱ののちに清国の影響力が増大する中、朝鮮の政界は、親清派である事大党と開化派である独立党に分かれた。前者は、立場を換えて反日・清国依存へと転じた閔氏一族が中心となる一方、後者は、開国派の中で清国との宗属関係の断絶、日本の明治維新をモデルとした近代化の推進などを企図した金玉均、朴泳孝、兪吉濬などがメンバーであった。また、清国との宗属関係の廃棄にまではいたらずに近代化を図る穏健改革派の金允植、金弘集、魚允中などもいた。

開化派は朝鮮政界の中で次第に孤立化し、焦燥感をいだいた。そのような中、一八八四年六月一九日に清仏戦争が勃発し、フランス艦隊は、清国の福建艦隊を全滅させ、さらに台湾北部の基隆の占領、台湾の西海岸の封鎖などを行なったため、三、〇〇〇人の在朝清国軍のうち約半数の一、五〇〇人が移動し、清国の威信が朝鮮において動揺をきたした。開化派は、そのことを絶好の機会ととらえた。

おりしも、万国郵便連合（UPU）への加入をうけて、郵征局が漢城の安国（洞）で開局したのを祝賀するパーティが一八八四年一二月四日に開かれ、閔氏政権の人たちも出席することになった。この機会を利用して、開化派からは、日本の陸軍戸山学校への留学生一四人および政府軍の一部がパーティを襲撃して、閔泳翊を負傷させたが、竹添は、「日本政府に無断で」彼らに武器調達などの便宜をはかった。彼らは高宗に迫って日本軍の出動を求めさせ、後でやって来た閔泳穆や閔台鎬などを殺害し、一二月五日には新政権を樹立し、翌六日には清国との宗属関係の廃止などの国政改革案を発表した。しかし、その日の午後、閔氏政権の要請で袁世凱が率いる清国軍約一、五〇〇人が出動し、政府軍も加わって、日清両軍が戦闘を行なったが、日本軍は約一五〇人であったため、三時間で敗北してしまった。そのため、新政権は文字通りの「三日天下」に終わり、金玉均や朴泳孝、徐光範たちと竹添、井上角五郎、日本の軍民二百数十人は一二月一一日、汽船の千歳丸に乗って済物浦から脱出して日本に向かったが、その間に約三〇人の日本人が殺害されてしまった。ここで、この甲申政変に日本政府が関わっていたかどうかが問題となるが、外務卿の井上馨は、金玉均たちに肩入れしていたものの、竹添が請訓した時には態度を変え、不承認を指示したとされる。しかし、それが届かないうちに甲申政変が起こった。竹添からの報告で、日本政府は一二月二二日、井上馨を特派大使として朝鮮に派遣した。そして、一八八五年一月九日、井上馨と金弘集のあいだで漢城条約が調印され、日本人被害者への補償、焼失した日本公使館再建のための敷地や費用の提供などが決まった。一方、清国との交渉のため、日本は伊藤を派遣し、彼と李鴻章とのあいだで天津条約が締結されたが、日清両国の朝鮮からの撤退、日清の一方が朝鮮に出兵時に他方に事前通告すること、出兵事由が解決時には即時撤兵する義務を負うことなどが取り決められた。

朝鮮における清国の優越確立と日本の対応

甲申政変後、朝鮮に対する清国の宗主権はいっそう強化された。そのため、高宗や閔妃は、そのことへの反発から対露接近を図り、メルレンドルフを通じて第一次朝露密約が成立したが、事前に発覚してしまったため破棄された。李鴻章はすぐさまメルレンドルフを解任し、後任の外交顧問にデニー（O. Denny）を派遣する一方、高宗や閔妃を牽制するため、一八八五年一〇月五日、大院君をソウルに送還した。また、袁世凱が一一月、駐箚朝鮮総班交渉通商事宜としてソウルに着任し、金允植などが彼に協力したが、これ以降、一八九四年までの約九年間、清国の宗主権が強化された。さらに、高宗と閔妃は一八八六年八月、駐朝露代理公使のウェーバー（Karl I. Waeber）とのあいだに第二次朝露密約を結んだが、これは、金允植の通報によって袁世凱によって破棄された。袁世凱は高宗の廃位も図ったものの、これは、李鴻章が阻止した。このような動きを前にして、天津条約締結三日前の一八八五年四月一五日、前年七月締結の朝露修好通商条約の中に両国艦隊の相互寄港の規定があること、ロシアが朝鮮北東部の永興湾を租借するという噂、当時ロシアが行なっていたアフガニスタンへの侵攻に対抗する目的などから英国艦隊が朝鮮南海上の巨文島を占領し、それは、一八八七年二月まで続いたが、その背景には世界各地における英露間の対立があった。また、朝鮮が欧米との修交にともなって公使を派遣しようとした際も、袁世凱は出航を妨害し、初代駐米公使として一八八七年に米国入りした朴定陽は、ワシントンにおいて駐米清国公使館の指示をうけた。そして、経済的にも、清国は、海関の掌握、電信網の支配、輸送の独占、ソウルにおける中国人街の形成などを行なった。

開化派の失敗、清国の朝鮮に対する宗主権の強化を目にした福沢諭吉は一八八五年三月一六日、自らが主宰する新聞『時事新報』において「脱亜論」を発表し、「亜細亜東方の悪友（中朝）の謝絶」と日本のみの近代化を主張した（「脱亜入欧」）。もっとも、近年、福沢自身は「脱亜論」などは書いてはおらず、書いたのは彼の門下生の石河幹明などであるとの主張も出ている一方、書いたのは福沢であるとの反論も出るという状況である。ただ、福沢は当時、『時事新報』の編集にも自ら関わっており、それらが福沢の思想を反映したものであったことは否定できない。

日本に亡命した開化派に対して、朝鮮政府は一八八五年一月と三月、井上馨に身柄の引渡しを要求した。日本政府は拒絶したものの、開化派による朝鮮の改革の可能性がなくなったのをうけて、彼らの保護もためらいがちとなった。そのような中、一八八五年一一月二二日に自由党の大井憲太郎たちが大阪から朝鮮に渡って立憲制の確立や朝鮮の独立を図ろうとしたものの、発覚して逮捕されるという大阪事件が起こったが、この事件は、自由民権運動が国権論の性格、外交に関しては強硬な姿勢をとる「対外硬派」の側面ももっていたことを如実に示していた。このような動きに対抗するため、朝鮮政府は一八八六年二月、金玉均暗殺のためにかつての弟子池運永を日本に派遣したが、日本政府は、池運永の召還を朝鮮政府に求める一方、金玉均にも国外退去を命令した。それをうけて、池運永は朝鮮に召還されたが、金玉均は出国しなかったため、日本政府は金玉均の身柄を拘束し、彼は一八八六年八月、小笠原諸島の父島に送られ、さらに一八八八年には北海道の札幌に移され、一八九〇年になってやっと東京での居住が許されるにいたったが、いわば「やっかい者」扱いされた。

日本は、ロシアの登場に対して、一八八五年六月、井上馨外務卿が作成した「朝鮮弁法八カ条」で日清共同による朝鮮保護化の提案を行なったが、李鴻章の拒絶によって失敗に終わった。日本は甲申政変後、清国との衝突は避けつつも朝鮮における政治的影響力を少しでも確保することを図る一方、清国を仮想敵国とする軍備増強を図った。明治維新後に内乱を鎮圧するためにおかれた陸軍の鎮台（仙台、東京、名古屋、大阪、広島、熊本の六つ）が一八七七年の西南戦争後、武力内乱の恐れが薄れた一方で朝鮮をめぐる対外危機が迫っているという認識のもとで、一八八八年には師団へと改組された。また、一八七三年に制定された徴兵令により徴兵反対一揆や徴兵忌避などが起きたため、一八七九年と一八八三年における改正を経て、一八八九年の改正で戸主の徴兵猶予などを廃止し、「国民皆兵」の原則が確立された。また、海軍は、清国の北洋艦隊を撃破するため、新艦を建造したり、広島の呉と長崎の佐世保に鎮守府をおき、対馬には砲台を建造した。一方、陸軍も、ドイツからメッケル（Jacob Meckel）少佐を招き、陸軍の編成をそれまでのフランス式からドイツ式に替え、参謀総長の山県有朋は、配下の桂太郎および川上操六に対清開戦時の作戦を立案させた。

そのような中で一八八九年に起こったのが、防穀令事件であった。一八八〇年の開港以降、東海岸の元山では日本商人による大豆の輸出がなされたが、この年は不作であったため、咸鏡道観察使の趙秉式は一〇月、道外への搬出を禁止した。これは、条約において認められていたものの、日本側の強硬な抗議をうけて、朝鮮政府は禁止を解除し、趙秉式を更迭した。それでも、商人たちの突上げで、日本政府は一八九一年一二月、約一五万円の賠償請求を行なった。また、交渉が難航する中、商人たちは一八九〇年に開設された帝国議会において多数を占めた民党（「対外硬派」が多かった）を動かし、議会における突上げで一八九二年八月に成立した（第二次）伊藤博文内閣は同年一二月、自由党の大石正巳を駐朝公使に任命した。大石は翌一八九三年二月、防穀の賠償一七万円を要求したが、朝鮮側は翌三月、四万七、〇〇〇円と回答し、拒否した。そこで、大石は参謀次長の川上とともに高宗に接見し、最後通牒を出す一方、伊藤は五月、李鴻章に斡旋を依頼し、その結果、賠償金一一万円で妥協が成立し、六月には妥協時の条件として大石が離任し、後任には翌七月、元幕臣の大鳥圭介が就いた。

以上のような状況の中で一八八九年一二月に成立したのが、第一次山県有朋内閣であった。山県は朝鮮情勢が日本にとってはかばかしくなかった一八九〇年三月、二年前に起草した「軍事意見書」とともに意見書「外交政略論」を閣僚に回覧した。その中で、「主権線」(国家主権が及ぶ範囲)と「利益線」(主権線の外にあるものの、仮想敵国との中間にあり、主権線の防御のために確保しなければならない地域)の概念が出され、後者は朝鮮であるとされた。山県は、同年一二月の第一回帝国議会における施政方針演説でもこの考えを打ち出した。山県は、敵対勢力(この頃、シベリア鉄道建設に着手していたロシアを想定)を朝鮮から排除するため、また国土の防衛のため、現存の七個師団からの倍増をめざし、またそのための前提として忠君愛国教育を導入するための教育勅語を一八九〇年一〇月に発布した。それでも、山県も現実にはこの頃、外交優先の方針を打ち出さざるをえなかったが、一方で彼は一八九三年、川上に命じて中朝両国における情勢の視察を行なわせたのであった。

第二章

日清・日露戦争と朝鮮（韓国）

1　日清戦争と朝鮮

甲午農民戦争

前述したように、一八九〇年に東京に戻った金玉均は、日本人からの支援も望めず、朝鮮における基盤もなくなり、自分に対する刺客も来るという状況のもとで、悶々としていた。そのような中、一八九四年二月になって、駐日公使時代に旧知でもあった李経方（李鴻章の養子）から上海に来るようにとの招請状が届いた。そこで、金玉均は、守旧派の背後にもいた李鴻章と面談して東アジアの中朝日三国の「三和主義」と朝鮮の改革への理解を訴えるため、日本の関係者の危惧と制止をふりきって、一八九四年三月二八日に上海に到着した。しかし、朝鮮の刺客である洪鍾宇がそこで金玉均を襲い、暗殺した。金玉均の暗殺をうけて、日本は、国際慣例に従って最終出国地である日本に遺体を送還するよう要請した。しかし、李鴻章の指示で、金玉均の遺体は上海から洪鍾宇も乗せて清国軍艦が運び、朝鮮に送られた。そして、朝鮮においては、金玉均の遺体は八つ裂き、晒し首にされた。これに対して、日本側、とりわけかつての徳川御三家の一つである紀州藩（現在の和歌山県）出身の陸奥宗光外相の怒りは大きく、一方で議会においては民党が政府の朝鮮政策は生ぬるいと政府を攻撃した。そして、そのようなさなかの一八九四年二月一五日、甲午農民戦争（東学の乱）が全羅道の古阜においておこった。

東学は、一九世紀半ばの内外における危機の中で一八六〇年、慶尚道慶州出身の崔済愚によって興された。これは、民間信仰を基盤にして、儒教や仏教もとり入れ、西学（キリスト教）に対抗しようとするものであった。その基本思想が人間の尊厳および主体性を求める反封建的な民衆意識を反映したものであったため、またこれによる農民の結集を恐れたため、朝鮮王朝政府は一八六四年三月、崔済愚を捕えて処刑した。そして、第二代教主の崔時亨は、教祖の教義の体系化および南部朝鮮における布教を図った。そして、東学は、民衆を地域横断的に結びつける組織として、一八九二年ごろから合法化を目指して上疏を行なった。それに対して、朝鮮王朝政府は、清国からの援助も得て武装を固め、東学の動きを監視した。そこで、東学の内部は、崔時亨もとった非暴力の「穏健派」と「過激派」に分かれた。そのような中、古阜郡守の趙秉甲が農民からの搾取や農民への処罰などあまりの圧政を続けたことから、農民たちが反乱を起こした（甲午農民戦争）。そして、それを支持したのが、丁茶山の実学の影響をうけつつ、農民たちの中へ入っていって「緑豆将軍」と慕われた全琫準であった。

農民たちの圧力をうけて、趙秉甲はいったんは改善を約束したものの、すぐにそれを破り、かえって弾圧策をとったため、東学はその組織を通じて各地の農民に蜂起を促し、五月初めには全琫準が総大将となって、数千人からなる農民軍が全羅道各地を攻撃し、五月三一日には全羅道の道都であった全州を占拠した。そこで、朝鮮王朝政府は六月三日、清国軍の出兵を袁世凱に要請した。しかし、日本政府はその前日の六月二日、清国の朝鮮出兵時には日本も出兵することを閣議決定していた。はたして、清国は六月七日、天津条約にのっとって清国軍の朝鮮への出兵を日本に通告してきたため、日本も同日、清国に対して朝鮮への出兵を通告した。そして、清国軍は六月一二日、牙山に上陸した。一方、休暇中で日本に戻っていた大鳥公使は、海軍陸戦隊約四〇〇人とともに漢城に入った。

以上のような動きをみて、朝鮮国内が外部勢力に荒らされることを恐れる点で一致した朝鮮王朝政府と農民軍は六月一〇日、悪官吏の処罰や身分の平等などを条件とする全州和約を結び、休戦した。そして、それをうけて、大鳥と袁世凱が六月一三日、協議をもって、日清両軍が撤退することで合意した。しかし、この時の日本の第二次伊藤内閣および軍部、特に陸奥外相からすると、そこで収まることはもはやできなかった。朝鮮王朝政府も六月一四日、清国軍の撤兵を袁世凱に要請し（同日、日本にも撤兵を要請した）、袁世凱も、それに応じたため、ここで日本軍が駐兵する理由がなくなってしまった。そこで、陸奥は六月一六日、東学の共同討伐、朝鮮内政の共同改革を清国に提議したが、清国は六月二一日、これらは朝鮮の問題であるとして、拒否した。陸奥はこのことを予想しており、この時点で清国との戦争を覚悟した。この拒否によって、日本は、単独で朝鮮において内政改革を行なう方針を決定し、大鳥は六月二六日、高宗と会見した際にもそれを勧告し、七月一〇日、内政改革案を朝鮮王朝政府に提出した。しかし、朝鮮側は七月一六日、それには回答しないまま日本軍の撤兵を求めた。そこで、大鳥は七月二〇日、中朝間の宗属関係の廃棄などを求めた最後通牒を二二日が回答期限として朝鮮側に伝達した。ちなみに、袁世凱はこの日、朝鮮から離れた。

陸奥がとりわけ懸念していたのが、列強の動向であった。六月二五日には駐漢城英米仏露公使たちが日清両国の朝鮮からの撤兵を求める勧告をしたり、六月三〇日にはロシア政府、七月九日には米国政府が警告を出したり、七月八日から翌日にかけて英国が日清間の調停を行なう姿勢をしめしたりといった動きがあった。それでも、日本側、特に陸奥は、「外交的には被動者の地位」にあるとしながら、不平等条約のうちの領事裁判権を撤廃して法権を対等なものとするなどを内容とする日英通商航海条約も、英国が朝鮮において日本が英国人に圧迫を加えているという理由を挙げて当初の七月一四日には調印されなかったものの、結局は二日後の一六日には調印されて、何とか乗り切った。

日清戦争の開戦

大鳥は、前述の七月二二日に朝鮮側の回答がなかったのをうけて、翌二三日、名目をたてるために蟄居中であった大院君を擁立して、彼の命ということで混成第九旅団長の大島義昌少将たちとともに王宮であった景福宮を奇襲・占拠し、高宗を手中に収めた上で閔妃勢力の一掃を図り、大院君政権を樹立した。そして、七月二五日にはソウル南西方面の豊島沖において日清両国の海軍が衝突し、二九日には日本軍がソウル南方の成歓、牙山を占領し、八月一日には（七月二五日にさかのぼって）清国に宣戦を布告し、ここに日清戦争が開戦した。日清戦争はその後、九月一六日の平壌での戦い、翌一七日の黄海海戦、一一月の鴨緑江を越えての遼東半島への進攻、一八九五年一月二〇日の山東半島への進攻、二月一一日の中国北洋艦隊の降伏などが続き、日本に有利に展開した。

以上のような戦局の進展をうけて、日本は、朝鮮に対して圧力を次々に加えていった。大院君は豊島沖開戦と同日の七月二五日、朝清商民水陸貿易章程を廃棄することを清国に通告し、これによって中朝間の宗属関係は否定された。つづいて、七月二七日には国政の決定機関として軍国機務処が設置され、領議政の金弘集を総裁官として、金允植や兪吉濬たちが加わり、甲午更張（改革）が開始された。さらに、七月三〇日には宮中と国政の分離、身分差別の撤廃、科挙の廃止、租税の自動化、議政府など八衙門の設置などの官制改革、八月一一日には二三項目からなる社会改革案、財政・経済改革案の提出、八月一五日には議政府からの第一次金弘集内閣の成立、八月二〇日には日朝暫定合同条款が成立して、京釜・京仁両鉄道や電信網の敷設、全羅道の一港の開港などが約束され、七月二三日の景福宮の占拠や閔妃勢力の一掃などは追及しないことが決まった。さらに、八月二六日には大日本・大朝鮮両国盟約が締結され、日本の戦争遂行に朝鮮が協力するという攻守同盟が締結された。そのような状況に対して、一〇月一日には東学農民軍が日本および親日政権双方への反発から各地で一斉に蜂起し、主に日本軍と交戦し、日清戦争は、「日清韓戦争」ともいえる様相となった。しかし、東学農民軍は、日本軍および政府軍に圧倒され、一二月七日の公州での戦闘において大敗した。全琫準は一二月八日に捕えられ、翌一八九五年四月二三日に処刑された。そして、日本軍は、農民軍の大量殺害を行ない、このときは抑えこまれていた閔妃は、反日の姿勢をいっそう強めた。

大院君は、閔妃勢力を退けたものの、甲午更張による各種の近代化措置に対しては非常な不満をいだいた。そこで、日本は、大院君の勢力の排除および日本にとって有利な状況をいっそう確立するため、大物の駐朝公使として井上馨を指名し、井上は一〇月二六日、朝鮮に着任した。井上は、一一月一八日には大院君を政界から引退させて、二日後の二〇日には二〇カ条からなる第二次内政改革要領を提案し、それが採択されたが、彼は、英国とエジプト間の関係にならって「朝鮮のエジプト化」、つまり先に経済的浸透を図ることで政治的浸透を図ろうとした。そこで、すでに八月に日本での亡命から戻っていた朴泳孝を内務大臣にすえて、一二月一七日、金弘集と朴泳孝の連立内閣が成立した。そして、日本は、金弘集や朴泳孝たちを通して改革を行なうため、一八九五年一月には第一銀行を通じて一三万円、三月三〇日には借款契約を成立させて議会の承認を得た上で日本銀行を通じて三〇〇万円の借款を行なったが、日本が朝鮮において土地税の先取権をもつことなどの有利な内容であった。

2　日清戦争後の朝鮮（韓国）におけるロシアの優越

閔妃殺害

日清戦争は、伊藤と陸奥、李鴻章と李経方が下関において講和のための交渉を行ない、その結果、一八九五年四月一七日、下関講和条約が締結され、第一条において「清国は朝鮮国の完全無欠なる独立自主の国なることを確認す」として、中朝宗属関係を否定するとともに、台湾、隣接する澎湖諸島、遼東半島の日本への割譲、日本への賠償金二億両（約三億円）の支払い、日本にとって有利な不平等条約の再締結などが決まった。しかし、その六日後の四月二三日、露仏独三国の駐日公使によって遼東半島の清国への返還を求める三国干渉がなされた。三人ともこの領有によって清国の都である北京を危うくするとしていたが、ロシア公使のヒトロヴォ（Mikhail A. Hitorovo）は、「朝鮮国ノ独立ヲ有名無実トナス」との文言を入れていた。日本は、対応を迫られ、政府内で協議をして、拒否、受諾、英米なども入れた列国会議による協議の三つの案が出た。しかし、拒否をすれば最悪の場合、日本が三国と戦争しなければならないが、日清戦争を終えたばかりでもあり、それは不可能であること、列国会議も当てにはならずかえって問題を複雑にするだけであること、下関講和条約中の遼東半島の部分とそれ以外とを切り離して、講和条約そのものを無効にしようという清国の思惑を封じ込めるためにもここはやむなく受諾するほかはないことなどの陸奥の主張が結局は通って、受諾にふみきり、五月一〇日に遼東半島の還付を決定した。

この衝撃によって、金弘集は五月一九日、総理大臣の職をいったんは辞任せざるをえなくなり、井上による改革の構想は崩壊することになる。そして、閔妃がロシア公使となっていたウェーバーたちと結んで巻返しに出ようとすると、朴泳孝は、両者が接近することを妨げるため日本人士官が指導する訓練隊が王宮を護衛するとしたものの、高宗によってはねられ、七月七日、再び日本に亡命した。その後、八月二四日に第三次金弘集内閣が成立したが、ここにおいて「開化派」は後退を余儀なくされ、大蔵（財務）大臣に相当する度支部大臣に就いた沈相薫が属した「閔妃派」や、農商工部大臣に就いた李範晋や学部大臣に就いた李完用が属した「欧米派」が起用された。

そして、その少し前の八月一七日、駐朝日本公使が井上から長州出身の三浦悟楼に交代し、三浦は九月一日、朝鮮に赴任した。三浦は、長州の出身でありながら、とりわけ山県有朋とはそりがあわず、一匹狼的な存在であり、ただ藩閥政府において薩摩に対するバランスとして彼を駐朝公使に就けたにすぎなかった。彼は、外交に関しては素人を自任する元陸軍中将であり、一八八八年に山県との対立から予備役となり、その後は宮中顧問官、学習院長を歴任していた。三浦は、朝鮮に赴任したものの、本国からは具体的な訓令は与えられず、彼は、そのことを自らにフリー・ハンドが与えられたものと解釈した。

折りしも、朝鮮においては、日本からの軍事指導をうけていた訓練隊とそれに対抗するものとして米国の軍事教官であったダイ（W. Dye）の指導・訓練をうけていた王宮警備のための侍衛隊があり、両者は対立していたが、訓練隊解散の動きがあったこと、甲午更張において官服として洋服が採用されたのを韓服に戻そうという動きがあったことなどから、三浦は、それらの黒幕と考えた閔妃を殺害することを決心した。そして、駐朝公使館書記官であった杉村濬、領事官補であった堀口九万一、朝鮮政府軍事顧問であった楠瀬幸彦中佐、『漢城新報』社長であった安達謙造、朝鮮政府宮内府顧問であった岡本柳之助たちと計画をたてた。そして、三浦は、訓練隊に王宮を襲撃させて、その中で日本軍および壮士たちによる殺害、大院君の再度の擁立などを企図した。そして、一〇月七日夜に大院君を強要して擁立し、日本軍や壮士、訓練隊は翌一〇月八日未明、王宮の景福宮を襲撃して、侍衛隊があえなく退散する中で侍女たちを次々に殺害し、その中で閔妃と思われる女性の遺体を焼却した。しかし、その場面をダイや駐朝米国公使館書記官であったアレン（Horace N. Allen）、ロシア人技師のサバティン（A. I. Seredin-Sabatin）などが目撃したため、日本側は、事件を訓練隊の仕業とみせかけることができなかった。

そこで、このような事態を収拾するため、伊藤首相など日本政府は、三浦を解任して、外務省政務局長であった小村寿太郎を一〇月一七日、後任の駐朝公使に任命し、また井上馨を特使として朝鮮に派遣した。赴任した小村は三浦などの関係者たちに一〇月一八日より朝鮮から退去することを命令したが、その後、三浦たちは広島刑務所、楠瀬などの軍人たちは広島憲兵隊にそれぞれ召還され、彼らに対する取調べがなされた。しかし、彼らは一八九六年一月二〇日、証拠不十分ということでいずれも釈放された。なお、楠瀬たちに無罪を言い渡したのは、大島義昌であった。そして、その理由として、小村や井上が金弘集に圧力をかけて、三人の朝鮮人を事件の「真犯人」に仕立て、その三人が一八九五年一二月二八日、絞首刑に処されたためであった。

なお、三浦はのちに一九一〇年には枢密顧問官に就き、これ以降は山県に対抗して政界の黒幕的存在となり、とりわけ常に少数党を率いていた犬養毅の後見役を自任した。彼は、一九一六年には第二次大隈重信内閣を打倒するため、憲政会党首の加藤高明、立憲政友会総裁の原敬、立憲国民党党首の犬養による三党首会談をあっせんしたり、一九二四年一月に成立した清浦圭吾内閣を打倒するため、憲政会の加藤、立憲政友会の高橋是清、革新倶楽部の犬養による三党首会談をおぜん立てするなどした。後者の会談は、第二次護憲運動へとつながった。また、安達も、一九一三年に成立した立憲同志会に加わり、それが憲政会、立憲民政党へと続く中で一九二九年に成立した浜口雄幸内閣や一九三一年に成立した第二次若槻礼次郎内閣の内務大臣を歴任した。そして、一九三一年九月一八日に勃発した柳条湖事件が満州事変へと拡大していき、若槻内閣がうまく対応できない中、右傾化を強めていた立憲政友会との挙国一致内閣を画策した。しかし、若槻や外相幣原喜重郎の反対で失敗したため民政党を脱党し、経済などにおける国家統制、日満ブロック経済などを掲げる国民同盟をつくって総裁となり、一九二四年以来続いていた「憲政の常道」が崩壊する引き金をひいた。さらに、楠瀬は、一九一三年から翌年まで続いた第一次山本権兵衛内閣において陸相を務めた。そして、詩人で文学者の堀口大学の父でもあった堀口九万一は、一年後に復職し、主要国以外の国ぐにに赴任し、一九一八年にはブラジル大使にも就いた。ちなみに、後述する安重根の伊藤博文暗殺時に安重根が挙げた伊藤の「罪科一五カ条」のうちの第一条がこの事件についてのものであった。一方、閔妃はこの時、廃妃とされたものの、のちの一八九七年一月六日、「明成皇后」として名誉が回復された。なお、この「乙未事変」の想像画、「明成皇后殉国崇募碑」などは、かつてはソウルの景福宮内にあったが、現在は京畿道驪州にある「明成皇后生家・記念館」に移動している。

ロシアの優越

閔妃殺害事件の直後に成立した第四次金弘集内閣においては、「閔妃派」、「親露派」が一掃され、魚允中（度支部大臣）、兪吉濬（内部大臣）、趙羲淵（学部大臣）などをはじめとする「開化派」が占めた。そして、彼らによる甲午更張が再び始められたが、「親日政権」とみなされた金弘集政権に対する反発は強くなっていった。抗日義兵闘争も激化する中、一一月二八日には親露派による金弘集内閣の打倒をめざした春生門事件が起こり、これは結局、失敗したものの、火に油を注ぐことになったのが、一二月三〇日に出された断髪令であった。これが旧来の風習に対するこだわりの念、それを断つことへの反感とも結びついて、反日、反開化へといたったのである。

中東部の江原道を中心にして閔妃殺害事件および断髪令に対する抗議として（初期）義兵闘争が強まっていく中、ロシア公使となっていたウェーバーは一八九六年二月一〇日、公使館の警備を口実にして水兵約一二〇人をソウルに入れ、彼と親露派の李範晋、李完用たちによる働き掛けによって高宗および王子の李拓をロシア公使館に移し（露〔俄〕館播遷）、閔妃殺害事件以降の日本に対する恐怖心から解放されることになった高宗は、ロシア公使館内から新政府の組閣を行ない、親露派内閣が成立した（この時は尹炳始内閣で、四月二二日からは尹容善内閣）。そして、金弘集たちは拘束され、金弘集や魚允中などは群衆によって殺害される一方、兪吉濬や趙羲淵などは、日本に亡命した。

露館播遷は翌一八九七年二月二〇日まで約一年間続き、朝鮮におけるロシアの優越が確立したが、たとえばロシアは一八九六年四月には咸鏡道の慶源、鏡城における鉱山採掘権、同年九月には鴨緑江右岸、鬱陵島における森林伐採権を獲得するなどした。その一方、日本は、以前に得ていた漢城—釜山間の鉄道敷設権が取り上げられるなどしていた。そこで、日本は、朝鮮におけるロシアの優越という現実のもとで対応策をとらなければならなかった。

また、ロシアの主導のもとで、この一八九六年より、米国への京仁鉄道敷設権（三月）、平安北道・雲山金鉱採掘権（四月）、フランスへの京義鉄道敷設権（七月）、ドイツへの江原道・金城（堂峴）金鉱採掘権（一八九七年三月）などが朝鮮から譲渡がされたが、とりわけ米国への譲渡は、「以夷制夷」という高宗の思惑、つまり米国を朝鮮に引き込むことによって朝鮮をめぐる国際情勢が緊迫する際には一八八二年の米朝条約第一条の「周旋条項」に基づいて米国の好意的介入という政治的反対給付を容易にしたいという期待があった。そのため、日本はいっそう不利な立場に立たされたが、ロシアの優越という状況の中で朝鮮における後退を防ぎ、後日を期すためには、当面はロシアとのあいだで一定の協調を必要とした。そこで、まず駐朝公使の小村は一八九六年三月一三日、ウェーバーに対して朝鮮問題についての覚書を提示したが、ウェーバーは四月六日、対案を提示した。そして、朝鮮問題についての日露両国代表者覚書（小村・ウェーバー覚書）が五月一四日、調印されたが、その内容は、一、国王の（王宮への）帰還を日露が朝鮮政府に忠告する、二、寛大かつ温和な人物の内閣への登用を日露で推薦する、三、釜山・ソウル間の日本の電信線の保護のため、日本国衛兵をおくが、総数は二〇〇人を超えず、朝鮮における秩序が回復した時は撤兵する、四、朝鮮からの襲撃時に日本人を保護するため、ソウルに二個中隊、釜山に一個中隊をおくが（一個中隊は二〇〇人以下）、その恐れがなくなった時には撤退し、ロシアも同様である、というものであった。これは、実際には日露両国の本国政府からの訓令にそってのものであった。

つづいて、この頃、ロシアの帝位に就いたニコライ二世（Nikolai II）の戴冠式が行なわれることになり、日本は、山県有朋を特使として派遣することになった。そして、山県は五月二四日、ロシア外相のロバノフ＝ロストフスキー（A. B. Lobanov-Rostovskii）と交渉をもち、その結果として朝鮮問題に関する日露間議定書（山県・ロバノフ協定）が六月九日、調印された。その内容は、朝鮮の財政問題の改善には日露両国があたる、秩序を保持するために朝鮮は自らの手で軍隊・警察を創設・維持する、日本は現有する電信線を引続き管理する一方でロシアは国境までの電信線を架設する権利をもつなどであり、一般的なものに過ぎなかった。しかし、それ以外に二カ条からなる秘密の条款があり、そこでは朝鮮における秩序の混乱および日露両国人の安寧保護のために合意によって軍隊を派遣する時、衝突を防ぐために各軍隊の用兵地域を確定する、朝鮮人の軍隊が組織される時までは日露両国は朝鮮に軍隊をおくとされた。ここで、「用兵地域の確定」として想定されたのが北緯三八度線であったが、のちの一九四五年の日本の敗戦にともなう米ソ両国による朝鮮の分断線と同じであり、両者のあいだに直接的関係はないとはいえ、すでにその約五〇年前に同様の発想がなされていたことがうかがえる。

山県はロシアとの合意をうけて七月二八日、帰国したが、一方のロバノフは同時期、朝鮮からの特使である閔泳煥とのあいだで朝鮮がロシアから軍事顧問と財政顧問を入れること、高宗の王宮への帰還後もその安全はロシアが保障するという内容の密約を結び、また李鴻章とのあいだで山県・ロバノフ協定前の六月三日、六カ条からなる李・ロバノフ協定を結んだが、その内容は、日本が極東ロシア領、清国、朝鮮を侵略する時は露清が相互に援助する、作戦中においては清国の全港湾はロシアに開放される、黒龍江・吉林両省を横断し、ウラジオストクにまでいたる鉄道の建設に清国は同意する、ロシアは平時／戦時を問わずその鉄道を利用しうるなどであった。ロシアは表面上、朝鮮問題において日本と妥協する一方で、当の朝鮮および清国にも手をまわして、布石をうっていた。そのような状況の中、六月一一日に小村は外務次官に就き、後任の駐朝公使には外務次官の原敬が就任した。原は、以上のような状況をうけ、日本側が内政干渉のようなことをしなければロシアも同様の対応に出るとして、事態の推移を見守りつつ、今後の朝鮮の内閣に親日派を入れることが肝心であるとした。そして、その結果として、高宗は一八九七年二月二〇日、ロシア公使館から慶運宮に移り、露館播遷は、一年あまりで終わりを告げた。そして、それを見届ける形で二月二三日、駐朝公使が原から加藤増雄に交代した。

大韓帝国の誕生と独立協会

さて、甲申政変後に米国に亡命していた徐載弼は甲午更張時に帰国したが、政府入りは断って民衆の啓蒙および国権の回復をめざし、一八九六年四月、『独立新聞』を創刊した。つづいて、徐載弼が中心となって「独立協会」が同年七月二日設立され、彼は顧問となり、会長には安駉寿が就いた。しかし、かつての開化派が中心となっていた独立協会の人びとからすると、親露派は守旧派であり、親露派によるロシアへの依存は朝鮮の国益を損ねていると映り、両者のあいだの摩擦が次第に増大するにいたった。そのような中、高宗は、ロシアからの支持を前提にして、近代化に乗り出し、一八九七年八月一四日には年号を「光武」と改称した。さらに一〇月一二日には皇帝即位式を行ない、国王を皇帝、王太子を皇太子と改称し、国号も「大韓帝国」と改称し、ここに自らの意思をもって中国との宗属関係を否定した。ちなみに、清国への朝貢を象徴した迎恩門が一八九六年には壊され、代わってその横に独立協会が中心となって募金を集めて、その年から清国からの独立を象徴すべくフランス・パリの凱旋門を模した独立門の建設が現在のソウル市西大門区峴底洞において着工し、大韓帝国となった翌一八九七年に完成した。

清国からの独立を象徴し建設された独立門

　高宗は大韓帝国を宣布後、さまざまな改革に着手するが、その中で韓国政府は「親露派」、「親日派」、「親米派」などに分かれて、おのおの各国が背後にいるという形で角逐を展開し、またその中で賄賂などの不正も横行した。そのような中、一八九七年九月二日に新任ロシア公使としてスペイエル（Alexis de Speyer）が着任したが、彼は、強引な手法をもって朝鮮（韓国）におけるロシアの権益の拡大をめざし、前述の一八九六年六月の朝露間の密約に基づき、九月六日のロシア軍人一四人の軍事顧問への就任に続き、一〇月二五日、アレクセイエフ（K. A. Alexeev）を財政顧問兼海関総税務使に任命し（これによってその地位にあった英国人のブラウン（M. Brown）は解任される）、翌一八九八年二月二五日の釜山・絶影島の租借権および貯炭所の設置権を獲得したりした。

これに対して、独立協会は一八九八年二月九日、ソウルのメイン・ストリートである鍾路において民衆たちとともに万民共同会を開催して、ロシア人軍事顧問・財務顧問の不当性を糾弾し、また英国がブラウンの解任に対して対抗すべく軍艦を派遣しようとした。そのため、韓国政府は三月一二日、ロシア人の軍事顧問・財務顧問の解任を通告し、アレクセイエフの解任とブラウンの復職がなされ、さらにロシア政府の指示によって四月四日、スペイエルも解任された。

以上のようなロシア政府の姿勢変更の背景としては、ロシア政府はちょうどこの頃である一八九八年三月二七日、清国から旅順・大連の租借権を獲得して、この地域における目標の一つであった不凍港の確保を実現させたため、朝鮮半島の重要性が薄れたこと、その上で日英などとの無用の摩擦を嫌ったことなどがあった。そこで、時の外相・西徳二郎と駐日ロシア公使・ローゼン（Roman R. Rosen）は一八九八年四月二五日、山県・ロバノフ協定に基づく形で、一、日露両国は、韓国の独立を尊重し、その内政には干渉しない、二、韓国が日本またはロシアに助言を求める時は、練兵教官または財務顧問官の任命は、日露両国間で協定した上でなされる、三、ロシアは、日韓間の商工業上の関係の発展を妨害しないという内容の韓国問題に関する議定書（西・ローゼン協定）を締結した。ロシア側には、自国による旅順・大連の租借権獲得に対する日本の抗議をかわすため、日本の注意を韓国に引き付けようという狙いがあった。それに対して、時の内閣は第三次伊藤内閣であったが、伊藤首相たちは、「満韓交換論」的な立場からこれを了承する一方、世論や民衆は、下関講和条約で日本が獲得することが決まっていた遼東半島の清国への返還を主導したロシアがその中心的地域を租借という形で実質的に領有することで反露感情をいっそう強くした。

独立協会の解散

この頃、韓国の政界において台頭した人物として李容翊がいた。李容翊は常民（日本における平民に相当）の子として生まれたものの、壬午軍乱の際に閔妃を助けたためにその信任を得て、とんとん拍子に出世できた。李容翊は、度支部典圜局長として白銅貨の濫発や雑税の徴収などを行ない、それを懐に入れるということをしたため、その極端な親露的姿勢ともあいまって、日本側からは極度に嫌われた。また、独立協会も一八九八年、腐敗官僚として李容翊を糾弾し、親露派政権との対立を深めていた。ここに、日本と独立協会とのあいだで反親露派政権、反李容翊ということで共通点がみられる状況となったが、実際には日本が韓国の親日的独立を希望する一方で、独立協会は韓国の厳正独立を希望するという大きな違いがあり、そのため、両者間で協力がなされるということにはならなかった。

独立協会は一八九八年一〇月二五日、自らに対する圧力が強まることへの抗議として四カ条からなる上疏を提出したため、韓国政府は、言論の自由を承認した。そして、独立協会は一〇月二九日、万民共同会を再び開催し、献議六カ条を上奏したが、これに対しては、韓国政府の閣僚中にも参加者がいた。そのため、高宗はそれをいったんは承認したが、それは、独立協会の力もかりて光武改革を成し遂げようという思いからであった。しかし、独立協会の影響力の拡大が自分たちを脅かすことを恐れた親露派政府は、独立協会は高宗の大権を奪おうとしていると高宗に讒言した。そのため、高宗は一一月四日、独立協会の解散およびその指導者たちの検挙を命じ、万民共同会に参加した朴定陽などの大臣を罷免し、一一月七日には一七人が逮捕された。そして、そのことに対する抗議のために開かれた万民共同会を独立協会に対抗するためにつくられた皇国協会の人たちが襲撃し、乱闘となった。そのような中、独立協会は、いったんは再建されたものの、一二月には軍隊の導入によって強制的に解散させられた。ここに、韓国政府は「韓国の自立のための改革の最後の機会」を自らの手でつぶす格好となったが、独立協会の人びとの中からのちの愛国啓蒙運動や独立運動の担い手が多数出ることになり、独立協会は、朝鮮（韓国）のブルジョワ民族主義の出発点となった。

そのような中、一八九九年八月一七日、全九条からなる大韓帝国国制が議定・公布されたが、そこにおいては皇帝の絶対的といってもいい大権が認められた。それは、大日本帝国憲法における天皇の大権をもしのぐものであり、しかも日本の場合はそのような建前とは別に実質的には権力の分立がなされていたのに対して、韓国においてはそれが建前以上のものであったため、特定の派（親露派から親日派）、特定の国（ロシアから日本）が高宗を押さえればそれで決着してしまうという図式ができてしまい、したがって争いが起きるという状況が展開した。

そのころ、韓国において渋沢栄一、大三輪長兵衛、竹内綱（のちに首相になる吉田茂の実父）、前島密などが中心となって鉄道敷設権の獲得をめざしていた。ソウル—仁川間の京仁鉄道は、米国人のモース（James Morse）が権利を保有していたが、実際の敷設が困難になったため、一八九七年四月に設立されていた日本の京仁鉄道引受組合が一八九九年一月三一日、モースから一〇〇万ドルで権利を買い取り、一九〇〇年一一月一二日に四〇数キロで開通した。また、ソウル—釜山間の京釜鉄道については、渋沢や竹内などが一八九七年七月、京釜鉄道発起人会をつくり、敷設権の譲渡を韓国側に求めたが、ロシアの圧力もあって、韓国政府の姿勢は硬かった。

しかし、一八九八年になると、前述の西・ローゼン協定が結ばれるという状況をうけ、前首相の伊藤が八月二五日、日韓関係の調整のために高宗と接見した。それをうけて、九月八日には韓国政府と京釜鉄道発起人会のあいだで京釜鉄道敷設契約が成立した。さらに、ソウル—新義州間の京義鉄道の敷設権については、フランス人のグリール（M. Grille）が一八九六年七月三日に手に入れていたが、やはり着工が困難であったため、一八九九年七月六日に権利が消滅していた。韓国政府は西北鉄道局をつくり、自ら建設しようとしたが、やはり日本人による発起人会ができ、その息がかかった大韓鉄道会社と対抗した。結局は大韓鉄道会社がまさり、日本政府がそれに借款を行なうことで合意にいたった。しかし、京釜・京義両鉄道に対する日本国内の出資は、景気の後退、日露間の緊張の高まりに対する懸念から、思うように集まらなかった。その一方、軍においては、逆に日露間の緊張の高まりから戦争遂行時の必要性のため、山県有朋、桂太郎、寺内正毅などがこの問題に対して積極性を示すようになり、その結果、京釜・京義両鉄道は日露戦争中の一九〇五年、開通することになった。

3　日英同盟・日露交渉と韓国問題

列強による清国の蚕食

日清戦争での敗北によって弱体化をみせつけた清国に対して、ヨーロッパ列強は触手を伸ばした。ドイツが一八九七年一一月、山東省におけるドイツ人宣教師殺害事件を理由に膠州湾を占領し、一八九八年三月六日、独清膠州湾租借条約によって租借権を獲得したのが最初であった。引続いて、ロシアが三月二七日、露清旅順・大連租借条約によって遼東半島の租借、旅順の軍港化、大連の開港、東清鉄道のハルビン—大連までの南部線の敷設権などを獲得し、フランスが四月、仏領インドシナに隣接する広東省の広州湾（現在の湛江）地域の租借条約で広東省、広西省、雲南省の南部三省での影響力を保持するようになった。また、日本が四月二二日、日本領となっていた台湾の対岸にある福建省の不割譲に関する日清交換公文で同省への排他的影響力を保持し、英国が露仏に対抗するため、六月九日、英清九龍半島租借条約、七月一日、英清威海衛租借条約を締結して、租借権を獲得し、ここに清国は分割状態となった。ロシアの手は北京—奉天（現在の瀋陽）間の京奉鉄道にも伸びたが、それにやはり関心をもっていた英国は、清国と京奉鉄道借款契約を結んだことに、韓国の京義鉄道にも関わるなどとして反対した。

その結果として一八九九年四月二八日、英露鉄道協定が結ばれ、英国が満州におけるロシア、ロシアが揚子江地域における英国の鉄道権益を承認し合い、ただし京奉鉄道に関しては英国が敷設権をもつことになった。しかし、ロシアは、京奉鉄道に並行する東清鉄道の延長線を敷設して、京奉鉄道の骨抜きを画策した。以上のような展開の中で、朝鮮（韓国）に対するロシアの関心が相対的に低下する一方、日本にとっては中国問題が相対的に上昇するという結果がみられた。しかし、日本からすれば、韓国問題は依然として第一義的な問題であり、そのような中、一八九九年六月二四日、新任の駐韓公使に会津出身の林権助が就任し、一方のロシアからは同年、駐韓公使にパヴロフ（A. Pavloff）が就任し、両者のあいだで一九〇四年まで外交戦が展開されることになった。

そのような中、清国においては「分割」に対する反発から山東省において一八〇八年に禁止の対象となっていた義和拳が一八九九年、ドイツの圧力に対して「扶清滅洋」を唱えて蜂起した。その波が一九〇〇年になると華北にまでおよび、二月から六月にかけて北京・天津間を制圧し、六月二〇日から八月一四日まで北京の列国公使館を包囲し、六月一一日には日本公使館書記官の杉山彬、六月二〇日にはドイツ公使のケットラー（C. von Ketteler）を殺害した。また、清国政府も六月二一日、西大后による列国に対する宣戦の上諭を出した。これに対して、列国による連合軍（総兵約二万人、うち半分は日本軍）が投入され、包囲を解き、また義和団の波が満州（現在の中国東北部）にも及ぶと、ロシアは、東清鉄道を保護するという名目で満州全土を制圧してしまった。そこで、駐日ロシア公使のイズヴォルスキー（Aleksandr Isvolskii）が東京において一九〇〇年七月、山県有朋首相、青木周蔵外相、伊藤に対して、そしてパヴロフがソウルにおいて同時期、林権助に対して日露両国による韓国における勢力範囲の確定およびそれぞれにおける秩序の維持を提案したが、この勢力範囲がどこなのかははっきりとはしなかった。そして、パヴロフは同じ時期の七月二三日、高宗に接見し、義和団による暴徒が韓国に侵入する時は韓国はロシアに救援を求めるべきであり、ロシア軍の国境越えもありうると伝えたが、そのことは、直ちに日本にも報告され、日本は、対応を迫られた。そして、山県首相は、義和団の乱（北清事変）が鎮圧された後の一九〇〇年八月二〇日に作成された「北清事変善後に関する（山県侯）意見書」の中で、西は（平壌を流れる）大同江から東は元山にいたる線以南の地域を処分するというロシア側提案に応える姿勢を示し、伊藤や井上馨も、これを支持した。しかし、青木およびこの時は駐露公使であった小村は、ロシア側提案では日本にとって最低限のものである「満韓交換」にもならないとして反対した。また一八九六年に貴族院議長となっていた公爵近衛篤麿（のちの首相・近衛文麿の父）が一八九八年に結成した東亜同文会は九月、ロシアの提案拒否を働きかけたため（近衛自身は、日韓国防同盟を主張した）、さらに軍の中では韓国への出兵から保護国化を行なうという主張や、韓国の三分割[*1]の主張もあったものの、陸・海軍の上層部が消極的であったこともあって、明確な方針は決まらず、九月になるとロシアの提案は、立消えとなった。

　また、高宗は一八九七年以降、木浦、鎮南浦、馬山浦、城津浦、平壌などの開港・開市を決定したが、これは、これらの地を各国の共同居留地として、そこに各国を引き入れ、相互に牽制させようという狙いからのものであった。しかし、それによって、日露両国は韓国における土地の買収で競争し（日本は、とりわけ軍事的目的から）、一八九九年から翌一九〇〇年にかけて南部の馬山浦における土地の獲得をめぐって日露関係は緊迫化した。日露双方が一定の譲歩を行なった結果、日本は、かなりの用地を獲得した。

このような状況に対して、高宗は、韓国の中立化を模索したが、それは、義和団の乱によって列国の出兵が韓国の分割につながることへの恐れから、また韓国をめぐって日露間の密約につながることへの恐れからであった。そして、高宗は一九〇〇年八月、駐日公使に腹心の趙秉式を任命し、列国の「共同保証」という形による韓国の中立化を日本側に提案した。しかし、これは、韓国における紛糾に巻き込まれるのを望まなかった米国の消極的姿勢、中立化を日本への接近と考えたロシアの出先機関の反対、逆に中立化をロシアへの接近と考えた日本の反対によって、失敗に終わった。さらに、満州における権益をいっそう強固なものとすべく韓国における現状の大きな変更を避けるために、ロシアは、蔵相ウィッテ（Sergei Witte）のイニシアチブによって韓国の中立化を提案してきたが、ウィッテは、皇帝ニコライ二世、宮廷顧問官のベゾブラゾフ（A. M. Bezobrazov）などの強硬派による動きが日露開戦につながることを恐れていた。しかし、一九〇〇年一〇月に成立した第四次伊藤博文内閣の外相・加藤高明は、満州からのロシアの撤退が前提であるとし、この時は駐清公使であった小村も、同様の姿勢であった。さらに、高宗は一九〇一年一〇月、外部大臣の朴斎純を日本に派遣して中立化案を提案させたものの、失敗に終わった。一方、日本側はこの時、近衛篤麿も主張していた日韓国防同盟にかたむいていた。

日露戦争前夜

一九〇一年六月に（第一次）桂太郎内閣が成立し、九月には小村が外相に就いた。桂や小村、そしてこの時期には伊藤や井上などとともに、「元老」（首相などにはならないものの倒幕や明治維新などを果たした現存の「功労者」・「元勲」ということで法律には明示されていないが、隠然たる影響力をもつ）となっていた山県は、伊藤や井上たちが主張する「満韓交換＝日露協商論」を斥け、ロシアに対して共通の利害が一致しつつあった英国と提携することによってロシアを抑制するという道を選び、その結果として一九〇二年一月三〇日、第一回日英同盟が調印された。その第一条は、清国における英国、清国・韓国における日本の利益に対して侵略的行動がなされてそれらが侵迫される際、日英両国はその擁護のために必要な措置をとること、第二条は、そのために日英両国のうちの一国が列国と戦争する時、他方は厳正中立をまもる、第三条は、その列国に他国が加わった時は他締約国は援助をし、協同で戦闘するというものであり、これによって日露開戦時の仏・独などの介入の可能性が事実上、排除されることになった。ただ、日本としては、日英同盟によってロシアとの対決一直線に進むつもりはなく、日英同盟によって立場を強化した上で、ロシアとの交渉で韓国問題および満州問題の解決を図ることをめざしていた。そこでの落とし所は、韓国を日本の勢力範囲とするのをロシアが認めるならば、満州はロシアの勢力範囲とするのを日本は認めるという「満韓交換」であった。

そのころ、日英同盟に対抗するため、清国・韓国の独立に関する露仏共同宣言が三月一六日、発表された。さらに、義和団の乱の際のロシアの満州占拠を解消するため、満州還付に関する露清協約が四月八日、調印された。その内容としては、ロシアは満州からの撤兵を三つの段階に分けて行なうが、第一段階は調印から半年後の一九〇二年一〇月八日までに遼寧省の南部から、第二段階は調印から一年後の一九〇三年四月八日までに遼寧省の北部および吉林省から、そして第三段階は調印から一年半後の一九〇三年一〇月八日までに黒龍江省から撤退し、第三段階で撤退を完了するというものであった。しかし、ロシアは、実際は第一段階は約束通りに実行したものの、第二段階は実行せずにかえって増兵したため、日露間の緊張が増した。この背景には、ロシアにおける権力闘争の結果として「穏健派」であったウィッテが解任され、ベゾブラゾフや一九〇三年八月設立の極東総督府の総督となるアレクセイエフ（Y. Ivanovich Alekseyev）など「強硬派」の台頭があった。

韓国においては一九〇二年の後半以降、高宗の側室であった厳淳妃が陞后運動を展開し、自分の子息である英親王・李垠の地位の確保を図る一方、まだのこっていた閔妃派は閔妃の子息である李拓をたてて対抗するという皇室内での主導権争いが起こり、それに政界も巻き込まれて、韓国中立化案は、後退してしまった。そのような中、パヴロフ、イズヴォルスキー、駐米ロシア大使のカッシーニ（A. Cassini）などのロシアの在外外交官たちが一九〇二年九月以降、日米露による共同保証という形の韓国中立化案を出し、パブロフが一九〇二年九月、高宗の即位四〇年の記念式典で高宗にも伝えた。それに対して、小村は、駐米公使の高平小五郎には米国側と事前に協議するように指示し、駐露公使の栗野慎一郎にはロシア側に日韓攻守同盟をのませることを指示し（ロシア側は、これを拒否した）、林権助にはロシアおよび韓国内の中立化の支持者がこれを再燃させないようにすることを訓令した。そして、米国のヘイ（John Hay）国務長官がロシアの申し出を拒否する意向を示したこともあり、ロシアの在外外交官たちによる韓国中立化案は、失敗に終わった。

一方、韓国政府内では、パヴロフや李容翊たちの策略によって、宮内府顧問であった米国人のサンズ（W. Sands）が一九〇三年三月、その職を解任され、親米派が後退し、親日派と親露派のあいだの二極対立がより鮮明なものとなった。なお、この時期、一八五四年生まれで一八八五年に朝鮮にやって来たドイツ国籍のロシア人女性ソンタク（Antoinette Sontag）がその後、ウェーバーの義理の兄妹であったこともあって宮中に入り、露館播遷時に助けたこともあって高宗からも気に入られて、[*2]一八九五年には王宮の一つである昌徳宮近くの貞洞二九番地にある王室所有の家屋および土地の提供をうけた。そして、彼女は家屋を改造して、一九〇二年に「ソンタク・ホテル」を開業した。そして、ソンタクが朝鮮在住外国人のあいだで「社交界の花」ともいえる存在となっていたこともあって、このホテルはその後、彼らおよび韓国の政界人の会合場所となり、また後述する一九〇五年の米国大統領セオドア・ローズヴェルト（Theodore Roosevelt 以下、ＴＲ）の娘のアリスのソウル滞在時、一九〇四年および翌年の伊藤博文のソウル滞在時の宿泊先となるなどして、韓国を訪れる外国人の主要宿泊先となった。[*3]

そのような中、ロシアにおいてはウィッテ、外相のラムズドルフ（Vladimir Lamsdorf）、陸相のクロパトキン（Aleksei Kuropatkin）などの穏健派とベゾブラゾフ、アレクセイエフなどの強硬派が対立し、外務省内でも強硬派に属したパヴロフと、穏健派に属し一九〇三年四月にふたたび駐日公使となったローゼンのあいだにも違いがあった。そして、東アジア政策を検討するため、ロシア政府内で一九〇二年一一月以降、協議がもたれたが、一九〇三年二月七日の特別会議において、日本とは交渉をするものの、満州からの撤兵は中止するという方針が決定され、実際に四月八日までの第二次撤兵は行なわれなかった。また、四月八日の会議において、ベゾブラゾフたちは、鴨緑江における利権の確保、満韓国境における防衛線の確立を主張したが、ウィッテたちは、その主張に反対し、韓国をいったんは日本に委ねたとしても日本は苦しむだけであり、ロシアはその間に時間をかせいで準備をすべきであると主張した。結局、ベゾブラゾフたちの主張のうちの前者のみが決定した。ロシアは、満州における権益の確保のため、清国の保証を得ようとしたが、清国は四月二七日、日英米の支持のもとでロシアの要求を拒否した。そこで、ロシアは、満州北部の占領の継続、旅順などの防備の強化を決定した。

一方、京都の山県有朋の別荘・無鄰庵において一九〇三年四月二一日、山県・伊藤・桂・小村の四者会談がもたれ、満州からの撤兵をロシアに求める一方で満韓交換の線で日露交渉をもつことも話し合われ、六月二三日の御前会議において日露交渉の開始が決定された。しかし、ロシア側は五月、鴨緑江岸の韓国側の最北西部にある龍岩浦の土地の買収や家屋などの大規模工事の着手などを行なった。そして、七月二〇日には、ロシア森林会社と韓国森林監理の趙性協のあいだで龍岩浦土地租借契約が調印されたが、このロシア森林会社は、ベゾブラゾフの影響下にあり、皇帝ニコライ二世も出資しており、さらに満州におけるロシア軍人が軍服を脱いで勤務していた。これに対して、日本は八月二六日、この契約の破棄を高宗に言うように林権助に訓令した。しかし、ロシア側は韓国に対して圧力を加え、また八月一二日には極東総督府が設置されて、総督にはアレクセイエフが就き、極東における軍事・行政・外交をつかさどることになった。さらに、日露交渉もアレクセイエフの指示のもと、東京で行なうとされ、ニコライ二世およびベゾブラゾフによってウィッテは蔵相を解任された。

このような状況のもとで、日本の軍部においては参謀本部の中堅層を中心にして対露開戦論が強まり、参謀総長の大山巖をはじめとする上層部もその方向へと進んだ。また、一九〇三年六月二四日には、対露強硬論を主張する「東大七博士」による意見書が出され、八月九日には近衛篤麿を中心にして対露同志会がつくられたが、やはり対露強硬論を主張し、開戦論へとかたむいた。

そこで、韓国政府は独立の維持のため、一九〇三年三月には徴兵に関する詔勅を出す一方で、軍部大臣の尹雄烈は七月二九日、海軍制度を上申するなどしたものの、財政的な基盤がなかったため、実現はしなかった。また、韓国政府は八月、特使を日露両国に送り、日露戦争時の戦時中立の保証を求めたが、日露いずれも、それを拒否した。

日本は一九〇三年八月一二日、栗野を通じて六カ条からなる日露協商案をロシア側に提出したが、その内容は、「満韓交換」であった。それに対して、ローゼンは九月二二日、日露交渉に関してアレクセイエフと協議するために日本を発ち、旅順において協議（指示）の上で一〇月三日、ロシアの対案を小村に提出したが、そこでは、韓国の独立・領土保全の尊重（一条）、日本の韓国においての優越の承認（二条）、韓国での日本の商工業の発展を阻害しないこと（三条）、韓国への軍隊の送遣は日本の権利であると承認すること（四条）を認めた一方、韓国の領土は軍略上の目的には使用しないこと（五条）、韓国の領土中で北緯三九度線以北の地域を中立地帯とすること（六条）、満州はまったく日本の利益範囲外とすること（七条）にも言及していた。

日本は、これを日本に対する挑戦とうけとめ、一〇月六日に始まった小村・ローゼン会談の中の第五回会談（一〇月三〇日）において、六条については韓満国境の両側に各五〇キロの幅の中立地帯をもうけること、七条については韓国もロシアの利益範囲外におくことなどとした確定修正案をローゼンに手渡した。これをうけて、参謀本部は開戦を促したが、日本政府は一九〇三年一二月二八日、軍事に関する四つの緊急勅令を出した一方、それに先立つ一二月一六日の元老・閣僚会議においてはロシアの再考を求め、日露交渉を続けることが決定された。

しかし、一二月三〇日の閣議においては、日露戦争時に清国の中立は保持する一方で韓国は「如何ナル場合ニ臨ムモ実力ヲ以テ之ヲ我権勢ノ下ニオカサルヘカラス」とした攻守同盟か保護条約を結ぶべきであるとした。一九〇四年一月になっても日露交渉は続けられたが、日本からするとロシアは話にならないほどの譲歩しかしなかったため、二月四日の御前会議において日露交渉の断絶および対露軍事行動が決議され、二月六日にはロシアにその旨を通告した。もっとも、近年においては、ロシアは、韓国問題だけではなく、日露間の諸懸案全般にわたって強く出るつもりはそもそもなく、むしろさらなる譲歩さえ考えなくはなかった一方、日本がロシアとの一切の妥協を考慮さえせず、韓国問題においてはことにそうであり、そのために日露戦争への道を一直線に突き進んだという研究も出ている。いずれにしても、そのような中、韓国政府は一月二四日、日露開戦時の韓国の中立を日露両国に申し入れた。それに対して、ロシアは了解する旨を回答したが、小村は、それへの回答をしばらく見合わせた。そこには、日露開戦が必至ではあるもののまだ開戦はしていないという状況において韓国の申入れを受け入れるつもりはそもそもなく、開戦時には韓国へ侵攻するつもりであったとはいえ開戦前にはそれをいうこともできず、かといって受け入れると言えば開戦後に韓国の中立を破りにくくなるという、列国との関係を考えるといっそうの「ジレンマ」があったためであった。そして、結局は日本艦隊が二月九日、旅順港および仁川港に停泊していたロシア艦隊を攻撃して、仁川港に停泊していた英仏伊などの艦船の艦長もむしろ日本の非を唱える中、日露戦争が勃発したのである。

4 日露戦争と韓国問題

日韓議定書・第一次日韓協約の締結

日露戦争の勃発後、英米など列国は、日露両国に対して清国の中立の遵守を提議する一方、韓国についてはふれなかった。また、日本は、列国の以上のような姿勢を前にして、清国の中立は尊重するとする一方で、韓国については軍事力を背景にして既成事実をつくり問題の解決を図ろうとした。

一方、日露開戦後の一九〇四年二月一二日、パヴロフが仁川から退去し、親露派の領袖であり日露開戦時は軍部大臣であった李容翊が免職されて、勅命による日本視察の名目で二月二二日に日本に向けて出発したことから、韓国における親露派は、勢力を喪失した。また、その前の二月一八日、日本軍がソウル入りし、ソウルの各地に駐屯し、二三日までには韓国のほかの主要地域も占拠した。そのような状況において、前年一二月三〇日の閣議決定の方針をうけて、林権助が韓国側に迫ったため、一九〇四年二月二三日、林権助と外部大臣臨時署理の李址鎔とのあいだで日韓議定書が調印された。全六条からなるその要旨は、韓国皇室、韓国の独立と領土保全は保証される、その目的のため、日本は軍事上必要な韓国の地点を臨機に収用する一方、韓国も充分な便宜を日本に与えるというものであった。これによって、韓国は日本と攻守同盟を結んだものとみなされ、また干渉権を日本に承認させられた。

この後、伊藤博文が高宗慰問のための特使として一九〇四年三月一八日と二〇日、高宗に謁見し、日清韓による東洋平和策を進言し、高宗も、饗宴をもって、大勲金尺大綬章を伊藤に授けた。しかし、高宗自身は、この時は戦局の進展に応じてこのような姿勢を見せたものの、それまでの経緯から彼の対日不信はきわめて強く、戦局がロシア向きになることをむしろ期待した。それでも、日本軍が鴨緑江に渡って南満州に入り、また九連城、鳳凰城などを攻略したことをうけて、韓国は五月一八日、ロシアとの国交断絶、韓露間の条約およびロシアに供与していた豆満江・鴨緑江・鬱陵島における森林伐採権の破棄を宣言した。しかし、日韓議定書だけではなお安心はできないと考えた日本政府は、五月三一日の閣議において対韓方針を決定したが、その内容は、韓国に対する保護権の確立を目的として政治上・外交上・軍事上の実権を掌握して日本の利権を拡充し、韓国を事実上、日本の主権の範囲内に包括することを期すというものであった。そして、林権助と外部大臣署理の尹致昊が八月二二日、全三条からなる第一次日韓協約に調印したが、その内容は、韓国政府は日本政府が推薦する日本人財務顧問一人（第一条）および外国人外交顧問一人（第二条）をそれぞれ雇い、その意見を問う、外交案件はあらかじめ日本政府と協議する（第三条）というものであった。そして、これによって、大蔵省主計局長の目賀田種太郎が財務顧問に、そして駐米日本公使館顧問のスティーヴンス（Durham W. Stevens）が外交顧問になって、韓国の財政と外交、特に外交は日本政府が指揮するところとなった。これをうけて、元外相で駐英公使の林董は九月二六日、韓国の外交関係を引き受ける措置をとるべき旨を英国外相ランズダウン（Henry Lansdowne）に申し入れ、ランズダウンも、了解した。また、米国大統領のＴＲは、東アジアにおいて勢力を拡張していると映ったロシアを抑制するために日本寄りの姿勢をとることを日露開戦前から各方面に伝えていたが、日露戦争勃発後は韓国問題について日本の立場を支持することを各方面に表明していた。さらに、目賀田によって、韓国は一九〇五年一月一九日、日本貨幣を法貨として韓国内で流通させることを公認することを余儀なくされた。

日本の竹島編入

なお、以上のような状況において、日本政府は一九〇五年一月二八日、日本海（韓国・朝鮮においては東海）に位置する竹島（韓国・朝鮮においては独島）をそのように名付けた上で無主の地であるとして島根県隠岐島司の管轄に編入する旨を閣議決定し、二月一五日には内務省訓第八七号を出して、以上の閣議決定の内容を告示するよう管内に指示した。それをうけて、島根県は二月二二日、告示第四〇号を出して、閣議決定の内容を告示し、竹島を日本に編入した。竹島に関しては、戦後から現在にいたるまで、日本と大韓民国、さらに朝鮮民主主義人民共和国がいずれも自国の領土であることを主張して、その際には歴史的にも自国領であるとして自国に有利な歴史的史料を挙げて、自国の正当性を主張している。それらは歴史認識をめぐる問題でもあり、いかに評価すべきかは軽々にはできないものではあるが、時期的にみると、日本が日露戦争において戦局を有利に進め、韓国を軍事的に押さえて、前述のように日韓議定書、第一次日韓協約を結び、韓国を外交的にも実質的に相当に押さえていたという状況であり、韓国がそのような状況下で竹島の日本への編入に異議を唱えるということは事実上、不可能ではあったことは、指摘しておきたい。

第三章

韓国における日本の支配権の確立と列国

1　日本の韓国保護国化と国際関係

日露講和条約と「桂・タフト協定」――英米との合意

日露戦争は、日本に有利に展開した。一九〇四年三月一一日、日本公使館・領事館・居留民の保護、治安の維持、日本軍が展開する作戦の背後にある諸設備を全うするなどの目的のために六個大隊半の兵力によって韓国駐劄軍が編成され、その司令官には長州出身で陸軍大将の長谷川好道が就いた。ただ、韓国駐劄軍は、実際は当初の目的をはるかに超える役割を担うことになった。戦局はその後、一九〇五年一月の旅順の陥落、同年三月の奉天会戦、同年五月の日本海海戦におけるロシア・バルチック艦隊の壊滅、そして同年一月二二日、ロシアの当時の首都サンクトペテルブルグにおいて「血の日曜日事件」が起こるなど、ロシアに不利な状況となっていたが、日本も多大な犠牲を払っていて戦力が枯渇してきていたため、日露間の講和が望まれる状況にあった。

駐米日本公使の高平小五郎は一九〇五年一月二五日、日露間の平和回復後の満韓と旅順に関する日本政府の意見および講和についてTRに申し入れた。TRは、まだ副大統領候補であった一九〇〇年にその世界政策および勢力均衡に基づいて、膨張主義的なロシアを抑制するためには日本が韓国を手にして牽制役となるのを望む、とすでに語っていた。彼は、日露開戦後もそのような姿勢をもち続けたが、一九〇四年後半には日本が勝ち過ぎることによって東アジアにおいての勢力均衡が崩れることを恐れるようになった。

そこで、TRは「日本の方向を南方にではなく北方（大陸）に向ける、そして満州においてロシアと対峙させ、双方を消耗させる、その前提として自立不能な韓国は日本に従属させる」という図式のもと、一九〇五年三月二四日、講和条件の内示を高平に希望した。しかし、日本は、この時点においては戦局が不透明であるという判断もあって、講和条件の明示を回避した。

そこで、韓国に保護権を樹立することが一九〇五年四月八日、閣議決定され、また四月二一日には日露戦争の講和条件が決定された。そこでは甲の絶対的必要条件と乙のそうではない条件とに各問題が分けられたが、韓国問題は、前者の中の筆頭に位置づけられ、「極東平和ノ最大禍源タル韓国ヲ全然我自由処分ニ委スルコトヲ約セシムルコト」とされた。そこで、日本海海戦での勝利をうけて、高平は六月一日、日露講和の友誼的斡旋をTRに希望し、それをうけたTRは日露両国に講和勧告書を手交した。ロシアも六月一二日に応じたため、日露講和会議は、場所を米国北東部ニューハンプシャー州ポーツマスにして、日本側全権委員は小村と高平、ロシア側全権委員はウィッテとローゼンが参加して、八月一〇日から開始した。

会議において、日本側は一二カ条からなる講和条件を手渡したのに対して、ロシア側は、樺太の割譲や賠償金の支払いなど四カ条は拒否し、八カ条は承諾したが、その中で第一条の韓国問題については、ロシアは韓国への日本の「指導・保護および監理」の措置を妨げないということを認めた。ただし、韓国皇帝の主権を侵さないという前提をつけようとしたロシアの主張は、日本が韓国とはすでに協約があること、列国、特に後述する英米からは承認があることなどを挙げて、拒否された。

講和会議は領土の割譲や賠償金の支払いをめぐって紛糾したが、結局は北緯五〇度以南の樺太地域の日本への割譲、賠償金はなしということで、日露講和条約が一九〇五年九月五日、調印された。その第二条において、ロシアは、韓国において日本が政事上・軍事上・経済上の卓越なる利益を有することを認め、日本は韓国において必要な指導・保護・監理の措置をとるのを妨害しないことを約すとされた。

日本は、日露講和条約に先立って、英米とも韓国問題をめぐって合意した。小村は一九〇五年二月一五日、日英同盟の継続・強化の意向を英国側に伝えたが、英国もそのことを歓迎したため、新協約の原案が五月二六日、提示された。それが修正を経て、八月一二日、第二回日英同盟が調印された。これによって、日本は韓国において政治・軍事・経済上の卓越なる利益を擁護・増進するため、指導・監理・保護の権利を有する協約をインドにまで拡大して、東亜・インドにおける平和の確保、日英の利益の保護をめざし、日本はインドにおける英国の措置を認めるなどとされ、前協約において清国・韓国の独立・領土保全、機会均等を認めるとしたものから韓国が落とされた。

さらに、米国の日本に対する不安もめばえつつあった中、陸軍長官のタフト（William H. Taft）がかつて総督を務めたフィリピンを再訪する前に来日したが、桂がタフトに求めて、七月二七日に両者のあいだで会談が秘密裏にもたれた。その中で、日本がフィリピンに対して野心をもっているというのは事実ではなく、日本は友好国である米国がフィリピンを手にし続けることを望む、米国は国内政治上、公式の同盟関係には加われないものの、極東における平和の維持のために実質的に日英同盟に加わっているのと同様である、韓国問題は以前から戦争勃発の原因となってきたので、これによる戦争の再発防止のためには日本が韓国の宗主権を握るべきであり、米国もそのことを認めるという三つの点において合意した。

　タフトは七月二九日、ヘイの死亡で七月に新たに国務長官に就いたばかりのルート（Elihu Root）に宛て、合意内容を文章にして電文で送付したが、ルートはこの時、休暇で不在であった。代わって電文を目にしたTRは七月三一日、これをすべて承認する旨をタフトに回答した。そして、タフトは八月七日、滞在先のフィリピン・マニラからTRが承認した旨の電文を桂に送付し、桂は翌日、日露講和会議の全権として米国ポーツマスにいた小村にこのことを知らせて、日米間における一連の行為が完了した。

　この「桂・タフト協定（覚書）」は、ジョンズ・ホプキンス大学で外交史の教授を務めていたデネット（Tyler Dennett）がワシントンの議会図書館にあるTR文書の中で発見して、それを雑誌『Current History』に掲載する一九二四年まで公開はされなかったが、フィリピンについての米国の立場と韓国についての日本の立場をそれぞれ承認し合ってはいるものの、フィリピンと韓国とを交換したものではなかった。さらに、日露戦争の情況をうけて、TRと懇意であった上院議員のロッジ（Henry C. Lodge）が六月に英国を訪問し、英国首相バルフォア（Arthur Balfour）やランズダウンなどの英国政府の首脳たちと会談したが、極東において英米の利害が一致すること、英米は日本の韓国支配を完全に承認することなどで合意した。これらによって、韓国問題についての日英米のいわば「トライ

T・ローズヴェルト（左）とタフト（1909年撮影）

アングル封じ込め体制」が確立した。

高宗の外交的働きかけ

日露戦争期における韓国をとりまく状況が以上のようなものであった中、韓国においてはとりわけ日本との関係においてどのような情況がみられたのか。高宗は、日露開戦前から自国に対する野心がもっとも少なく、かつ日本をもっとも抑えられると思われた米国に対して、一八八二年の米朝条約第一条の「周旋条項」に基づいて自国に対する援助をしてくれるよう働きかけていた。しかし、TRをはじめとした米国政府首脳たち、さらに一八九七年に駐韓公使となっていたアレンも、韓国はもはや自立不能であると判断し、日本のもとに入るのがよいとした。

そして、たとえば前述の独立協会への弾圧時に逮捕され、六年あまりを獄中で過ごしたものの、一九〇四年に釈放され翌一九〇五年に米国に派遣された李承晩は同年八月、TRと会見して助力を求めた。それに対して、TRは、駐米韓国公使館を通して公式なものとするよう求めたが、そこはすでに日本が押さえていることを承知していたとともに、すでに桂・タフト協定に対して承認を与えていたため、実質的な拒否にほかならなかった。また、高宗は、タフト一行に同行していたTRの娘アリスが一九〇五年九月一九日から一〇月二日まで韓国に滞在し、九月二九日までソウルに滞在した機会をねらって、彼女を通じて父親のTRから援助を引き出すため、最大級の歓待をした。しかし、日本側の妨害もあり、アリス自身も「物見遊山」で韓国に来ただけであったことから、高宗の試みは、奏功しなかった。

親日団体・一進会の登場と乙巳保護条約

そのころ、韓国においては、親日団体である一進会が登場していた。日本に約一〇年間暮らしていた常民の出の宋秉畯は日清戦争後、日本軍の通訳として帰国したが、政治的影響力の拡大のため、京義鉄道建設のための労働者を集めるという名目で一九〇四年八月、維新会を設立した。一方、甲午農民戦争のあと、日本に亡命していた第三代東学教主の孫秉熙に代わって東学の国内事務を担った李容九は進歩会を設立した。さらに、維新会と進歩会が合同して一進会が結成されたが、林権助や長谷川好道などの後援をえて、勢力を拡大した。そして、一進会は一九〇五年一〇月一五日、保護条約を促進するという内容の声明を出した。また一九〇四年になると、政府内においても親日派が勢力を拡大した。一方、一九〇五年の春には、江原道、忠清道などの一帯において（後期）義兵の蜂起もみられるようになった。

地租の引上げなどによる経済的負担、および徴兵された兵士が少なからず戦死し人的負担などを強いられた日本国民には、ポーツマスにおける日露講和条約での獲得物が少ないと映ったため、講和条約に対する不満から一九〇五年九月五日の東京での日比谷焼打ち事件をはじめとして暴動が各地において発生した。日本政府は、戒厳令を敷いて鎮圧にあたったが、以上のような国民感情を慰撫するためにも、この時点において有利な国際環境を利用して韓国問題を処理する必要性を痛感していた。

そして、一九〇五年九月における小村とTRおよびルートとの会見、林董とランズダウンとの会見において、韓国に対する日本の措置について英米から承認されたのをうけ、日本政府は、一〇月二七日の閣議において韓国に保護権を設定するとの決定をした。この時に提出された協約案を手に特使として伊藤の韓国派遣が決まり、伊藤は一一月四日に東京を出発したあと、九日にはソウルに到着し、翌一〇日には高宗に接見した。そして、伊藤は一一月一五日、条約案を高宗に提示したが、高宗は、自らはこのことに関わるのを嫌って王宮内の奥に引っ込み、韓国政府の閣僚たちにことを委ねた。そのため、伊藤は、林権助、長谷川とともに日本軍の実力を示威しつつ、韓国政府の閣僚たちに日本案の受諾を迫った。それに対して、総理大臣に相当する参政大臣の韓圭卨は「断然拒否」の姿勢を崩さなかった。[*1] そのため、韓圭卨を除いて、外部大臣の朴斉純、内部大臣の李址鎔、学部大臣の李完用、軍部大臣の李根澤、農商工部大臣の権重顕といった五人の大臣が署名に応じ、[*2] そこに国家の印章である国璽も押されて、林権助と朴斉純のあいだで一一月一七日、第二次日韓協約が調印された。[*3]

「日韓保護条約」、「乙巳保護条約」ともよばれるこの協約において、韓国の外交権は日本外務省に移転すること、日本は代表者として韓国に統監をおき、統監は、外交事項を管理すること、韓国は、日本の許可なく勝手に外国とのあいだで条約などを結べないことなどが決まった。これをうけて、日本は韓国に公使館をおいていた英・米・仏・独・伊・墺・清・ベルギー・デンマークの各国にこの事実を通知し、政府宣言を出した。各国は相次いで駐韓公使館を撤収したが、中でも米国は、いち早くその旨を日本に通告した。

ただ、この協約の調印については、韓国に対する日本の「脅迫」があったこと、国璽押印の際も日本側の強奪によるものであったこと、高宗はまったく同意していなかったことなどを理由に、大韓民国政府および大韓民国における諸研究はいずれも「無効論」を主張している一方、日本政府筋は、調印において瑕疵はなかったとして「有効論」をとっており、日本における諸研究においては、「無効論」、「有効論」、「有効不当論」などに分かれている。

なお、高宗は一九〇五年三月、日本の牽制を訴える覚書を上海駐在ロシア軍少将のデシノ（Constantine N. Dessino）に伝達したが、ロシアの敗北によって結実はしなかった。また、一八八三年に朝鮮にやって来て教育活動などに従事し、高宗の顧問も務め、一九〇四年の日露開戦前後は日本に対して好意的であったものの、その後は日本が約束に背いて韓国の独立を破っているとして反日へと転じた米国人ハルバート（Homer B. Hulbert）がいた。彼は一九〇五年一一月、高宗の指示のもとで米朝条約の周旋条項に基づく米国の援助を要請するためにワシントンに赴いたが、ワシントンではTR、ルートともに多忙であることを理由に待たされ、そのあいだに第二次日韓協約が調印された。ハルバートは調印後にルートと会見したものの、ルートは「韓国政府の意思で調印したため、米国の介入は不可能になった」として、彼の要請を拒否したため、失敗に終わった。第二次日韓協約の調印をうけて、韓国政府内では親日派の巨頭として李完用が台頭する一方、親米派の筆頭であった閔泳煥は一一月末、自殺した。一二月になると、閔泳煥の弟で駐仏公使だった閔泳讃が援助を要請するため訪米したが、ハルバートと同様に失敗に終わった。

また、日露戦争期の一九〇四年と一九〇五年、その取材のために米国人ジャーナリストのジョージ・ケナン（George Kennan）[*4]が二度にわたって東アジアに来て、日本と韓国、満州などをまわり、雑誌『アウトルック（Outlook）』に寄稿した。彼は、そこにおいて近代化を果たした「アジアの先進国」として日本を絶賛する一方、韓国に関しては「韓国：退化した国」や「韓国文化：腐敗した文明の産物」などの刺激的な題名の論考において皇帝（高宗）、官職者、一般民衆のいずれに対しても酷評した。ケナンは、韓国人は自力では再生は望めないこと、しかし日本の助けがあれば再生は可能であるかもしれないこと、日露戦争後に不良日本人が多く韓国にやってきて韓国人を食い物にしているが、強力な統治機構がそれを止めさせる必要があることなどを挙げ、日本が韓国を支配する必要があることを強く主張した。ケナンのこの「熱狂的親日反韓」に対して、アレンは、「ピクニックで韓国にやって来て、ばかげたたわごとを筆にした」と酷評したり、ハルバートは、前述の米国における使命が失敗したあとに韓国に戻った一九〇六年、自分が発行する雑誌『コリア・レビュー（Korea Review）』においてケナンの主張すべてに反論する論考を載せて、ハルバートとケナンはそれ以降、お互いに「不倶戴天」の間柄となった。ケナンは、その後も後述する安重根の伊藤博文射殺、日本の韓国併合、「一〇五人事件」などの韓国・朝鮮に関係する出来事において日本を擁護する論考を『アウトルック』に寄稿し続けることになる。

2　韓国での「統監政治」の展開と列強

第三次日韓協約の締結

以上のような経緯で、一九〇六年二月一日に韓国統監府がおかれ、三月二日には初代統監として伊藤博文が着任した。そして、伊藤は新たに成立した朴斎純内閣のもと、李完用たちの協力をえて各種の「改革」に乗り出した。

たとえば、一九〇六年四月には、内部に治道局が設置され、道路建設が本格化したり、度支部に水道局が新設され、ソウルにおいて水道工事が着手された。八月には各級学校の学制改革がなされ、一〇月一日には新地方官制が実施され、全国が一三道一一府三三三郡に改変、それらに日本人参与官が配置され、行政を監督することになった。ただ、その一方で、統監府は、四月には保安規則の公布によって言論を規制したり、六月には裁判事務に関する法律の公布によって司法権を侵害したり、鉱業令の公布によって鉱山の独占化を図ったりして、韓国をいっそう掌握する動きを進めた。また、一一月一六日には土地建物証明規則が発布され、韓国における日本人の土地所有権も全面的に認められたり、目賀田による「貨幣事業整理」の着手によって日韓の貨幣制度の一体化、日本の商品・貨幣の流通および資本輸出に向けての基礎ためがなされ、第一銀行のソウル支店が韓国における中央銀行となった。伊藤は、これらの措置を朴斎純首相や李完用などの「協力者」の協力をえて行なったが、主観的にはこれらは韓国の近代化のためには必要であると考えた。

しかし、韓国の中からは、それに対して主に二つの動きがあった。一つは、都市知識人や学生、民族資本家などが担った愛国啓蒙運動であった。それは、一九〇六年四月に尹致昊を中心にして結成された大韓自強会にはじまり、教育や商業を振興することによって実力を養成し、それによって独立に向けての基礎を構築することが必要であるとした。[*5] もう一方は、第二次日韓協約とともに激化した義兵闘争であったが、一九〇六年三月と五月の前参判閔宗植の江原道洪川における挙兵、六月の崔益鉉の挙兵、[*6] 慶尚北道平海における義兵将申乭石の挙兵など、主に朝鮮南部において儒者を中心にして起こった。

これらに対して、日本政府は、五月には義兵解散の詔勅を渙発したり、六月には全国に警務分派所一二二カ所を設置したり、一〇月には改正憲兵条例を公布して韓国駐箚憲兵隊を第一四憲兵隊に改編するなどしたが、義兵の出没はそれでも止まず、その鎮圧も、次第に残酷さを増していった。そのような状況を前にして、伊藤自身が韓国における「改革」に対して心の動揺を次第にみせる一方、韓国においては一進会の宋秉畯や李容九、そして日本における国家主義団体であった黒龍会を創設し、この時期は韓国に渡って一進会の顧問を務めていた内田良平、さらに日本においては山県有朋、桂、寺内たちは、伊藤の方針を微温的であると突き上げ、韓国の即時併合を求めた。

そのような中、伊藤は一九〇六年中、協力を求めるべく、あるいは少なくとも妨害をさせないように、高宗と数回の会見をもつが、高宗の不信感は根強く、お互いに不信感を強めるだけの結果に終わった。

高宗は一九〇六年一月、第二次日韓協約を否認する内容の密書を米国政府に送付したが、それが明るみに出ると、自らの関与を否定した。さらに、高宗は一九〇七年一月、親しかった英国人のベセル（Ernest T. Bethell）が経営する『大韓毎日申報』に『ロンドン・トリビューン』での記事を転載するという形で第二次日韓協約を否認する勅書を掲載させた。高宗としては、「以夷制夷」をまだあきらめてはいなかった。

おりしも、オランダのハーグにおいて一九〇七年六月に第二回ハーグ万国平和会議が開催されることが決まった。そこで、高宗は、韓国が日本の支配下におかれたために困難な状況にあること、第二次日韓協約は無効であることなどを国際会議において訴えるために、ハルバートの援助のもと、元議政府参賛の李相卨、前平理院検事の李儁の二人を派遣したが、シベリアを横断した二人は、サンクト・ペテルブルグにおいて前駐露公使館参事官の李瑋鍾を仲間にして、ハルバートとともにハーグに着いた。三人は、会議の議長でロシア代表のネリドフ（A. Nelidov）をはじめとする各国代表に対する働き掛けや非公式会議における演説などを行なった。しかし、同情的姿勢を示す中小国代表もいたものの、日本代表の都築馨六が各国代表に働きかけたこともあって、韓国の外交権は日本が代表していること、彼らが手にしている信任状も偽造であるなどの理由で彼らの訴えは六月二九日に斥けられてしまった。李儁は七月一四日、当地において死亡し、[*7]ほかの二人とハルバートは、渡米した（「ハーグ密使事件」）。この状況をうけて、伊藤は七月三日、高宗を詰問し、「このようなことをするくらいなら、むしろ堂々と宣戦布告されたし」と迫ったが、高宗は、無関係を主張した。

しかし、五月二二日に成立した李完用内閣、そして一進会はともに高宗の譲位を主張し、また時の西園寺公望内閣の外相であった林董が韓国を訪問したのをきっかけに、高宗は七月一九日、儒生や学生たちの反対や抗議も押し切って、[*8]譲位の詔勅を発し、翌日には退位した。これをうけて、七月二四日には伊藤と李完用のあいだで第三次日韓協約（韓国・朝鮮では、「丁未七条約」）が締結されたが、これによって韓国の内政権が日本に移行すること、また不公表の覚書において韓国軍を解散させることが決まり、七月三一日には軍隊解散の詔勅が出され、八月一日には軍隊の解散式が挙行された。これに対して、韓国軍人たちの中の多くは、兵器を取って、八月五日の江原道・原州、八月九日の江華島などにおける義兵闘争に加わった。

また、日露戦争後の国際情勢が日米関係の低落化、英露関係の改善、英仏露三国の三国協商によるドイツ

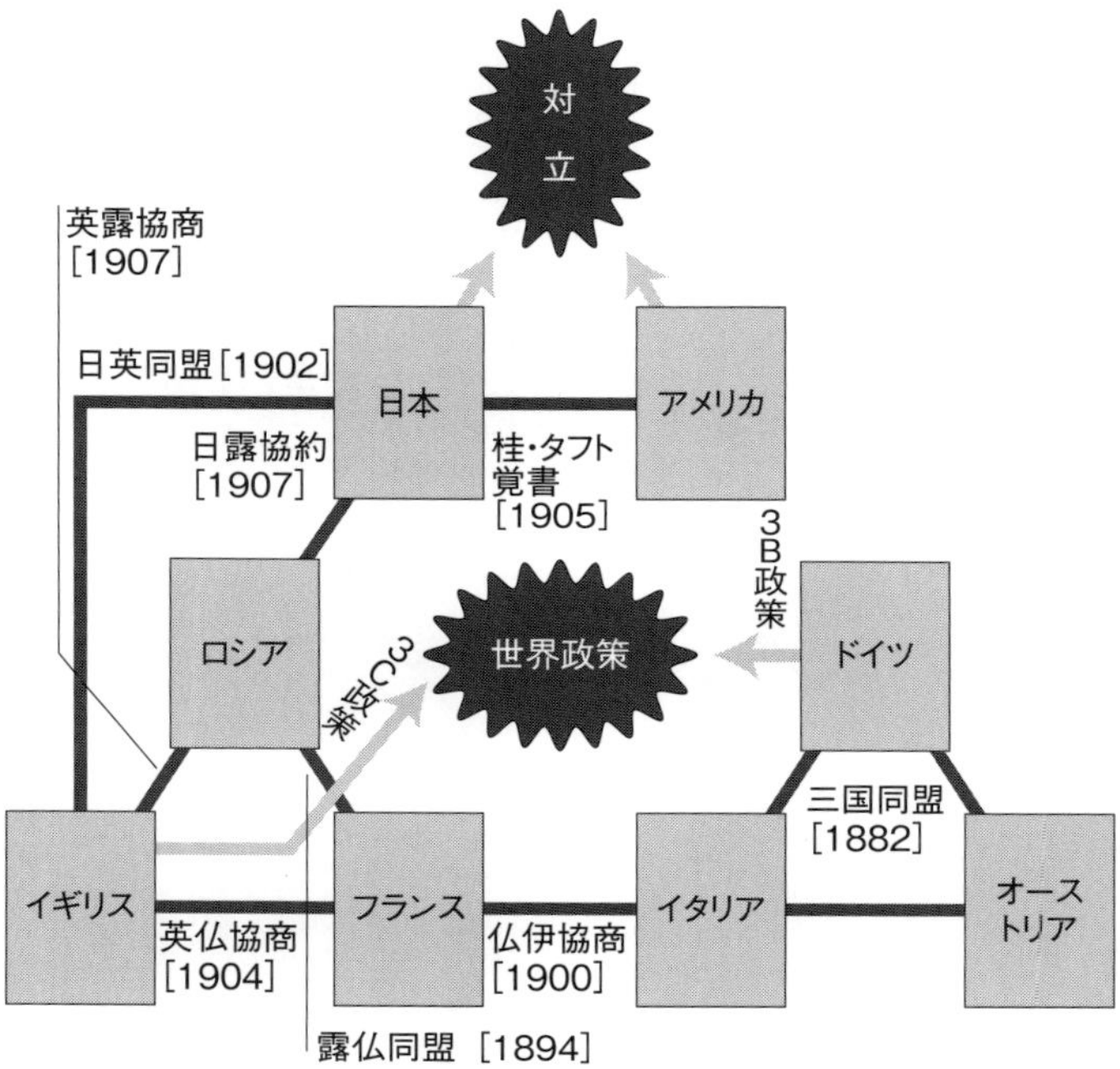

日露戦争後の国際関係

の封じ込めという展開をする中、日露関係も改善していった。そして、一九〇七年七月三〇日、第一回日露協約が締結されたが、その第二条においてロシアは韓国における日本の立場を認めて、妨害をしないことが約束された。

そして、高宗の退位をうけて、高宗と閔妃のあいだの子息である李拓が八月二七日、純宗として即位したが、彼は知能上、問題があるとされていた。さらに、伊藤は一九〇七年一二月、やはり高宗の子息で側室の厳淳妃とのあいだの子息であった李垠を高宗や厳淳妃の反対を押し切って東京に留学させ、日本式の教育を施す一方、留学時の約束であった一年に一度の帰省は、実行されなかった。

以上のような状況の中、一九〇七年一〇月に第一四憲兵隊長となり、翌一九〇八年に改組された韓国駐劄憲兵隊長となったのが、明石元二郎であった。日露戦争期にヨーロッパに派遣されてロシアを後方から攪乱するためにロシア統治下にあったフィンランドの独立運動家やボルシェヴィキなどとも接触していた明石はこの時、自らの指揮で義兵運動を徹底的に鎮圧する活動に着手した。しかし、韓国においては安昌浩、李東輝、金九、申采浩などのちの独立運動家を代表する人たち数人が加わる形で秘密結社の「新民会」が結成される一方、一九〇七年一二月には義兵約六、六〇〇人が京畿道の楊州に集結し、一三道義兵隊長には李麟栄が就いて最大規模の抗日戦が展開することが予想されたが、李麟栄は翌一九〇八年一月、父の死のため三年間喪に服するとして帰郷し、機会を逸した。

また、主宰する『大韓毎日申報』において日本の韓国統監政治を批判的に報道していたベセルは、梁起鐸、朴殷植、申采浩などのちの独立運動の担い手となる人たちとともに活動していたが、彼のことを好ましく思わなかった統監府が英国に働きかけたため、英国政府は一九〇七年一〇月と翌年六月の二回、ベセルを英国の領事裁判法廷に立たせた。そして、二度目の裁判においてベセルの行為は治安を紊乱しているとの嫌疑で、彼は、三週間の禁固およびその終了後の六カ月の保証釈放金支払いという有罪判決をうけ、韓国には適当な拘置所がないという理由で上海に移送された。ベセルは七月、上海での三週間の禁固刑を終えて、再びソウルに移送されたが、その後も、言論活動を続けた。しかし、彼は、その間のストレスから健康を悪化させ、一九〇九年五月一日、結核で死亡した。

抗日運動の展開

そして、愛国啓蒙運動のほうも、実力を養成して国運の挽回を図るという狙いは日本にとっては好ましくはなかった。そこで、日本は、一九〇七年に公布した保安法や新聞紙法、一九〇八年に公布した私立学校令や学会令、一九〇九年に公布した出版法などによって弾圧するにいたった。

韓国人の抗日運動は、海外においても展開された。折りしも一九〇八年三月二三日、サンフランシスコにおいて日本の韓国統監政治の正当性を記者会見の席上で主張したスティーヴンスに対して複数の在米韓国人が抗議したが、彼が聞く耳をもたなかったため、田明雲と張仁煥の二人に暗殺される事件が発生した。

一方、義兵闘争はこの一九〇八年にピークに達し、各道における義兵と日本軍との交戦は一、九七六件、交戦義兵数は八万二、六七六人にも達した。それに対して、日本側は包囲作戦や兵糧攻めを行なったため、義兵側は、次第に孤立化した。義兵側はそれを打開するため、民衆に協力を要請し、民衆もその要請にかなり応じていたが、次第に義兵側の要求が強まったため、民衆の中の上層部からは義兵に対する支援を渋る者も出てくるようになり、日本による分断策が奏功するようになっていた。また、装備面においても義兵側は日本側に比べて劣っていたため、義兵たちの中には間島、シベリアなどに逃れてそこで抗日独立運動を展開する者たちも出た。それでも、義兵闘争は、依然として止まず、日本側による義兵闘争に対する攻撃は、次第に殲《せん》滅戦の様相となっていった。

一九〇八年六月二〇日、宋秉畯が内部大臣になり、一進会の勢力が韓国政府にまでも拡大した。また、一九〇七年一一月から翌年二月までに七度にわたって交わされた日系移民に関する日米紳士協約によって日本から米国への移民が事実上、自主規制され、さらにカナダとも一九〇八年二月、同様の協約が交わされた。そして、朝鮮への日本人移民をいっそう拡大・促進するため、一九〇八年一二月二八日、日本の資本金一、〇〇〇万円によって東洋拓植株式会社（東拓）が設立されたが、[*9] 移民自体は増えはしたものの、当局が予想かつ期待するほどには増えなかった。

3　日本の韓国併合と国際関係

伊藤博文の暗殺

一九〇九年になると、内田の後押しを得て、宋秉畯は二月、合邦論を桂首相に提出し、そのための資金として一億円を要求した。また、韓国政府内における李完用たちと宋秉畯との対立が深化していき、充分な「協力」が必ずしも得られなかったこと、韓国民衆の冷淡な姿勢、依然として止まない義兵闘争などを前にして、「改革」に対する伊藤の信念は動揺した。そして、桂首相、小村外相、伊藤の三人が一九〇九年四月一〇日、霊南坂において韓国併合実施の方針を密議し、六月一五日には伊藤は枢密院議長に転じ、後任には第一次桂内閣の蔵相も務めた副統監の曾禰荒助が就いた。韓国即時併合派からすると「やっかい払い」された格好の伊藤は、「韓国人の協力が充分に得られなかった」と語って、日本に戻った。そして、七月六日には、「適当ノ時機ニ於テ韓国ノ併合ヲ断行スルコト」という方針が閣議決定され、七月一二日には己酉覚書が調印され、韓国の司法・監獄事務が日本に委任された。そして、日本軍憲兵隊は九月一日、南韓大討伐作戦を開始した。

伊藤は一九〇九年一〇月、次の焦点となっていた満州の視察および満州問題などをめぐってロシア蔵相ココフツォフ（Vladimir N. Kokovtsov）との協議を行なうため、遼東半島から奉天を経てココフツォフが待つハルビン行きの列車に乗り、一〇月二六日午前九時半、ハルビン駅に到着した。その伊藤を待っていた人たちの中にいたのが、安重根であった。一八七九年に生まれた安重根は一八九五年、フランス宣教師による洗礼をうけてカトリック教徒となったが、一九〇五年の第二次日韓協約後は愛国啓蒙運動に従事し、一九〇七年には間島からロシア沿海州に渡り、義兵を組織した。そして、安重根は一九〇九年六月、会寧の日本部隊を攻撃したものの、失敗に終わった。そこで、安重根は、「断指同盟」によって左手薬指の第一関節より上を切断した同志一一人とともに「侵略の元凶」とした伊藤に照準を定めて、この日に列車から降り、閲兵する伊藤に三発の銃弾を浴びせて射殺し、その場でロシア官憲に逮捕された。安重根の身柄の拘束権はロシアにあったが、ロシアは、前述のように第一回日露協約によって日本との関係を改善させていたため、自らが安重根の身柄を拘束し、裁判にかけたかった日本からの身柄引渡し要求に応じて、安重根は、旅順に移送された。そして、安重根に対する尋問・裁判が始まったが、安重根は一一月六日、以下の一五にわたる伊藤の「罪過」を列挙した。[*10] 一、閔妃の暗殺、二、第二次日韓協約の締結、三、高宗の退位と第三次日韓協約の締結、四、韓国における各種権利の奪取、五、第一銀行券の流通による経済の混乱、六、国債の押付け、七、書籍の押収と検閲、八、義兵の殺害、九、韓国青年の外国への留学の禁止、一〇、「乙巳五賊」や一進会などの親日派の利用、一一、司法権の剝奪、一二、韓国が日本領であるかのように宣伝、一三、第二次日韓協約以来、韓国人は休まる日がないこと、一四、明治天皇を騙していること、一五、一八六七年に孝明天皇を殺害したこと、である。[*11]また、安重根は、自分は韓国の独立および東洋の平和のために個人としてではなく義兵の参謀中将として伊藤を殺害したのであり、万国公法によって裁判されることを望むと裁判において主張した。そして、安重根は、獄中において日中韓による「東洋平和論」の執筆にとりかかり、また安重根と直接接した多くの人たちは彼に感銘をうけ、安重根は、そのような人たちの求めに応じて揮毫したりした。それでも、とりわけ小村が圧力をかけたこともあって、安重根を裁判にかけていた関東都督府地方法院は一九一〇年二月一四日、死刑判決を下し、安重根は三月二六日、絞首刑による死刑を執行され、執筆を急いでいた「東洋平和論」は、未完に終わった。そして、安重根による伊藤の暗殺は、日本人の中にある韓国（人）に対する蔑視とその一方での脅威を増幅させる一方、それまでの日本の宣伝もあって欧米諸国には「日本の偉大な政治家の死」「韓国のために働いた恩人を韓国人自らが屠った」などと映り、日本は、韓国の併合に着手するにあたって欧米の同情心を利用したともいえる。なお、大韓民国においては、安重根は過去、かつて日本において一〇〇〇円札の顔となった伊藤博文とは異なり紙幣の顔にはなっていないものの、二〇〇ウォン切手の顔となった。そして、ソウルの南山公園には、一九七〇年より安重根義士記念館が建っている。

一九〇九年一二月には一進会会長となっていた李容九が合邦上奏文および請願書を皇帝の純宗、統監の曾禰、首相の李完用に提出したが、あまりのこととして一進会に対する反発が強まり、一進会は、日本側にとってもむしろ次第に重荷となっていた。李完用が一九〇九年一二月二二日、刺されて重傷を負ったものの、命は落とさなかった。一方、合邦に対する反対運動が激化し、義兵闘争もなおも続いたが、一九一〇年になると、その勢いは峠を越えた。

日本の韓国併合

ところで、一九〇四年から翌年にかけてもっとも良好になっていた日米関係が日露戦争後、満州における日本の軍政継続問題、海軍増強問題、米国西海岸における日本人移民の排斥問題などで摩擦の度を増していた。それでも、TRが大統領の座にあるあいだは日米双方の自制もあって、日米関係はふみとどまっていたが、一九〇九年にTRに代わってタフトが大統領に就くと、著しい伸長をみせていた米国の経済力を外交に使って米国にとって望ましい国際環境をつくるという「ドル外交」が国務長官のノックス（Philander C. Knox）を中心にして展開されることになった。そして、一九〇五年に日本が韓国を保護国とした際にストレイト（Willard D. Straight）は、駐韓米国公使館の副領事としてソウルでことの成行きを目にする中で日本に対する反感をいだきつつ、ソウルにおいてはもはや何もできないながらも別の場所・機会に日本に対する復讐を誓ってソウルを去った。そして、奉天総領事となっていた彼は、駐日公使館に勤務中に日本への反感をいだくようになっていた国務次官のH・ウィルソン（Huntington Wilson）が後押しする形で、現地において一九〇六年に日本によって設立された南満州鉄道株式会社（満鉄）のハルビン―旅順間の鉄道路線に並行する別の線の建設に資金提供をしようとしたり、満州諸鉄道を「中立化」すべく列国が共同で資金を出すことを模索したりして、満州における日本の優位を崩そうとした。

それに対して、日本と、第一回日露協約において北満州における優位への承認を日本から得ていたロシアはともに危機感をいだくようになり、日露がいっそう協力することによって対処しようとした。そして、日本は、満州に対するタフト政権の「ドル外交」の波が、米国がかつて日本の立場を承認した韓国にまで及びかねないとの危惧の念をいだくようになり、韓国の併合を急いだ。

小村は、安重根の伊藤暗殺以来、外務省政務局長の倉知鉄吉および統監府外務部長の小松緑に韓国併合条約の文案を作成させた。さらに、一九一〇年五月三〇日、曾禰が病気を理由に統監を辞任し、後任の統監には寺内正毅が陸相と兼任で就任し、副統監には山県有朋の養子であった山県伊三郎が就いた。これをうけて、六月二四日には警察事務委託に関する覚書が調印され、韓国の警察権も、日本に剥奪された。そして、東京ではこの頃、寺内が会長となって併合準備委員会が会合をはじめた。さらに、日本はこの時期、外交的にも英露に併合の方針を通告し、両国からの了解を得た。ロシアとは七月四日、第二回日露協約を調印し、満州における現状維持を約束し合ったが、韓国についての文言は、もはやなかった。そして、七月二三日にソウルに入った寺内は八月一六日、統監官邸において李完用首相に併合条約案および併合覚書を手交した。それをうけて、李完用内閣は八月一八日、併合条約案を閣議に上程したものの、学部大臣の李容植だけが反対で、それ以外の閣僚は、すべて賛成した。そして、韓国併合に関する日韓条約が八月二二日、寺内と李完用のあいだで調印され、政治的集会や屋外における集会などが禁止される中で八月二九日に公布され、「韓国皇帝は、一切の統治権を完全かつ永久に日本皇帝に譲与し」、「日本皇帝は、それを受け取る」という形で「日韓併合」（韓国・朝鮮では、「韓日合邦」「庚戌国恥」という）が成立し、韓国は、日本の統治下に入ることになった。そして、寺内は調印の日、「小早川（隆景）、加藤（清正）、小西（行長）が世にあらば、今宵の月をいかに見るらむ」と歌い、小松がこれに応えて「太閤を地下より起し見せはやな、高麗《こま》やま高く登る日の丸」と歌い、これによって豊臣秀吉や彼による文禄・慶長の役によっても成し遂げられなかった「三千年の懸案解決」とした（林権助は、「二千年」としていた）。一方、詩人の石川啄木は一九一〇年九月九日、「地図の上　朝鮮国にくろぐろと墨をぬりつつ秋風を聴く」という日本の韓国併合を批判的にみたと思われる歌を詠んだ。*12

また、この頃、最大政党であった立憲政友会を実質的に切り盛りし、山県閥や桂内閣と妥協と対峙の両方をもって臨んでいた原敬は八月二九日、日本の韓国併合の報せを耳にして、熟柿が自然に落ちるまで待つべきであるのに急ぎ過ぎであること、これは山県などが功名心から急いだ結果であること、*13急ぎ過ぎた日本の韓国併合が「後の面倒」となるのではないかなどの感想を日記に記し、彼自身は日本の韓国併合自体には反対ではなかったものの、危惧の念をいだいた。そして、その原が九年後、自ら言うところの「後の面倒」に臨まなければならなくなるとはこの時点においては知る由もなかったのである。

第四章 日本の朝鮮統治の開始と国際関係

1　日本の朝鮮「武断統治」の開始と国際関係

朝鮮総督府の設置と土地調査事業

前章で記したように日本の韓国併合がなされたが、それにともないいくつかの懸案があり、日本は、それに臨んだ。第一は国号であったが、寺内などは、国が続いているとの印象をあたえる懸念から、「韓国」は変えなければならないと考えており、その存続を願った韓国政府の要請は、一蹴された。逓信相であった後藤新平は「高麗」はどうかとしたものの、結局は「朝鮮国」ではなく日本の一地域としての「朝鮮」とされることになった。第二は皇帝の称号であったが、これも「王」とされ、皇帝純宗は「李王」、高宗は「李太王」、李垠は「李王世子」と格下げされ、韓国皇室は、日本の皇族に編入された。第三は朝鮮の地位の問題であったが、これは、すでに日本の韓国併合前の一九〇九年七月の閣議決定で、朝鮮には大日本帝国憲法を施行せず、天皇大権によって統治すること、朝鮮総督は天皇に直隷し、朝鮮においてのいっさいの政務を統括すること、総督は大権の委任によって法律事項についての命令を発することなどとされた。これによって、朝鮮の立場は、日本のほかの地域と比べても微妙なものとなった。第四は韓国併合にともなう（韓国と外交関係をもっていた）外国との関係についてであった。これについては駐韓各国外交官との協議の上、一九一〇年八月二九日に「韓国併合に関する宣言」が『官報』に載る形で公表され、そこで韓国での領事裁判権の撤廃、現行関税率の今後一〇年間の維持などがうたわれた。日本も主張するとともに、韓国併合への承認を諸外国から得るために妥協の姿勢もみせたため、諸外国も了解した。第五は韓国での政治団体への対応であったが、これは、一九一〇年九月一二日に朝鮮内の一〇の政治団体に解散令が出された。そして、その中にはもはや「用済み」とばかりに一進会もふくまれていた。

以上のような経過ののち、一九一〇年九月三〇日に統監府が廃止され、「朝鮮総督府官制」の公布により朝鮮総督府が設置され、翌一〇月一日には初代朝鮮総督には寺内が、そしてナンバー・ツーの政務総監には（山県有朋の養子で、文官であった）山県伊三郎がそれぞれ就任した。「朝鮮総督府官制」によれば、朝鮮総督は天皇による親任であり、陸海軍大将がこれに充てられるとされた（第二条）。これにより、寺内、長谷川好道（一九一六年一〇月〜）、斎藤実（一九一九年八月〜）、山梨半造（一九二七年一二月〜）、斎藤（一九二九年八月〜）、宇垣一成（一九三一年六月〜）、南次郎（一九三六年八月〜）、小磯国昭（一九四二年五月〜）、阿部信行（一九四四年七月〜）の八人（延べ九人）のすべてが軍人であり、そのうち海軍出身の斎藤以外はすべて陸軍の出身となり、しかも寺内、斎藤、小磯の三人は、のちに首相の座に就いた。[*1] また、朝鮮総督は天皇に直隷し、陸海軍を統率し、朝鮮での政務を統括することとなった。さらに、朝鮮においての法令は、内閣総理大臣を経て勅裁ののちに朝鮮総督の命令をもってこれに充てるとし、総督の自由裁量が認められた。天皇と直結したこの武官統治制は、明らかに予想される朝鮮の抵抗を抑えこんで、朝鮮人を日本の統治下におくためのものであった。

朝鮮総督府の設置にともなって一〇月一日、韓国の内閣が解散し、一〇月七日には朝鮮貴族七五人に叙爵がなされ、侯爵には三人、伯爵には六人、子爵には二一人、男爵には四五人がなったが、これらは、

「親日派」のこれまでの行動に対する論功行賞、これからの朝鮮統治に対する協力への期待からの「アメ」であった。一方、「ムチ」としては、いっさいの政治集会、講演会、演説会の禁止（八月二五日）、各種新聞・書籍の発行禁止（八月三〇日）などの措置がとられた。

韓国併合前の一九一〇年六月三〇日、統監府が警察官署官制、韓国駐箚憲兵条例を制定したが、これによって警務総監部が新設され、憲兵警察権が実施されることになった。そして、朝鮮総督府も、これを受け継いだ。一九一〇年九月一〇日には、朝鮮駐箚憲兵条例も出され、憲兵政治が確立する中、憲兵は一九一〇年一二月一五日公布の犯罪即決令（警察署長と憲兵地方分隊長に犯罪者と思われる者を裁判なしで即決する権限を付与）に代表される権限が与えられ、日常生活にまでわたる非常に広範な任務もうけもった。[*2]

さらに一九一〇年九月三〇日、朝鮮総督府臨時土地調査局官制が公布され、朝鮮における土地調査事業が本格的に始まった。これは、一九一八年に完了するが、近代的土地所有権がはっきりしていなかった朝鮮にそれを導入しようとしたものであった。しかし、農民たちによる申告制であり、その手続きができなかったため、所有権が認められない農民が続出し、彼らは、小作に転落したり、満州に渡ったりした。そして、東拓が最大の日本人地主として所有地を拡大し、移民を推し進めようとした。国有地が二七万町歩、日本人所有地が二四万町歩、朝鮮人所有地が三九一万町歩で、一見するとさほどではなかったようであるが、朝鮮人の中でも地主と小作の分化が進んだ。この土地調査事業は、一九一二年八月一三日の土地調査令の公布・施行という形で正式に始められたが、この土地調査事業の中で諸外国、特に英米とのあいだで焦点となったのが、外国人土地所有権の問題と居留地制度の問題であった。これは、「日本領」となった朝鮮に例外をもうけることはできないという面子の問題でもあった。前者に関しては、英米側からの疑念提起に対して、朝鮮総督府は、英国のエジプト・インドでの土地調査の例を出して、土地調査を行なうと、その一方で不利益にならないよう配慮し、また土地所有権も認めることで決着した。後者に関しては、居留地の撤廃という断固たる姿勢を朝鮮総督府側が示したため、協議会を経た上で、一九一三年三月末をもって撤廃が決定した。

「一〇五人事件」の「発生」

こうして、日本の韓国併合、朝鮮統治が始まり、また一九一〇年にはさすがの義兵闘争も朝鮮内では下火になり、満州やロシア領へと移ったが、朝鮮総督府は、警戒心をゆるめなかった。そして、一九一一年になると、のちに外交問題ともなる「事件」の「発生」が伝えられた。

寺内は一九一〇年一二月、朝鮮北西部の宣川、新義州などを視察したが、朝鮮総督府は、その際に未遂に終わったものの彼への襲撃を図ったとして、秘密結社として存続していた新民会の人たちを中心に朝鮮人七〇〇人あまりを、一九一一年九月から翌年にかけて逮捕・投獄した。そして、逮捕者のうち、起訴された一二二人への判決が一九一二年九月に下されたが、一七人が無罪とされたものの、ほかの一〇五人にはすべて懲役刑が下されたため[*3]、一〇五人は、いずれも控訴した。そして、「事件」の裁判において、一〇五人のうち九九人は無罪となったが、一九〇四年の第一次日韓協約締結時に外部大臣臨時署理として調印した尹致昊をはじめとした中心的な人たちとされた六人は、再審破棄、減刑、上告、上告棄却、大正天皇の即位の大礼にともなう彼らへの特赦という経過を経て、一九一五年二月一六日に出獄した。[*4] しかし、以上のような経過の中で、朝鮮総督府をはじめとする日本側は、逮捕者の中にキリスト教長老派教会（Presbyterian）信者が多かったことから、彼らと朝鮮在住米国人宣教師との関連性に疑いの目を向けた。一方、朝鮮在住米国人宣教師たち、米国内キリスト教団体および報道機関、さらに米国政府さえも、両者の関連性に対する疑いへの反発および逮捕者からの自白の引出しのために日本当局が拷問を行なったのではないかとの疑いの念をいだき、外交的にも日米間で問題となった。

モフェット（Samuel A. Moffett）、エヴィソン（O. R. Avison）、ホイッテモア（Norman C. Whittemore）の三人が一九一二年一月二三日、寺内と会見し、キリスト教会は朝鮮人に日本の統治に服するよう勧めてきたこと、したがって「事件」の背後に自分たちがいるのではないこと、一方で逮捕者の中に自分たちが最も信任する人たちがいるが、彼らがそのような行為に出るとは信じられないこと、拷問の噂が絶えないことなどを主張した。それに対して、寺内は、拷問の噂は事実無根なこと、キリスト教に対しては悪意はないこと、しかし逮捕者の中にキリスト教徒がこれだけ多いのには驚かざるを得ないなどとして、応酬した。また、米国でも、それまで日本の朝鮮政策に好意的だった在ニューヨーク長老派海外伝道部長ブラウン（Arthur J. Brown）が「事件」に対する日本の姿勢に批判的な小冊子『Korean Conspiracy Case』を出したため、駐米日本大使の珍田捨己がブラウンと会談して、寺内と同様の回答をしたり、珍田や埴原正直（一等書記官）は、国務省や尹致昊の減刑を求めてきた米国連邦議会議員たちに説明を行なったりして、攻勢をかわした。この「事件」は捏造であり、新民会の一網打尽と朝鮮人全般への威圧効果が目的で、内外の批判をまねかないためにも最後は特赦から釈放にふみきり、また逮捕者に対する拷問がかなり行なわれたとされており、この「事件」のことは、「朝鮮版大逆事件」、「朝鮮陰謀事件」ともいわれている。

海外での独立運動の展開

日本の韓国併合後、朝鮮人の多くが国外に移動して、そこで独立運動を起こすことがみられた。特に鴨緑江、豆満江をあいだにはさんだ中国、中でも間島（現在の吉林省内の延辺朝鮮人自治州一帯に相当）とよばれる地域に多数居住したが（朝鮮総督府は、一九二〇年の時点で満州に一〇〇万～一五〇万人ほどいると推定した）、彼らは、民族独立を志向する政治グループとしての性格が濃厚であった。そのような中で、韓国併合前の一九〇九年九月四日に日中間で調印された「間島に関する日清協約」は、清国は間島での韓国人の居住を認めること、間島居住の韓国人は清国の法権に服する一方で、彼らの土地・家屋は保護されることなどを定めた。しかし、韓国併合後の一九一五年五月二五日に日中間で調印された「南満州及東部内蒙古に関する条約」の第八条が「満州ニ関スル日支現行各条約ハ……一切従前ノ通リ実行スヘシ」としたのをうけて、中国側が間島条約で言うように朝鮮人は依然として中国の法権下にあるとしたのに対して、日本側は、朝鮮人は韓国併合後に「日本臣民」となった以上、これは朝鮮人については適用外と主張して、両国は対立した。しかし、中国はちょうど同じ五月二五日、同年五月七日の日本の最後通牒に応じる形で「対華二一カ条要求」をのみ、この条約は、その一つであった。そのため、中国側は、朝鮮人問題で不必要な紛争を日本とのあいだで引き起こすことを避けるため、朝鮮人の行動規制に乗り出し、一部の朝鮮人民族主義者は、ロシア領や米国へと移った。

そのロシアには、一八六三年に一三の朝鮮人家庭が東部ロシア領に入植して以来、多くの朝鮮人が入植した。そこでは、ロシア政府の方針もあって、朝鮮人がロシア国籍を取得することが促進された。そして、それを促進したのが、日本の韓国保護国化から併合、その後の朝鮮での「武断統治」であり、独立運動の多くの志士たちがウラジオストクを経由した（朝鮮総督府は、一九二〇年の時点でロシア領に約五〇万人がいると推定した）。

さて、日露戦争後、日露関係は相手に対する警戒をもちながらも次第に改善していった。一九〇七年七月三〇日、一九一〇年七月四日、一九一二年七月八日、一九一六年七月三日の四回にわたって日露協約が調印され、実質的に同盟関係になった。そのような状況をうけて、日本政府は、ロシア在住朝鮮人の取締まりをロシア政府に要請した。そのため、一九一一年六月一日、本条約と付属秘密宣言書からなる「日露逃亡犯罪人引渡条約」が締結されたが、現地での宥和政策によって一九一四年まで引渡しや追放された朝鮮人運動家は一人もいなかった。それでも、駐露日本大使館が一九一四年一二月五日、数名の朝鮮人を追放するよう要請したことをうけて、ロシア政府は、ロシアへの帰化朝鮮人に関しては不可とする一方、非帰化朝鮮人に関しては追放措置をとった。

そのような中で一九一七年に起こったのが、ロシア革命であった。そして、帝政ロシアの崩壊によって重しが外された在ロシア領朝鮮人は全露韓族会を結成し、一九一八年六月の第二回総会において比較的穏健な帰化者からは崔才亨、急進的な非帰化者からは李東輝がそれぞれ名誉会長となったが、次第に社会主義の影響を濃くしていく。李東輝はかつて旧韓国の軍人であったが、一九〇七年七月の韓国軍の解散と自身の逮捕後に武闘派へと転じ、間島からウラジオストクに移ったものの、日本の要請によってロシアによる身柄拘束がなされた。しかし、李東輝は、ロシア革命によって釈放され、ロシア革命の擁護が朝鮮独立への道であるとして、一九一八年六月二六日にはボルシェビキの援助によってハバロフスクにおいて韓人社会党を結成した。

以上のような状況の中、日本政府は一九一八年八月二日、シベリア出兵宣言を出して、八月一二日にはウラジオストク、九月九日にはニコライエフスク（尼港）に上陸して、一〇月には東部シベリア一帯を占領した。そして、李東輝は同年七月に義兵隊を組織したものの、日本軍に圧倒されたため、根拠地を中国領に移した。そして、日本軍は、全露韓族会の強制解散、機関紙の発行停止、占領地においての朝鮮人の登録、指導者の検束などをコルチャック、ホルワットなどのシベリア反革命勢力とともに行なった。それでも、朝鮮人独立運動家は、各地において抗日軍を組織し、ハバロフスクの赤軍本部のもとで連合国によるシベリア干渉戦争に対する戦線に加わった。また、ウラジオストクにあった新韓村においては一九一八年八月（特に、八年前に日本の韓国併合が行なわれた二九日）、反日の示威行動がおこったが、日本軍は、この国際的拠点において手を出せばほかの連合国、特に米国とのあいだで紛糾することを恐れて、新韓村における示威行動を苦々しくみつめるのみであった。

一方、在米朝鮮人団体は、米国西海岸およびハワイにいくつかあったが、それらがまとまる形で一九〇九年二月一日、大韓人国民会が本部をサンフランシスコにおいて結成された。ただ、ここでは米国への依存型の李承晩、実力養成型の安昌浩、武闘派の朴容萬などのあいだで争いが絶えなかった。それでも、大韓人国民会は、日本の韓国併合後は米国をはじめとして各国政府に対する請願活動を展開した。そのような中で、一九一三年六月二六日、一つの事件が発生した。この日、カリフォルニア州ヘーメット（Hemet）で収穫のために農地に赴いた三〇人の朝鮮人農夫を日本人と勘違いした地元住民が追い立てた。これに対して、駐米日本大使館は遺憾の意を表わし、駐サンフランシスコ日本総領事館は、損害補償の援助を申し出たが、朝鮮人農夫たちは、日本の介入を拒絶した。そして、大韓人国民会は、ワシントンの国務省に宛てて「朝鮮人は、太陽が空にあるかぎり、日本からの援助は必要としない」として、日本の韓国併合は認めないこと、朝鮮人と日本人を区別してほしいこと、在米朝鮮人についての事項は大韓人国民会と交渉してほしいことなどを通告・要請した。それに対して、国務長官のブライアン（William J. Bryan）は、この旨を了解したことを回答した。

さて、朝鮮において「武断統治」が展開する中で、少なからぬ朝鮮人に対して処罰がなされたが、その中でももっとも特徴的であったのが、「笞刑」であった。そして、一九一二年三月一八日に公布された「朝鮮笞刑令」がその法的根拠となったが、この「むち打ち刑」は、旧韓国時代にもなされた刑罰であった。ただ、旧韓国時代には婦女姦通罪に適用されたのに対して、これ以降は、言語不審、挙動不審、日本人への侮辱、日本人との言い争いなど朝鮮人にのみ適用された。また、一九一〇年一二月二九日に公布された「会社令」では、会社の設立は朝鮮総督の許可制となっており、そのことによって民族資本の成長にブレーキがかかった。さらに、一九一一年一一月一日に施行された「朝鮮教育令」では、教育勅語に基づいた朝鮮人の「臣民化」が図られ、それによって普通学校（修業年限三〜四年）では日本語の必修、朝鮮語の外国語扱いなどがなされ、教師がサーベルを帯同することも普通に行なわれた。一方、朝鮮において初学者のための私塾として「書堂」があったが、朝鮮総督府は、民族主義的であるとして抑えにかかった。

その後、一九一六年一〇月、寺内は大隈重信から引き継いで首相に就任し、後任の朝鮮総督には長谷川好道が就いた。ただ、長谷川は、基本的には寺内が敷いた路線をそのまま踏襲した。それでも、朝鮮駐箚軍および憲兵警察を全面に押し出した「武断統治」に対する朝鮮人全般の不満は、当面は表面には現われなかったものの、次第に大きなものになっていった。

2 国際情勢の変動と三・一運動

第一次世界大戦とパリ講和会議

朝鮮において「武断統治」がなされている中、一九一四年八月に第一次世界大戦が勃発した。大戦は、戦車や潜水艦、飛行機、毒ガスなどそれまでにはみられず、殺傷能力が飛躍的に向上した新兵器が登場したり、それまでの戦争のように戦場と非戦場が明確に分けられるのではなくむしろ一体化し、さらに敵味方を問わず交戦各国の国民すべてが否応なく戦争に巻き込まれる「総力戦」と化したこともあって、年内に終わるとの予想とは異なって長期化した。[*5] その中で、英仏露の三国協商側と独墺（伊）の三国同盟側は、お互いに疲弊していったが、一方において存在感を増していったのが大戦勃発後は中立を維持しながらも英仏側に好意的姿勢をみせていた米国であり、大統領には理想主義的な色彩が強かったウィルソン（Woodrow Wilson）が一九一三年に就任していた。そして、大西洋におけるドイツのUボート戦の展開によって、米国は、一九一七年二月には対独断交、同年四月には対独宣戦へとふみきった。

ウィルソンは、米国の介入によって新たな戦後国際政治体制が形成されなければならないと考えていた。そして、その中で出てきたものの一つに「植民地問題の公平な解決」があったが、ウィルソンは一九一七年一月二二日、米国議会上院においてこの考えを打ち出した。そのような中で一九一七年にロシア革命が起こり、それは、同年一一月七日には世界史上最初の社会主義革命であるボルシェヴィキ革命へと展開していった。レーニン（Vladimir I. Lenin）率いるボルシェヴィキは翌一一月八日、「平和に関する布告」を出したが、即時休戦、無賠償・無併合とともに民族自決を「全交戦国の人民」に訴えたため、ウィルソンは、それへの対応を迫られた。そして、ウィルソンは一九一八年一月八日、議会上・下院合同会議において世界平和のための唯一の可能な方策として「一四カ条」を挙げ、ここに「ウィルソン対レーニン」という図式となった。そのうち第五項が「植民地住民の利害は、権利をもつ政府の要求と同等の比重をもち、植民地の要求を公平無私に調整する」というものであった。そして、第一〇〜一三項では、オーストリア＝ハンガリーやオスマン・トルコ内の各民族や一八世紀後半にオーストリア、プロイセン、ロシアによって三分割されていたポーランドなどについてふれており、第一四項では、大国と小国が同様の政治的独立・領土保全のもとで諸国家による一般的団体が組織される、とした。そして、ウィルソンは、その後の演説（たとえば、同年七月四日のマウント・バーノンでのもの）において民族自決主義の考えを打ち出し、しかもそれは限定的なものではないとの考えも打ち出していた。

そのような中で同年一一月一一日、ドイツが「一四カ条」による講和をうけいれるとして、第一次世界大戦が休戦した。それをうけて、米国政府は、「一四カ条」に関して英仏などとの協議に臨むが、その中で第五項に関してはドイツの植民地および大戦によって引き起こされる問題に適用を限定し、また「不完全国家」の講和会議への参入は望ましくない、ということで合意した。「不完全国家」の定義ははっきりとはしていなかったが、朝鮮がそれにふくまれることは明確であった。さらに、パリで行なわれることになった講和会議への米国代表団の一員として同年一二月にフランスに着いた国務長官ランシング（Robert Lansing）は、「民族自決の考えは、ダイナマイトのようなものであり、実現の見込みがない期待をいだかせることによって世界各地で火種を引き起こす」と警告し、そのことは、朝鮮において図らずも証明されることになる。また、日本側は、駐英大使に転じていた珍田が英国政府との協議において第五項と日本との関係について一般的なものと解釈する、とした。

そして、一九一九年一月一八日から英米仏伊日の「五大国」をはじめとした戦勝国がフランスのヴェルサイユ宮殿に集まり、対独講和会議がもたれた。そして、「五大国」においては、米国はウィルソン、英国はロイド＝ジョージ（David Lloyd George）首相、フランスはクレマンソー（Georges Clemenceau）首相、イタリアはオルランド（Vittorio E. Orlando）首相などの首脳が集まったが、日本では一九一八年九月、米騒動が直接の引き金となって寺内内閣が総辞職し、代わって初の本格的政党内閣として原敬内閣が成立していた。原は、組閣直後ということもあって講和会議には参加せず、日本の講和代表団の首席全権には元首相の西園寺公望、次席全権には元外相の牧野伸顕が就いたが、西園寺は三月になってやっとフランス入りしたこともあって、実際には牧野が講和会議に関する実務を切盛りするという状況であった。

三・一独立運動へ

以上のような中、朝鮮においてはどのような状況であったか。朝鮮においては「御用新聞」としてハングルの『毎日申報』、日本文の『京城日報』、英文の『Seoul Press』などがあったが、これらは、なぜか「一四カ条」などについても報道した。しかし、その後、そのことによる影響を恐れて、たとえば『毎日申報』は、「米国にも黒人の問題があり、植民地としてフィリピンをもってもいるが、『隗より始めよ』という心構えが米国にはあるのか」などと米国を非難した。ただ、世界における以上のような潮流に注目をした朝鮮人は、宗教界の人たちであり、海外在住の人たちであった。朝鮮内においては、天道教（東学の後身）、キリスト教の幹部たちがそれぞれ「これを機会に朝鮮の独立を世界にアピールしなければならない」と考えていた。やがて、彼らは、お互いの動きを知るところとなり、汎民族的な動きとするためにお互いに協力すること、さらに仏教もまじえたものとすることを決定した。さらに、米国では李承晩などが米国からパリ行きを図ったが、国務省によって足止めされてしまい、叶わなかった。また、ロシア領朝鮮人も二人の使者尹海と高昌一をパリに向けて送ったが、二人は、ロシア領内でやはり足止めされてしまい、結局はパリ入りしたものの、かなり遅れてしまった。さらに、中国領からは、一九一八年一一月に結成された新韓青年党、特にその代表的存在であった呂運亨が金奎植をパリに派遣した。金奎植は無事にパリ入りし、パリ講和会議に対する働きかけは、金奎植の肩にかかった。

さて、「武断統治」の中、宮内省と朝鮮総督府が中心となって、「日鮮融和」のために李王世子・李垠と日本人女性との結婚を計画していた。そして、浮上したのが、のちの昭和天皇の妃候補とも目されていた梨本宮方子であった。結局、一九一六年八月に方子の了解がないまま、新聞報道によって二人の婚約が発表された。そして、それ以降、女子学習院に通っていた方子は結婚準備に入り、婚儀は一九一九年一月二五日に決定していたが、その直前の一月二一日に李垠の父親の高宗が急死した。そして、その死について、自殺説（二人の結婚を妨害するため）や毒殺説（パリ講和会議において日本の朝鮮統治に満足しているとの書簡の送付を要求されたが、拒否し、さらに独立運動家と内通していたため）などが流布した（なお、婚儀は、一九二〇年九月に延期された）。

そして、日本に対する疑念が深まりつつある中、一九一九年二月八日には、東京の各大学に留学中だった朝鮮人学生たちが、神田に現在もあるＹＭＣＡ（キリスト教青年会）会館において「東京二・八独立宣言」を発表し、日本政府など主要なところに配った。当時早稲田大学に留学中であった李光洙が実質的に文案を作成したその内容は、日本の韓国保護国化から併合、朝鮮統治における日本および英米の不当性を訴えつつ、中国とロシアの脅威が去った以上、併合時の口実は正当性を失い、それゆえパリ講和会議は朝鮮に対して民族自決主義を適用すべきであり、そうでないならば朝鮮と日本の対立は永遠のものとなる、というものであった。朝鮮人学生たちはもちろん、日本当局によってすぐに拘束されたが、東京における彼らの活動ぶりはすぐさま朝鮮にも伝わり、天道教およびキリスト教の首脳たちは、自分たちも何かをしなければならないと考えていた。

そのような折、高宗の葬儀が一九一九年三月三日に行なわれることが決まり、当局は、それに向けての準備を始めた。しかし、宗教界においては、それを名目にして数十万人がソウルに来ることを利用して、葬儀の前に独立の請願を行なうことを決定した。[*6] そして、二万一、〇〇〇枚の「独立宣言書」が印刷されて、さらにそれを発表する日にちを三月一日に決めた。以上のような状況の中で、駐ソウル米国総領事館は一九一九年一月二九日、在朝米国人、特に宣教師たちに対して、朝鮮の国内問題には立ち入らないよう指示を出した。

また、直前の時期にキリスト教徒たちの動きを察知した宣教師、たとえばカナダ出身で米国長老派教会系のセブランス病院（現在の延世大学校セブランス病院）の医師でもあったスコーフィールド（Frank W. Schofield）は、ことを起こしても成功する見込みはないのでやめるように説得したが、キリスト教徒たちの動きは止まらなかった。こうして、天道教一五人、キリスト教一六人、仏教二人からなる三三人の「民族代表」は三月一日、すでに集結していた学生たちから自分たちのところに来て「独立宣言書」を朗読してほしいという要請をうけたが、それは聞かずに、中華料理店において「独立宣言書」を朗読して、その後、自ら当局に連絡して逮捕された。「民族代表」たちは、その後の当局による尋問に対して、民族自決主義が「戦勝国」である日本の統治下にあった朝鮮にまで適用される可能性は薄いものの、国内外の情勢をうけて、これをよい機会として朝鮮も何かことを起こす必要があると感じ、挙事にいたったと答えた。これは、情勢を的確にとらえて能動的に挙事したという一種の「機会論」であった。

ソウル・パゴダ公園内の三・一運動場面レリーフ

そして、「民族代表」がいた中華料理店から出た学生たちは、ソウルのメイン・ストリートであった鍾路に位置するパゴダ公園（現在は、タプゴル公園）においてすでに集結していた数万人の群衆といっしょに「独立宣言書」を朗読して、ここに三・一独立運動が勃発した。「独立宣言書」の内容は、朝鮮の日本からの独立を訴えていたものの、前述の「二・八独立宣言」よりも日本との対決色はうすく、抽象的な表現が多かった。三・一運動の勃発後は、民族自決主義が民衆レベルにも影響が及んでいたという記録もある。

以上から判断すると、民族自決主義の朝鮮に対する影響力を過小評価するのは適当ではない一方で、朝鮮人が朝鮮内外の情勢の展開に乗じて三・一運動を起こしたというのが真相であり、三・一運動の原因を探る時に国際情勢における民族自決主義以外の諸要因、そして何よりも「武断統治」の実態をさしおいて民族自決主義だけを強調するのは適当ではない。つまり、民族自決主義と朝鮮との関係においては、（朝鮮からみると）自律的・能動的側面とそうではない側面の双方が存在したのであり、民族自決主義が朝鮮独立運動に及ぼした影響を過大評価も過小評価もすることなく正確にとらえることは、三・一運動を理解するのに不可欠であろう。

3　三・一運動の展開・鎮圧と国際関係

三・一運動の展開

日本当局は、高宗の葬儀のために地方からソウルへの出入りが頻繁であったので警戒はしていたものの、三月一日に大規模な独立運動が起きることは予測してはいなかった。そこで、長谷川好道や山県伊三郎などは当日、二日後の高宗の葬儀場においての式場の配置について協議していたが、事態を耳にして狼狽してしまった。それをうけて、朝鮮軍司令官の宇都宮太郎は三月一日午後六時四〇分、陸相田中義一のもとに第一報を送付した。そして、三・一運動の勃発を耳にした原敬は、三月二日の日記には「民族自決などの空説に促されたる事実もあらんが其以外にも多少原因あらんかと思はる」と記し、三月一一日の日記には「今回の事件は内外に対し極めて軽微なる問題となすを必要とす、然れ共実際に於いて厳重なる処置を取りて再び発生せざることを期せよ、但外国人は最も本件に付注目し居れば残酷苛察の批評を招かざる事十分の注意ありたし」として、田中と協議の上、長谷川に訓令を出した。

そこで、長谷川は、鎮圧にかかったものの、止まないため、三月五日、群衆が「妄動」することに対する遺憾、朝鮮独立などはパリでは話し合われないこと、朝鮮と民族自決とは何の関係もないことなどを内容とした諭告を出した。事情を説明するために東京に戻った長谷川および山県伊三郎は、ともに制度上の問題ではないと弁明しつつ、運動の鎮圧後には朝鮮統治の方針の刷新の用意があるとした。原は、運動を鎮圧するため、四月初めに田中と協議したが、満州からの帰還兵を一時的に朝鮮に立ち寄らせるという案は中途半端であるとして退けられ、結局は四月八日より歩兵六個大隊が青森、福井県敦賀、広島県宇品より派遣されて、うち二個大隊は元山、四個大隊が釜山に上陸した。

三・一運動がソウルで起こったのち、初めは平安南・北道などの朝鮮北部において運動は激しく展開したが、いずれも「朝鮮独立万歳」などと叫んで道を行進するだけであり、日本人に危害を加えるなどはしなかった。それでも、運動が三月下旬から四月にかけてピークに達し、地域も朝鮮南部へと拡大した。そして、日本側が最初から武力行使によって鎮圧にあたったため、朝鮮人がそれに反抗し、流血にまでいたるという過程をたどった（その過程において、朝鮮在住の一般の日本人も、日本当局への手助けをした）。そのような中、たとえば、四月一五日には水原南方の提岩里において憲兵隊が乗り込み、教会の中に朝鮮人男子約三〇人を監禁し、外から火をつけて焼死させるという「提岩里事件」も起こった。この事件に関しては、翌日には米国総領事館から現地視察がなされ、さらにその後、英国総領事館からも現地視察がなされたため、事件を隠そうとした日本側の思惑はうまくいかず、同行していた米メディアによって全世界に報道されることになった。

韓国併合以来の朝鮮統治はうまくいっていると考えていた日本側は、三・一運動が起こった原因を「ウィルソンによる民族自決主義」と「在朝米国人宣教師の扇動」という二つの「米国要因」であると考えた。そこで、朝鮮総督府は、在朝米国人宣教師に対する圧力を加えていき、三月末には独立運動に関わった朝鮮人をかくまったという嫌疑で平壌在住米国人宣教師のモーリー（E. M. Mowry）を逮捕し、裁判にかけ、結局は罰金刑に処するという出来事が起こったりもした。

在外朝鮮人の活動

在外朝鮮人もこの時期、世界各地においてさまざまな活動をしていた。

まず、米国においては、李承晩や鄭翰景などが一九一八年一二月、大韓人国民会の名前で日本の韓国保護国化・併合は不当であること、韓国併合後の日本の朝鮮統治は朝鮮人にとって最悪であること、朝鮮問題の公平な解決を望んでいることなどを訴えた請願書をウィルソンに宛てて出していたが、徐載弼や安昌浩などの在米独立運動家と協議する中で、自分たちがパリに行っても成果は期待薄であることを悟った。また、それ以前に、米国務長官のランシングは、彼らの米国からのパリへの出国を阻止するよう国務省に指示していたし、在ニューヨーク日本総領事館などの日本当局も、彼らに旅券を発行しようとはしなかった。そのような状況をうけて、李承晩と鄭翰景の二人は、前記の請願書の内容に加えて、朝鮮を日本の支配から解放すべく、将来における朝鮮の完全な独立の保障のもとで朝鮮を（設立が予定されていた）国際連盟の委任統治下におくことを請願した。これが、いわゆる「委任統治請願」であるが、李承晩などからすれば、朝鮮にとって不利なこの時の国際的環境という現実を前にして、朝鮮を日本の統治から何とか脱したいという思いから、それに向けての一方策として行なったものであった。しかし、当時の朝鮮独立運動家はすべて朝鮮の日本からの即時かつ完全な独立をめざしていたこと、また李承晩などがほかの独立運動家にそのことを知らせずに独断で「委任統治請願」を行なったため、猛烈な反発が李承晩たちに対して投げかけられた。これ以降、李承晩は、この問題をめぐってたびたび窮地におちいることになる。

一方、三・一運動の勃発をうけて、独立運動をより統一的かつ組織的に展開するため、また日本から独立するという意思を内外に示すため、政府を樹立しようという動きが内外で起きた。まず、ソウルにおいて独立宣言書に署名した民族代表などが逮捕されていく中で、天道教やキリスト教の残った人たちが学生とともに国民大会を開き、「漢城政府」の樹立が宣布された。つづいて、シベリアおよび満州在住の朝鮮人のあいだでも政府樹立の動きがみられ、ニコリスクにおいて全露韓族会中央総会を開催して、全露韓族会を「大韓国民議会」と改称した上で、「朝鮮独立宣言書」の発表、行政府の人員を選出・発表して、「露領政府」を発足させた。

そして、「漢城政府」が朝鮮総督府による厳戒態勢、「露領政府」がシベリア出兵による日本軍の存在のためにいずれも活発な活動を行なえない中、朝鮮やロシア領よりは安全で、地理的条件も悪くなく、多くの朝鮮人がいたのは上海であった。そこで、呂運亨、「二・八独立宣言」を起草した李光洙などをはじめとして、朝鮮や米国、ロシア領などから来た人たちも合流して、上海のフランス租界内に独立臨時事務所を設け、第一回臨時議政院会議を開催し、政府樹立、閣僚の選定、臨時憲章の議定などを行ない、「大韓民国臨時政府」（上海臨時政府）を発足させた。

こうして三つの政府が成立したが、これらの共通点は、李承晩や李東輝、安昌浩、金奎植などがいずれにおいても閣員であったこと、特に李承晩がいずれにおいても第一人者的存在であったことであった。ただ、政府が三つもあることは独立運動展開のためには不都合であったため、統合しようという試みがなされ、結局は形式的には漢城政府を核にするものの実質的には上海の「大韓民国臨時政府」がその「法統性（正統性）」を継承することになった。「大韓民国臨時政府」は発足以降、発足時に国務総理代理に就いた安昌浩の主導もあって、臨時政府と朝鮮との連絡網などを築く「聯通制」の構築、機関紙『独立新聞』の発行などを行ない、その機能を徐々に発揮し始め、日本当局も、「仮政府」とよんで、その動向には注意を払った。しかし、臨時政府は、民族主義的色彩が強い上海派と社会主義的色彩が強い露領派のあいだの対立、特に前述の「委任統治請願」をはじめとする李承晩に対する反対と支持をめぐる対立などによって、抗争が次第に激化するようになった。

なお、大韓民国臨時政府は一九二六年、当時はフランス租界であった現在の上海市黄浦区馬当路を活動の拠点に定めたが、この旧址は、中華人民共和国と大韓民国が未修交ながらも中国が一九八八年開催のソウルオリンピックに参加するなどして関係を改善させていた一九九〇年、上海市当局によって保存・維持の対象に指定されて、一九九二年に中韓が修交した翌年、修復を経て開放され、現在にいたっている。

そして、李承晩などが足止めをされた米国では、三・一運動開始後の一九一九年四月一四日から一六日、徐載弼が中心となって、彼の居住地であり一八世紀のアメリカ独立戦争の時に独立宣言が採択された地でもあったペンシルベニア州フィラデルフィアにおいて、朝鮮独立運動と大韓民国臨時政府樹立の宣伝のための「韓人自由大会」が開催された。そこでは、李承晩による「米国への請願」などの採択、臨時政府の承認を米国政府に求める決議などがなされ、出席者たちは、太極旗と星条旗を手に独立記念館に向けて行進したりもした。この大会は、朝鮮史上初の「議会」ともされ、駐米日本大使館も、日本政府の注意を喚起したが、大会において徐載弼が李承晩の「米国への請願」について出席者の意見を求めようとしたのに対して、李承晩が変更の必要はなく、そのまま採択されるべきとしたものの、徐載弼が人びとの意見を聞かずに事を進めるのは民主主義ではないと主張して、鄭翰景もそれに賛成するということがあった。

同時期、パリでは、パリ講和会議に朝鮮の独立を訴えるために世界各地から送られた朝鮮人として唯一、会議の開催中にパリ入りを果たした金奎植が孤軍奮闘していた。金奎植は、まず日本が不法な方法で韓国を併合したこと、朝鮮人は日本の統治下で呻吟していること、朝鮮はあらゆる意味において独立国であるべきことなどを内容とした「解放のための朝鮮人の主張を奉呈する覚書」を作成し、パリ講和会議に送付したが、それに添付した覚書には、李承晩たちによる「委任統治請願」と変わらない文言があった。しかし、それは、李承晩の時とは異なり、問題にはされなかった。つづいて、金奎植は、最初のものよりも詳細な内容で「朝鮮国民および国家の主張——日本からの解放、そして朝鮮の独立国としての再建のために」という題名が付いた「請願書」および「覚書」を用意して、パリ講和会議の米国代表団をはじめ、英仏にも送付した。

しかし、金奎植によるこれらの働きかけに対して、英仏はまったく何の反応もせず、米国代表団も、のちに一九三二年から一九四一年まで駐日大使として務めることになるグルー（Joseph C. Grew）やのちに反日的姿勢を示すことになるホーンベック（Stanley K. Hornbeck）など若干の例外はあったものの、ウィルソンをはじめとして無視に終始した。ただ、パリ講和会議において、設立が確実となった国際連盟に関して、日本が加盟すれば「白人クラブ」の中で孤立しかねないのでそれを回避するため、また米国西海岸における日系人の排斥を阻止するための日本の動きに対して、朝鮮問題を「利用」しはした。それは、国際連盟規約に「人種平等案」を入れようとした中で、三・一運動が起こったことをうけて、その鎮圧に終始している日本に「人種平等案」のようなものを提案する資格はないと反駁するものであった。なお、金奎植が大韓民国臨時政府パリ代表部代表として活動の拠点とした建物は現在もパリ九区シャトーダン通り三八番地に残っており、二〇〇六年三月一日、建物の入口に「ここに大韓民国臨時政府在外公館が置かれた　一九一九～一九二〇」というフランス語と「大韓民国臨時政府パリ委員部庁舎　一九一九～一九二〇」という韓国語が並んで書かれた看板がフランスと大韓民国の政府関係者などが出席する中で掲げられた。

大韓民国臨時政府パリ委員部庁舎跡を示す看板

　ロシア領においては、日本はロシア革命によるボルシェヴィキ勢力の制圧を行ないつつ、朝鮮独立運動の一掃も図るべくシベリア出兵を行なったが、この地域における朝鮮人は、ほかの地域よりも社会主義の影響を強くうけ、ボルシェヴィキに頼ろうとしており、武装闘争を選ぶ傾向が強かった。しかし、彼らの中には、シベリア出兵に参加していたのでむしろ敵ともいえた米国の援助を求めようという人たちもいた。

　中国は、日清戦争後の列強による半植民地化からの脱出を図るため、第一次世界大戦における「戦勝国」としてパリ講和会議に臨み、ドイツが租借していた山東省の権益の回収や日本が大戦中に中国に呑ませた「二一カ条要求」の撤回などを図ろうとしていたさなかに、三・一運動が起こった。そのため、孫文や陳独秀などは、朝鮮問題の動向に大きな関心を払っており、またパリ講和会議において山東省旧ドイツ権益が中国に返還されず、日本に移転することが決まったため、それへの不満から五・四運動が起こったが、その中で中国人は、三・一運動に対する言及を行なった。そして、中国在住の朝鮮人は、このような状況をとらえて、中国との連帯による日本への抵抗を行なおうとし、中国側も、部分的ではあったものの、それに応えようとした。

三・一運動の鎮圧と「武断統治」の終焉

さて、三・一運動にあたって、独立宣言書に署名した三三人をはじめとする独立運動家たちは、いずれも自分たちの計画を外国人宣教師たちに明らかにはしなかった。ただ、外国人宣教師の多くは、日頃からの朝鮮人キリスト教徒との密接な関係から朝鮮人が何かを計画していること、三月三日の高宗の葬儀の時に何かが起こるという雰囲気を感じ取っていた。そして、外国人宣教師の中で例外的に三月一日に独立運動が起こることを知っていたのが、前述のスコーフィールドであった。彼は前日の二月二八日、知り合いの学生から独立宣言書をみせられていたが、このような独立運動は成功の見込みはなく、むしろ朝鮮人に害が及ぶとして、中止を勧めた。それでも、三・一運動は起こってしまうが、日本当局は三・一運動の勃発後、その原因が日本の朝鮮統治そのものではなく、ほかにあることを示すための「犯人捜し」を行ない、朝鮮総督府や、日本・朝鮮における報道機関は、三・一運動の原因を米国人宣教師の使嗾、ウィルソンによる「民族自決主義」という二つの「米国要因」であるとした。そこで、朝鮮総督府は、米国人宣教師に対して厳しい態度で臨み（その中で、前述のモーリー逮捕も起こった）、三・一運動に参加して負傷した朝鮮人が運ばれてきたセブランス病院に憲兵隊を送り込んで、負傷者を護送しようとしたりした。もっとも、駐ソウル米国総領事館は、三・一運動が起こる前から朝鮮在住米国人、特に米国人宣教師に対して朝鮮における政治問題には関わらないようにという指示を出しており、米国人宣教師たちも、そのことに異存はなかった。それでも、日本側が自分たちに対して「濡れ衣」ともいえる疑いをかけてきていること、また朝鮮人に対する鎮圧ぶりが次第に凄惨の度を加えていたこともあって、このまま見過ごしにはできないという姿勢をとるようになり、「No Neutrality for Brutality（野蛮には中立なし）」という言葉が、彼らのあいだにおけるスローガンとなった。そこで、彼ら朝鮮在住米国人宣教師たちは、日本在住米国人宣教師とも協力し、朝鮮総督府や日本政府に働きかけて事態の善処を求める一方、三・一運動における日本の鎮圧ぶりを目撃した記録を米国本国のキリスト教団体や報道機関、そして米国政府に報告して、米国経由で日本側に圧力をかけようとした。

首相の原敬は、外交の基軸を日米関係に定めていたため、この時期、パリ講和会議における中国問題、シベリア出兵問題などに加えて、朝鮮問題によって日米関係がぎくしゃくすることを望まなかった。そして、原は、山県有朋が日本の各界を横断して構築していた「山県閥」の一角であった朝鮮総督府への「切込み」をすでに一九一八年に行なおうとしていたため、日米関係の改善のためにもこの機会に朝鮮統治の改革に着手した。原は、すでに一九一八年の時点で長谷川の交代を考えていたが、三・一運動が起こったため、長谷川にその収拾を行なわせる一方で、長谷川の後任の朝鮮総督の選出を行ない、韓国併合以来の約九年間、ナンバーツーの政務総監を務めて、「汗をかいてきた」文官出身の山県伊三郎に白羽の矢を立てた。そこには、山県伊三郎は山県有朋の養子であったゆえ、山県有朋にも反対されずに文官総督制への道を開こうという狙いがあった。しかし、山県有朋は、「親子の情」には流されず、山県伊三郎は長谷川よりも先に辞任すべきと頑強に主張したため、進展しなかった。

そのような状況下、山県―桂―寺内の流れを汲む「長の陸軍」の後継者かつ「山県閥」の一員である一方で初の本格的政党内閣である原内閣に陸相として入閣していた田中義一は政党政治がいっそう進むことが予想される中で、自身の野心である首相就任のためには与党である立憲政友会、ひいては原の支援を得るため、山県有朋と原のあいだを何回も往復して両者のあいだで「落としどころ」をもたらそうとした。その結果、海軍出身で米国生活の経験もあった元海相の斎藤実（水沢藩の出身で、盛岡藩出身の原とは同じ岩手県出身）が候補として挙げられ、山県有朋も原も了解した。そして、斎藤は当初、朝鮮総督への就任を渋ったが、田中および原の説得をうけて、政務総監に元内相で経験豊富な水野錬太郎が就任するという条件で朝鮮総督への就任に応じた。こうして、文武両官が朝鮮総督に就任する道が制度上開かれ、長谷川の辞任をうけて、一九一〇年以来続いてきた「武断統治」は、終わりを告げたのである。

4 日本の朝鮮「文化政治」の展開と朝鮮独立運動の継続

新たな統治政策——「文化政治」

「武断統治」が終焉したのをうけて、斎藤は一九一九年八月、水野などをともなって日本を離れ朝鮮入りし、列車に乗って、九月二日、当時のソウルの中央駅であった南大門駅に到着した。斎藤がそこから馬車に乗って朝鮮総督官邸に向かうべく動き出した時、馬車めがけて投げられた爆弾が轟音をとどろかせて爆発し、破片が馬車を貫通した。しかし、斎藤自身には別条はなく、破片が水野の乗った別の馬車にも飛んだが、水野も、別条はなかった。しかし、出迎えの当局関係者、斎藤一行を取材していた記者や見物人に破片が襲いかかり、多数の負傷者が出て、その中には米国人もいた。当局が実行者を捜索した結果、六五歳になる姜宇奎を逮捕した。幼いころは儒教を学んだ姜宇奎は、国が傾いていく状況の中で救いを求めるべくキリスト教に入信して、教育活動に従事したが、日本の韓国保護国化から併合にいたる中で実践活動に従事するようになった。そして、一九一一年に間島に亡命し、そこで教育活動に従事した。三・一運動が起こってから、姜宇奎はウラジオストクにあった老人同盟団に入ったが、老人同盟団は、実力行使の方針を打ち出しており、最初の対象を朝鮮総督に定めた。姜宇奎は、その実行者に志願して、ウラジオストクから朝鮮入りし、新聞で報道された斎藤の顔を記憶した上で、九月二日に斎藤が乗った馬車めがけて爆弾を投げつけた。姜宇奎は現場が大混乱して群衆が逃げまどう中、ゆっくりとその場を去ったが、当局が無関係の人たちを次々に逮捕することに苦しみつつ、自らの逮捕を静かに待ち、九月一七日に逮捕された。そして、姜宇奎は一九二〇年四月の裁判で死刑判決が確定し、同年一一月に処刑された。

斎藤は、自分に対する爆弾投下事件があったものの、朝鮮における「武断統治」に代わる新たな統治を行なうことに変更はないと言明した。そして、文官や教師、裁判官などの制服・帯剣の義務化の廃止、日本人官吏と朝鮮人官吏のあいだの給与などの面における差別の解消、「会社令」の改正により朝鮮人が会社を設立する際、改正前の朝鮮総督からの許可制から届出制への転換、憲兵警察制度から普通警察制度への転換、朝鮮人による朝鮮語新聞発行の許可などがなされた。*7 これらは、斎藤が朝鮮総督に就任後に着手した諸措置の一部であり、これらに象徴される新たな朝鮮統治を「文化政治」と称した。ただ、この「文化政治」を象徴する言葉であった「一視同仁」は、朝鮮人と日本人とを同様に扱って、差別待遇はせず、朝鮮人を日本人に同化させるということを意味したが、それならば「内地」である日本と「外地」である朝鮮とを区別する必要はないはずなのに、その区別はそのまま存続するという矛盾があった。

そして、斎藤が朝鮮に赴任した目的が治安の回復および独立運動の再発防止でもあった以上、朝鮮統治において「文化政治」とか「一視同仁」といった言葉だけでは説明がつかない側面ももっていたことはいうまでもなかった。その例としては、まず憲兵警察制度から普通警察制度への移管は確かに一九一九年一一月になされたものの、制度改正前の憲兵と警察官の数が一四、五一八人、警察署の数が一〇〇であったのに対して、改正後は一九二〇年六月の時点で警察官の数が二万一三四人、警察署の数が二五一と増加したことがあった。続いて、笞刑に関しては、三・一運動においてもその参加者に対して数限りなく行なわれており、米国人宣教師もそのことを報告していたが、長谷川は、笞刑は朝鮮人の民度に応じたもっとも効果的な刑罰であり、軽々に廃止できないと考えていた。斎藤は赴任後、何も語らなかったが、宣教師側からは即時の廃止を求める声が出ていた。しかし、笞刑はすぐには止まなかったため、米国人宣教師からの批判が高まった。そのため、斎藤は朝鮮総督府において会議をもち、関係者と論争した結果、笞刑廃止の方針が決まり、その法的根拠であった「朝鮮笞刑令」が一九二〇年四月に廃止されたことをうけて、笞刑は終わりを告げた。

斎藤は朝鮮に赴任後、三・一運動への残虐な鎮圧ぶりによって諸外国、とくに米国が日本に対して向ける厳しい視線を緩和することを大きな課題としており、そのいちばんの対象が、朝鮮在住外国人（特に米国人）宣教師であった。斎藤は、朝鮮在住宣教師に接近して、自分は朝鮮においてより自由な政策を行なうつもりであること、宣教師たちの布教活動には干渉するつもりはないこと、しかし政治的事項への関与は厳に慎んでもらいたいことなどを語った。そして、斎藤が宗教関係の諸問題に関しても具体的な措置をいくつかとったため、宣教師の側も、見方を変えるにいたった。そして、宣教師たちは、もともとは朝鮮の政治的問題には関与するつもりはなく、朝鮮においての事態も改善しているという判断のもと、朝鮮での「文化政治」を是認する方向へと向かっていった。そのことは、駐ソウル米国総領事館も同様であり、朝鮮は斎藤による「文化政治」によってよい方向に向かっており、混乱は収束の方向に向かっていると本国の国務省に報告した。そのため、米国国務省、さらに米国政府も、朝鮮での状況は落ち着いたと判断して、日本の朝鮮統治の是認、朝鮮問題に対する無関心という「常態」へと戻っていった。

朝鮮における状況は一見すると落ち着いたかのように見えたが、実際には朝鮮人の日本に対する抵抗は断続的に続いていた。そこには米国の力を借りて状況の挽回を図ろうというものもあり、日本当局は、当然ながらそれを警戒した。また、駐ソウル米国総領事館も、三・一運動中にも頻繁になされた（抗議・抵抗の意をこめての）商店の閉店などが依然として続いていること、朝鮮とロシアの国境地帯においては武装した朝鮮人と日本軍が軍事的に衝突していることなどを本国に報告した。

そのような時期、日本側は一九一九年一一月、田中義一や拓殖局長官の古賀廉造などが中心となって呂運亨を日本に招き、彼とのあいだである種の合意に達して、日本の朝鮮統治の安定化、米国での反日的世論の緩和などを図ろうとした。一一月一七日に東京入りした呂運亨は、原敬や田中、古賀などをはじめとする日本政府首脳たちと相次いで会見して、独立運動の断念を求める日本側に対して日本からの独立実現までは独立運動は止めないと答えた。さらに、呂運亨は一一月二七日、帝国ホテルにおいて演説を行なったが、その中で国内外の情勢をうけて三・一運動にまでいたったこと、朝鮮独立が東洋平和、世界平和のためでもあること、朝鮮独立運動は一朝鮮のみならず世界的運動であることなどを語った。そして、呂運亨は、その聴衆の一人であった吉野作造や大杉栄、堺利彦などとも意見交換をし、一二月一日に東京を離れたが、ここに日本当局の狙いは、完全に外れる格好となった。

さらに、同時期、高宗の第五子で事実上の「幽閉状態」にあった義親王李堈が大韓民国臨時政府の手引きで朝鮮から脱出を図り、中朝国境西側の中国側にあった安東（現在の丹東）に着いたが、日本側に身柄を拘束され、ソウルに連れ戻されるという事件も起こった。

止まぬ独立運動

非武力独立運動だった三・一運動が日本の武力の前に鎮圧させられた一方で「文化政治」の導入後も朝鮮内外において独立運動が止まないという状況の中、ロシア領から満州にかけての朝鮮人の中には武装闘争によって日本と一戦を交える人たちも現れた。そして、一九二〇年になると、朝鮮北部地域、特に中国との国境に近い地域が対岸の中国側から襲撃される事件が頻発した。特に、洪範図が率いていた大韓独立団による攻撃は止まず、たとえば六月の満州汪精県鳳梧洞における日本軍への攻撃と交戦では日本側にかなりの被害をもたらした。そのため、間島の龍井にいる日本人居留民は、自分たちの生命・財産を守るため、日本当局に出兵を要請した。日本軍は出兵準備に着手し、まずは中国人馬賊を利用して事件をおこし、九月に間島に位置し中朝露の国境に近い琿春は日本と通じた馬賊の襲撃をうけ、一〇月には中国人馬賊が再度、琿春を攻撃し、日本領事館を焼き払う事件を起こした。

この二つの「琿春事件」をうけて、日本政府は間島出兵声明を出し、日本軍は一〇月六日から北間島で朝鮮人「討伐」に着手し、一一月下旬までに死者二、二八五人、焼失家屋二、五〇七戸という大被害をもたらした。それに対して、洪範図の大韓独立団と金佐鎮が指揮する北路軍政署が連合して独立軍をなし、間島和龍県青山里で日本軍と激しい戦闘を交わし、日本側にもかなりの損害を与えた。

以上のような状況で、日本政府は一一月、陸軍大佐の水町竹三を代表とする一個中隊を間島での実情調査のために派遣した。実情調査を行なった水町は、中国政府が有効な措置をとらず、むしろ馬賊と通じているため、日本軍派遣にともなう責任は中国当局に帰すこと、朝鮮内外での独立運動を助けないよう宣教師に強く警告すること、宣教師が朝鮮内外での独立運動を助けたりするなら、宣教師の事業は損害を被ることになることなどを語った。いわゆる「水町ステートメント」であるが、それが英米の反発をよぶおそれがあったため、日本外務省は、これは水町個人の意見にすぎないこと、内容も必要でない部分があることなどの談話を出さざるをえなかった。ここでも、日本側が、朝鮮問題において国際的な目、特に米国の視線に注意を払う一方で警戒もしていたことがうかがえる。

5 ワシントン会議および「極東労働者大会」と朝鮮問題

米国議員団の朝鮮訪問

以上のように、満州・シベリアでの朝鮮独立運動が「過激化」する一方、一九二〇年八月に東アジア地域を視察する米国議員団がその途中において朝鮮にも立ち寄る予定であることが、内外の朝鮮人の知るところとなった。上・下両院議員四二人およびその家族七四人などの計一二三人が東アジア歴訪の途に就いたが、そのうち三七人が八月五日、上海に到着した。大韓民国臨時政府は同日、米国議員団への各種文書の提出などを決定し、上海で三度行なわれた彼らの歓迎会には呂運亨などが参加した。その後、米国議員団は、漢口、南京、済南、北京、奉天（現在の瀋陽）などを歴訪したが、朝鮮を経由して日本に向かうことを決定した。北京では呂運亨などが何人かの議員と会見したが、その際の議員たちの回答は、自分たちは米国議会を代表してはいないので個人としてならともかく公式には対応できない、というものであった。

日本側は、朝鮮においてコレラが蔓延しているとか日米間の不和を狙って朝鮮人が議員団を襲撃することを計画しているといった噂が流れる中、朝鮮行きの中止を議員団に提案した。しかし、議員団は、コレラの蔓延は朝鮮だけでなくどこでもあり、気にしないこと、米国を頼みとしている朝鮮人が自分たちを狙うはずがないことなどを挙げて、朝鮮入りを中止しなかったため、日本側も、これ以上の引止めはかえってマイナスになるとして、議員団の朝鮮訪問を認めざるをえなかった。議員団は、奉天から汽車で鴨緑江を越えて朝鮮入りして、八月二四日にソウルに到着したが、道中およびソウルにおいての議員団に対する朝鮮人の歓迎ぶりは非常なものであった。議員団は翌八月二五日、ソウル観光、王宮訪問、斎藤が主催する歓迎会に出席するなどしたが、下院議員ハースマン（Hugh S. Hersman）だけは、朝鮮人が主催する歓迎会に出席し、挨拶をした。そこに、日本兵・警察が踏み込んで、出席していた朝鮮人のうちの何人かを殴打した上で連行しようとした。そこで会場から退出するよう求められたハースマンは、連行されようとしている朝鮮人が解放されるまでは退出しないと答えて、結局、朝鮮人は全員、釈放されるという出来事もあった。議員団は翌八月二六日、釜山から対馬海峡を越えて下関に到着して、朝鮮訪問を終えた。単なる「物見遊山」に終わった米国議員団の朝鮮訪問であったが、彼らが中国や朝鮮において示した一定の「同情心」は、米国に対する朝鮮の期待をつなぎとめる役割を果たした。

ハーディング政権発足と朝鮮問題

この頃、米国では大統領の任期の二期目を終えようとしているウィルソンの後継者を決める大統領選挙の最中であった。そして、国際連盟への加盟を承認せず孤立主義的立場から「平常への復帰」を唱えた共和党候補のハーディング（Warren G. Harding）が当選し、翌一九二一年三月に大統領に就任した。ただ、大戦の帰趨にも決定的影響を与え経済力の面でも他国を凌駕する存在となっていた米国が、国際社会から「離脱」することは現実には不可能であり、国益にもならなかった。そこで、ハーディング政権は、「コミットメントなき国際参加」を図るが、折りしも海軍軍縮問題、日英同盟の存続・廃棄問題、中国問題などのパリ講和会議やヴェルサイユ条約では議論されなかったり未決着だった問題があった。そこで、ハーディング政権が日英仏伊ほかの関係各国を招請して、一九二一年一一月一二日から翌年二月六日にかけてワシントン会議が開催されたが、朝鮮人独立運動家たちは、会議前の早い段階からはハーディング政権に、そして会議中は会議そのものに独立運動への理解と支持を求めて働きかけ続けた。

まず、ハーディングが大統領選挙に当選したものの次期大統領として就任を控えていた一九二一年一月二日、この頃は米国におかれた情報局の局長となっていた徐載弼がハーディングの私邸があるオハイオ州メリオンで彼と会見し、中朝合体しての対日開戦時の米国の後援、一八八二年の米朝条約の再調査や米国の対韓条約上の責任の実行などを求め、同月一七日には今後の運動に関する意見を述べた書簡を送付した。

つづいて、ハーディングが大統領就任後の同年五月一一日、徐載弼は、朝鮮の立場に同情的だった米国人団体の「朝鮮の友同盟」の書記長として会長の聖トリニティ教会の教区牧師トムキンズ（Floyd W. Tomkins）などとともにハーディングとの会見の手筈を整えてくれるようハーディングの秘書のクリスチャン（George B. Christian）に依頼したが、クリスチャンは、目下の執務が切迫しているとの理由で国務長官ヒューズ（Charles Evans Hughes）に依頼の件を取り下げるよう薦めた上で会見の手筈を整えられないと回答した。また、在米朝鮮人各団体で法律顧問をしていたドルフ（Fred A. Dolph）と一九一九年には朝鮮への同情・日本への非難演説を議会で行なった上院議員スペンサー（Selden P. Spencer）がそれぞれ同年五月二三日、この頃は大韓民国臨時政府の出先機関である「欧米委員部」（李承晩が筆頭的存在）に属していた鄭翰景が同年六月二八日、ヒューズとクリスチャンにこれまでの日朝関係と朝鮮の主張とを記した鄭翰景の著書の熟読およびハーディングとの会見の手筈の調整などをするよう依頼した。さらに、李承晩も上海からホノルル経由でワシントンへ到着した八月、自由と完全独立への朝鮮人の希望はいっそう強くなっていること、ワシントン会議への働きかけを行なうつもりであることなどを語った。

しかし、前述したように徐載弼がハーディングとの会見をクリスチャンに依頼したのと同じ五月一一日、大韓民国臨時政府・大統領の「米国代表」との肩書で玄楯が一八八二年の米朝条約第一項の「周旋条項」発動を要請し、日本の朝鮮統治がこれ以上我慢できないものであるため朝鮮は独立を求めることなどを記した書簡をヒューズに送ったが、周囲との関係で摩擦を起こしていた玄楯は、事前の承認なしにこの書簡を送付していた。そのため、ドルフと徐載弼はそれぞれ同じ五月一七日、玄楯の行為は独断によるもので、大韓民国臨時政府は承認していないこと、以後玄楯との関係を断絶したこと、今回の不始末を謝罪することなどを記した書簡をヒューズに送るという「醜態」を演じなければならず、朝鮮独立運動の分裂ぶりを米国に見せつけた。

ただ、ハーディング政権は、その「醜態」とは関係なく、朝鮮独立運動家の働きかけには応じない方針へと傾いていった。ヒューズは五月一六日、前述の玄楯の書簡が転送されてきたのをうけて、米国は日本が韓国の外交権を掌握した一九〇五年以来、朝鮮（韓国）とは外交関係がなく、一九一〇年八月の日本の韓国併合以来、朝鮮は日本の一部であること、国務省は朝鮮において朝鮮総督府以外の政府の樹立は承知していないのでこの種の通信を認めるのは目的にかなわないことなどをクリスチャンに伝えた。さらにヒューズは七月二日、ハーディングは会見を求めてきた鄭翰景を受け入れるべきではないこと、国務省は朝鮮からのいかなる代表の受入れも拒否してきたが、日米関係を考慮するといま大統領が朝鮮の代表を受け入れるのは望ましくないことなどをクリスチャンに伝え、クリスチャンは同日、大統領との会見の手筈は整えられない旨を鄭翰景に回答した。

ワシントン会議と「極東労働者大会」

以上のような状況の中、一九二一年一一月一二日にワシントン会議が開会するが、折りしも原敬がその直前の一一月四日、東京駅で一八歳の転轍手中岡艮一の手で刺殺される。そして、米国では原の刺殺犯が朝鮮人と報道されたため、米国政府の朝鮮独立運動への警戒心はいっそう深まった。

ワシントン会議では、米国は、海軍軍縮問題、日英同盟廃棄問題、山東省旧独権益問題などで日本が譲歩することを望んだ。ただ、日米関係改善のためには、その譲歩は、米国が圧力を加えた上でのものではなく、日本が面子を損なわれたと感じることなく自発的に行なうものである必要があった。そのため、これら諸問題の解決による極東・太平洋でのより安定した国際秩序の構築の実現を図っていたハーディング政権からすると、これらの問題と比べると重要度がはるかに低いと映る一方で、日本が言及されることすら嫌がると予想される朝鮮問題に関わって朝鮮人独立運動家の要請に応じることなどは問題にもならなかった。

会議の開会後、一九二一年一二月に太平洋の現状維持を取り決めた日英米仏間の四カ国条約、翌年二月に主力艦の保有トン数比を定めた日英米仏伊間の五カ国条約と中国での門戸開放・機会均等を再確認した日英米仏伊蘭、ベルギー、ポルトガル、中国間の九カ国条約が調印されるが、その間にも朝鮮独立のための会議への働きかけがなされた。まず会議直前の一九二一年一一月七日には新韓青年党、つづいて同年一二月四日にはやはり上海の中韓互助社、同年一二月一四日にはワシントンのガントン聖堂長老教宣教教会などが朝鮮問題の再考を促す書簡を送付したが、米国政府の反応は乏しかった。

そこでいっそう本格的な働きかけを行なうため、李承晩、徐載弼、鄭翰景、ドルフ、そして前上院議員トーマス（Charles S. Thomas）らは、朝鮮独立運動の強い意志を示すような大部の請願書の作成を急ぎ、一九二二年一月二日、朝鮮一三道の代表、二六〇の郡代表、前皇室および貴族代表、五二の社会・産業・宗教団体代表の計三七二人が捺印した「朝鮮人により軍備制限・極東会議に提出される請願書」の朝鮮文とその英訳を鄭翰景名で会議宛に送付したが、これらは、以前と同様に受領の通知はせずにトーマスに来てもらった上で返却されることになった。そして、同年一月一五日付で朝鮮に同情的な米国人四九人が署名した上で朝鮮問題への善処を求めた請願書が鄭翰景の手によって会議宛に送付されたが、やはり受領の通知はなかった。さらに、徐載弼は同年一月二七日、朝鮮代表が会議への参加に招請されえないのは承知していること、ただ会議の適当な委員会で彼らの言い分を述べられる機会が確保されるよう周旋してもらいたいことなどを記したハーディング宛ての書簡を彼に伝達してくれるようクリスチャンに依頼したが、やはり何の反応もなかった。そして、朝鮮人独立運動家の願いもむなしく、ワシントン会議は同年二月六日、朝鮮人に発言の機会さえ与えることなく閉会した。

なお、日本政府は、ワシントン会議前から会議に向けての朝鮮人の動きを逐一追跡していた。一方、この会議に独立を賭けていた朝鮮人の失望・落胆は大きく、たとえば中国の長春では朝鮮人が会議の結果をうけて米国は頼むに足らずと考え米国および親米派の朝鮮人への反発を強めているとの報告が日本外務省になされたりもした。

しかし、このような結果を予想してか、同じ頃に別の相手と独立運動を展開しようとした朝鮮人たちがいた。そして、その相手とは、ロシアのボルシェヴィキであった。

ボルシェヴィキは、資本主義列強による包囲をかわし、逆に資本主義列強に社会主義の種を播くことを図った。そこでこれらの列強の植民地が多くあったアジア地域の諸民族を味方につけて列強を揺さぶるため、ボルシェヴィキは、「東方被圧迫民族大会」*8を開催して、ワシントン会議に対抗しようとした。結局、この「極東労働者大会」は、当初の予定地のイルクーツクからモスクワに変更し、一九二二年一月二一日から二月二日まで共産党員が多いものの民族主義者も含めて計約一五〇人が参加して開会した。中国、日本、モンゴル、インド、ジャワなどとともに最多人数の五二人が参加したのが朝鮮であり、主要参加者には李東輝、呂運亨、金奎植、朴憲永などがいた。そして、大会では日本での革命の必要性、中国や朝鮮などでの共産主義とブルジョワ勢力の提携の必要性、「帝国主義諸国間の取引き」であるワシントン会議の虚偽性、日米戦争誘発の必要性、日本においては革命を起こす必要性、朝鮮において社会主義勢力とブルジョア勢力が協調する必要性などが論議・決議されたが、ここではワシントン会議と違って朝鮮の立場には朝鮮人参加者からみても充分な支持が寄せられた。さらに、コミンテルン執行委員会議長のジノヴィエフ（Grigorii E. Zinoviev）は大会中、ワシントンでの朝鮮独立運動の挫折を指摘して朝鮮人が米国に信をおくことをたしなめた一方、三年前にパリ講和会議において挫折した金奎植は、米国は朝鮮のために日本との戦争という限界にまで行くとの希望をもっていたために冷笑的になり、ボルシェヴィキ以上に信を置けるものはないと考えた。また、金奎植は大会後、「米国は、〝利他的〟かつ〝民主主義的〟な装いの中で吸血鬼のような三国と恐ろしい四カ国条約を締結したワシントン会議でその仮面をかなぐり捨てた。大会は、東アジア人民自らの『団結』の必要性を説いた。……朝鮮の独立は、ロシアの助力で達成されよう」との文章を記した。彼の発言は、朝鮮独立運動における共産主義の存在が無視しえなくなったのを象徴するものとなったのである。

6　関東大震災と朝鮮人

関東大震災の発生

一九二〇年代において「文化政治」が本格的に展開される一方で、日本の韓国併合からちょうど一〇年後の一九二〇年八月には朝鮮における関税法が廃止され、日本の関税法が朝鮮においても適用されて、朝鮮と日本以外の外国との貿易の占める割合は、低下していった。一方、朝鮮の対外輸出中、日本が占める割合は、一九一七年が七七・五%、一九二〇年が八六・七%、一九三〇年が九四・一%というぐあいに増加していった。その中でも、米の占める割合が高かったが、これは、一九二〇年から始まった「産米増殖計画」によるものであった（ただ、実際には一九二〇年代においてはその伸びは比較的少なく、多く伸びたのは、一九三〇年代に入ってのことであった。それでも、一九二〇年代においても米の対日輸出は伸びた）。必然的に朝鮮人一人当たりの米の消費量は減少した。そして、窮乏化した朝鮮人の中には鴨緑江を越えて中国に渡った者がいた一方で、日本に渡る者も増えていった。

そのような状況の中で、一九二三年九月一日の正午少し前に関東大震災が発生した。昼食を準備するために多くの家で火を使っていたこと、現在よりも木造の家が多く、煉瓦造りの建築物であった当時の名物「浅草十二階」凌雲閣が震災発生後にたちまち崩壊してしまったことが象徴するように耐震性にもさほど気を使っていなかったため、東京をはじめとする首都圏において一〇万人以上の死者とそれ以上の負傷者を出す大惨事となった。この時、日本においては八月二六日、加藤友三郎首相が病死し、後継として第二次山本権兵衛内閣の成立が決まっていたが、内閣をまだ組閣中であった。しかし、この事態を前にして、加藤内閣の内相となっていた水野は、警視総監の赤池濃（前朝鮮総督府警務局長）や内務省警保局長の後藤文夫などと相談した上で、関東地域に戒厳令を敷くことを決定した。そこには、「不逞鮮人」に対する朝鮮における体験に基づく水野や赤池の警戒心があった。そして、九月二日に山本内閣が成立し、内相に就任したのは後藤新平であったが、後藤は、台湾総督府での民政長官を経験後、一九一六年発足の寺内内閣で内相（一九一八年四月まで。ちなみにそのあとを継いだのが水野であり、同年四月〜九月）から外相（同年九月まで）を務めており、一九一八年八月におこった米騒動も水野ともども、閣僚として経験していた。

大震災によって関東地域は大混乱に陥り、死者・行方不明者は約一四万人に及んだが、その中で、日本人に対しても、特に社会主義者などに対する警戒心から、たとえば憲兵隊大尉であった甘粕正彦を中心とする憲兵隊員が無政府主義者の大杉栄や内縁の妻の伊藤野枝などを殺害した「甘粕事件」、社会主義者の川合義虎や平沢計七など一〇人が亀戸において出動した習志野騎兵隊によって殺害された「亀戸事件」などが発生し、一般人の場合でも、若干の人びと（特に、沖縄出身者）が、言葉の違いなどから殺害された。

大震災時の朝鮮人殺害

しかし、大震災の影響をいちばん被ったのが、朝鮮人であった。大震災の発生をうけて、日本の朝鮮統治の実態や在日朝鮮人の日本での状況から朝鮮人が日本人を恨んでいると思い込むあまり、朝鮮人がこの機会に日本人に報復のようなことを何かしてくるのではないか（実際は、そのようなことはなかった）と恐れている日本人は少なくなかった。そして、当時は内務省管轄下の警視庁官房主事であった正力松太郎[*9]が「不逞鮮人による放火、爆弾投下、川や井戸水への毒薬投下」などの噂を流布させた上で、関東戒厳司令部参謀長の地位にあった阿部信行（のち、一九四四〜一九四五年に最後の朝鮮総督を務める）に「正力は、頭がおかしくなってしまったのではないか」といわしめるような勢いでかけあって、軍や警察、各地に結成された「自警団」を動かしたといわれる。[*10]

その結果、軍や警察、「自警団」は、いわゆる「朝鮮人狩り」に乗り出し、風貌や「一五円五五銭」や、ほかのいくつかの言葉を日本人のように発音できないことなどを理由にして、多くの朝鮮人を拘束・殺害した。[*11] また、中国人も、日本への留学生で在日中国人の指導的立場にあった王希天が軍によって殺害されたり、朝鮮人に間違われて殺害された者が約二〇〇人もいた。[*12] それでも、関東大震災における中国人や社会主義者の殺害と朝鮮人の殺害とを比べると、後者のほうが、思想的な色彩は前者より薄いものの「日本人の朝鮮人差別」という民族的な色彩が前者より濃く、より深いものであったことがうかがえる。

なお、ソ連は大震災への援助を日本に申し出たものの日本政府が社会主義思想の流入を恐れて拒否する一方、米国は、日本の首都圏の地理を詳細に調査する目的もあって、大震災への援助を申し入れ、日本も、米国の狙いを警戒しつつも受け入れた。そして、米国は、大震災における日本人の「規律」ぶりを称賛したが、やがて朝鮮人の殺害を知った駐日米国大使のウッズ（Cyrus Woods）は、「このようなおそるべき（朝鮮人）大虐殺が白昼公然と行なわれている日本という国は、断じて文明国とは認められないし、ことにそれを平気でみていて止めようとしない日本政府は、世界中でもいちばん野蛮な政府である」との感想をもらしたのであった。

7 「文化政治」期の朝鮮と日本の対応

朝鮮独立運動の分化

上海における大韓民国臨時政府は、強硬路線で行くか否か、米国に頼るかロシアのボルシェヴィキに頼るかなどの路線の違いおよび内部の人間関係などが原因となって、それを取り締まろうとする日本当局がいうところの「内訌」状態が続いた。中でも李承晩が前述したパリ講和会議の最中に行なった「委任統治請願」に対する非難が止まず、たとえば、申采浩は、「李承晩は、現在はない国を売ろうとした男であり、ある国を売った李完用より悪い」とした。李承晩は、請願は三・一運動勃発前のことであり、日本の統治から脱するための一時的方便に過ぎなかったなどと反論したが、これ以降、李承晩攻撃の材料となって、李承晩は結局、一九二五年に臨時政府大統領の職を弾劾されてしまった。そのようなこともあって、臨時政府はなかなか勢力を拡大することができなかったが、一九二六年に金九が国務領に就任して以降、活動を活発化させた。特に、臨時政府は、中華民国（南方）政府との連携を進め、そのトップであった孫文から、そして一九二五年の孫文の死後は蔣介石から支援をとりつけ、行動をともにすることになり、朝鮮人青年たちを中国の軍官学校に送り込むなどした。

一方、「文化政治」において労働運動や農民運動が以前よりも活発なものとなったこともあって、また前述の「極東労働者大会」における朝鮮独立に対する支持もあって、内外の朝鮮人において社会主義の存在は次第に無視できないものとなった。それをうけて、朝鮮共産党が一九二五年四月に結成され、コミンテルンも承認し、その支部となったが、当局による弾圧がなされ、組織は壊滅状態となった。しかし、一九二六年には第二次朝鮮共産党、同年には第三次朝鮮共産党、一九二八年には第四次朝鮮共産党の再組織化がなされ、その度ごとに当局によって弾圧された。それでも、一九二七年には民族主義者と社会主義者の両者による民族統一戦線組織である新幹会とその女性版である槿友会も結成され、活発な活動を行なったが、いずれも、一九三一年には当局によって解散させられた。

「文化政治」のもとでは、たとえば一九二〇年の会社令の撤廃によって、朝鮮人による会社の設立が以前の許可制から届出制に代わったりしていた。また、高等教育機関である大学が朝鮮においてはなく、高等教育をうけようとすれば事実上、日本に留学するしかなかった状況を打開すべく、また朝鮮人自らの手による高等教育を発足・展開するため、一九二〇年から「民立大学」設立の動きもみられた。しかし、朝鮮総督府は、「ガス抜き」と民族主義抑制の両面から、「民立大学」を阻止して自らの主導による大学の設立に動き、その結果、一九二四年には京城帝国大学（「城大」と略称された）の予科、一九二六年には法文学部および医学部が設置された。それでも、一九二〇年に着手された「産米増殖計画」および日本資本の朝鮮への進出などは、とりわけ経済面において朝鮮の対日依存度を高める役割を果たした。

なお、南山に庁舎を構えていた朝鮮総督府は一九一六年六月、景福宮の一画を破壊して、そこに新庁舎を起工し、巨額の費用および大量の人員を投入して、一九二六年一月に竣工・移転し、日本が朝鮮を統治するあいだ、その偉容を誇示した。そして、この建物は、日本の朝鮮統治の終焉後、米軍政庁舎、大韓民国の政府中央庁舎などとして使用され、一九八六年からは国立中央博物館として使用された。しかし、一九九三年に発足した金泳三政権は、「植民地時代の残滓の一掃」のためにこの建物を解体する方針を立て、「恥辱の象徴ゆえ、解体に賛成」、「恥辱の象徴であるからこそ、それを忘れないためにも解体に反対」、「移転した上で保存」など内外においてさまざまな意見が出る中で解体作業は日本の朝鮮統治の終焉よりちょうど五〇年後の一九九五年八月から始まり、翌一九九六年末までには完全に解体された。そして、その後、その跡地に景福宮の完全な復元が図られた。

朝鮮独立運動への懐柔

朝鮮総督府は、建前としていた「一視同仁」を展開するため、また朝鮮独立運動を分裂させて第二の三・一運動を起こさせないため、何人かの有力な朝鮮人に「アメとムチ」の両面をもって働きかけて、彼らを懐柔しようとした。そして、彼らの中でそれまでの独立運動が所期の目的である独立を勝ち取ることができず、日本の朝鮮統治への抵抗に限界を感じていた、たとえば前述の李光洙や、三・一運動の際に「民族代表」には自らの意思でならなかったものの積極的に関わった崔南善などがそれに応じることになった。李光洙は一九二三年、『東亜日報』において「民族的経綸」を発表し、朝鮮が亡国にいたったのは日本のせいというよりも朝鮮民族自身が有しているいくつかの欠点のせいであって、それを克服するためには民族自身の実力を養成しなければならないと主張した。また、李光洙は、朝鮮には即時に独立してやっていけるだけの力はなく、自治権をはじめとして日本の朝鮮統治の枠の中での権利の拡大を主張した。

李光洙による「民族改良主義」は、彼の主観的には当時の現実に合わせてということであったが、日本の朝鮮統治を嫌う、日本からの即時独立を求める朝鮮人には当然ながら容れられず、彼は、これを契機に「親日派」へと転じていくことになる。

その一方で、一九一〇年代から雑誌『東洋経済新報』において活発な言論活動を展開し、戦後の一九五六年から一九五七年に短期間ながら首相も務めることになる石橋湛山がいた。彼は一九二一年、ワシントン会議の開会に先立って「小日本主義」という彼の考えに基づいて朝鮮や台湾などの植民地および満州や山東省などにおける特殊権益をむしろ積極的に放棄すべきであると主張した。そうしても日本にとっては通商面などにおいてもマイナスとはならず、それら地域の人たちからの敵意もなくなり、また軍備を常駐させる必要がなくなり身軽になってむしろプラスとなること、日本が率先してそうすることによってほかの植民地保有国にその放棄を迫ることも可能となるなどとしたのである。

その他では、日本国内（「内地」）においては、一九一九年に衆議院議員の選挙権における必要要件であった直接国税の納入額がそれまでの一〇円以上から三円以上に引き下げられ、一九二五年にはその必要要件が撤廃されていわゆる普通選挙法が成立して、直接国税の納入に関係なく二五歳以上の男子に選挙権、三〇歳以上の男子に被選挙権が与えられた。それをうけて、在日朝鮮人の中で該当する者にも同様の措置がとられたが、中でも一九二〇年に朝鮮人労働者扶助団体である相救会を結成し、翌年にはそれを親日団体である相愛会へと改組した朴春琴は普通選挙の実施後、一九三二年二月二〇日、一九三六年二月二〇日、一九三七年四月三〇日、一九四二年四月三〇日にそれぞれ行なわれた四度の衆議院議員選挙に当時の東京府第四区（当時の本所区・深川区）から立候補し、うち一九三二年および一九三七年の二回、当選した。

この時期、朝鮮においては、一九二六年に純宗が死亡し、彼の葬儀が行なわれる六月一〇日に三・一運動の再来を狙って青年層が万歳事件を起こしたものの、当局は、それを防ぐべく、鎮圧に全力を挙げたため、三・一運動のような大規模かつ長期的なものにはならなかった。その後も、一九二九年一月には元山において英国系のライジング・サン社の製油所において前年一九二八年九月、日本人監督が朝鮮人労働者に暴行を加えたことへの抗議から朝鮮人労働者たちがストライキに突入し、ストライキは三カ月のあいだ続いたものの、当局の介入で中止に追い込まれた。そして、同年一〇月には全羅南道の光州―羅州間を行く通学列車内において日本人男子学生が朝鮮人女子学生に対して侮辱的な発言をしたのを契機にして、翌一一月には光州学生事件が起こり、それが全土に広がって翌一九三〇年三月までに一九四校の約六万人が参加して「植民地奴隷教育制度の撤廃」などを掲げて、三・一運動以来最大規模の運動となった。しかし、それも、官憲によって鎮圧されてしまった。

ＩＰＲへの参加問題

ところで、第一次世界大戦が休戦して間もない一九一九年の初め、米国のＹＭＣＡ事務局は、キリスト教の根本的・普遍的要素を検討し、これらの要素が太平洋地域の人びとのあいだの相互理解を深める上での基盤となりうる方法を検討することを主要テーマとして、環太平洋における各国・地域にあるＹＭＣＡでの指導的地位にある人びとを招集した会議をハワイのホノルルにおいて開催することを指示した。これが、太平洋問題調査会（The Institute of Pacific Relations、略称ＩＰＲ）が設立される発端となった。それをうけて、一九二一年から会議に向けての協議の場が断続的にもたれ、一九二五年七月、ホノルルにおいて民間人の有志によってＩＰＲが設立された。そして、設立の過程においては、ＩＰＲが政争の具となることを回避するため、純粋に民間の研究・討議機関とし、政府とは一線を画すること、そのために会員は民間人が個人の資格で参加すること、各国・地域における支部が環太平洋地域の諸問題を科学的・客観的に調査・研究し、その成果を持ち寄って国際的な比較研究を行なうことなどが意図された。その際、英国統治下にあったインド、米国統治下にあったフィリピン、そして日本統治下にあった朝鮮からもＩＰＲへ参加することを認めるか否かという問題があったが、それらの地域、特に朝鮮ＩＰＲが問題を引き起こしかねないとして、米国ＩＰＲの中では朝鮮ＩＰＲの参加に反対する人たちもいたものの、結局は朝鮮ＩＰＲの参加が決まった。七月一日にホノルルで始まった第一回ＩＰＲ会議において、朝鮮ＩＲＰを代表して朝鮮ＹＭＣＡ総主事であり、のちに新幹会などにおいて活動することになる申興雨が演説を行なった。「朝鮮よりみた太平洋問題」という題目の演説の内容は、プロテスタントが朝鮮において布教を始めてからわずか四〇年であるが、キリスト教が普及していること、日本による朝鮮の「同化政策」は朝鮮の個性を傷つけているだけであり、朝鮮人は、朝鮮語による教育を望んでいること、朝鮮における唯一の紙幣発行銀行である朝鮮銀行は、その設立目的が「鮮満」に発展しようとする日本人への金融であり、朝鮮人の興業・通商の発展という目的にはかなっていないこと、東拓は設立当初、日韓双方が負担・利益ともに折半することになっていたものの、日本の韓国併合後は日本が支配するようになり、日本人にのみ便宜を与えているため、朝鮮人農民の多くは土地を売って国を出るしかないことなどであった。そして、日本が以上のような差別を止めることを求めたが、一方でＩＰＲの理念や周囲の状況を考慮に入れて、独立には言及しなかった。しかし、徐載弼がその日の夜、演説を行ない、中興雨の演説は朝鮮人が有する多くの苦痛・不満に言及していたとした上で、それらに基づいて公平な論議がなされることを要求した。そのため、第一回ＩＰＲ会議が進み、ＩＰＲの恒久化を求める声が高まるにつれて、朝鮮ＩＰＲの代表権問題が表面化し、朝鮮ＩＰＲがすべての活動への参加の権利を主張する一方、日本や米国のＩＰＲは、永続的組織委員会の構成メンバーは独立国の会員に限定されるべきゆえ、朝鮮ＩＰＲのその委員会への参加に反対した。ただ、ＩＰＲにおいては、日本や米国のような独立国のＩＰＲと朝鮮やフィリピンのような「地方グループ」のＩＰＲとが同等の地位にあるとはみなされてはおらず、実際にも同等には扱われなかった。そして、朝鮮ＩＰＲの代表権問題は、永続的組織委員会において朝鮮を独立した会員とはみなさないとの諒解の下、朝鮮ＩＰＲの会員の委員会への出席を認めるということでいったんは妥協した。

その後、ＩＰＲが永続的組織となる中、ＩＰＲ基本規約の草案作成作業が進み、ＩＰＲ基本規約案が一九二七年七月に開催された第二回ハワイ会議の中央委員会に提出されたが、朝鮮ＩＰＲの地位に関しては、すでに国内委員会がある国から朝鮮やハワイ、フィリピンのような領土的・人種的団体がＩＰＲの会議に参加する場合、その属する国の国内委員会の同意が必要とされた。朝鮮ＩＰＲの場合、日本ＩＰＲの同意が必要ということになったため、基本規約案に対して非常な不満をいだいたが、基本規約案は第二回ハワイ会議の最終日である七月二九日、中央理事会において承認・署名された。それでも、ＩＰＲ中央事務局幹事長の米国人デービス（J. Merle Davis）は、朝鮮ＩＰＲの立場にも同情的であり、米国ＩＰＲからフィリピンＩＰＲとの直接交渉についての同意をえて、フィリピンＩＰＲが一九二九年予定の第三回京都会議に参加すること、それを先例にして日本ＩＰＲから朝鮮ＩＰＲとの直接交渉についての同意をえて、朝鮮ＩＰＲが同会議に参加する道をひらくことを構想した。

そのようなデービスの構想に対して、日本ＩＰＲ側は、否定的ではなかった一方、朝鮮ＩＰＲ側は、いずれの形式であれ、ＩＰＲの会議への自らの参加に日本ＩＰＲの同意を必要とすることを承知せず、第一回・第二回会議の時と同様、独立団体の資格で参加できるよう、ＩＰＲ基本規約の改定を求め、それが容れられない場合は、第三回京都会議には参加しないと回答した。それでも、ＩＰＲ中央理事会の説得もあって、朝鮮ＩＰＲは、ＩＰＲ基本規約改定要求の説明に目的を限定した上で「来賓」の資格で第三回京都会議への参加を決定し、尹致昊、『東亜日報』社長の宋鎮禹ほか三人が日本に派遣された。京都に着いた一行は、独立の代表として会議に出席できるようＩＰＲ基本規約の改定を求めたが、ＩＰＲ中央理事会は、ＩＰＲ基本規約の改定に関して中央理事会における満場一致の原則を採用した。そして、一九三一年一〇月から開催された第四回上海会議において、朝鮮ＩＰＲが自分たちをＩＰＲ基本規約に基づいて特別扱いしてくれることを中央理事会に対して求めたのに対して、日本ＩＰＲが異議を唱え、満場一致とならなかったため、朝鮮ＩＰＲの請願は受け入れられず、朝鮮ＩＰＲは代表の派遣を見送り、それ以降、ＩＰＲ会議に代表派遣をしなくなった。ＩＰＲは当初、国家という次元を超えて設立・運営されたが、国際社会の現実、つまり朝鮮が日本の統治下にあり、そのことを米国をはじめとする関係国が認めていたという現実が否応なしに反映されるという結果となったのである。

第五章

国際情勢の緊迫と朝鮮の「大陸兵站基地」化

1　万宝山事件および満州事変と朝鮮問題

万宝山事件

一九二九年一〇月に米国ニューヨーク・ウォール街での株価の大暴落から端を発して大恐慌が始まった。その波はこの当時の世界経済における米国の占める比重の高さのため、世界に波及し、日本にも波及した。そして、朝鮮においても、折りしも一九三〇年の米作が豊作であったこともあって、米の価格が暴落し、それが、農作物全体にまで及び、農作物全体の損失額は、対前年比二六パーセントに当たる二億八、七五三万円となった。そして、朝鮮においては、人口が増大する一方で失業率も増大し、そのことは、朝鮮人の満州および日本、特に満州への流出に拍車をかけた。

一方、満州の間島においては朝鮮人による独立運動が依然として続いていたが、日本は、満州における日本の立場の強化および朝鮮人に対する若干の慰撫のため、満州における朝鮮人を「日本人」として利用する手段をとり、朝鮮人の中にはそれに乗る者も出てきた。折りしも、中国においては、蔣介石による北伐によって南北の統一が成ったことからナショナリズムが高まっていたが、日本がたとえば米国などと比べて中国が求める不平等条約の改正などに対して消極的対応しか示さなかったため、そのナショナリズムは、排日の機運の盛り上がりという形へと変わっていった。そのような中で一九三一年七月に発生したのが、万宝山事件であった。

吉林省の中心地である長春の北方に位置する村である万宝山において、中国人仲介業者が中国人地主より水田を商租（当事者商議による自由契約の土地賃借）したものの、中国人仲介業者は、それを当地に移住してきた朝鮮人農民に再商租した。そして、朝鮮人農民は、水田を耕作するため、数マイルの長さになる灌漑溝を掘ったが、それが中国人が所有する土地を横切ったため、中国人農民が群れをなして中国当局に抗議した。それをうけて、中国の官憲は、警官隊を出動させ、朝鮮人農民に対して工事の中止を求めた。

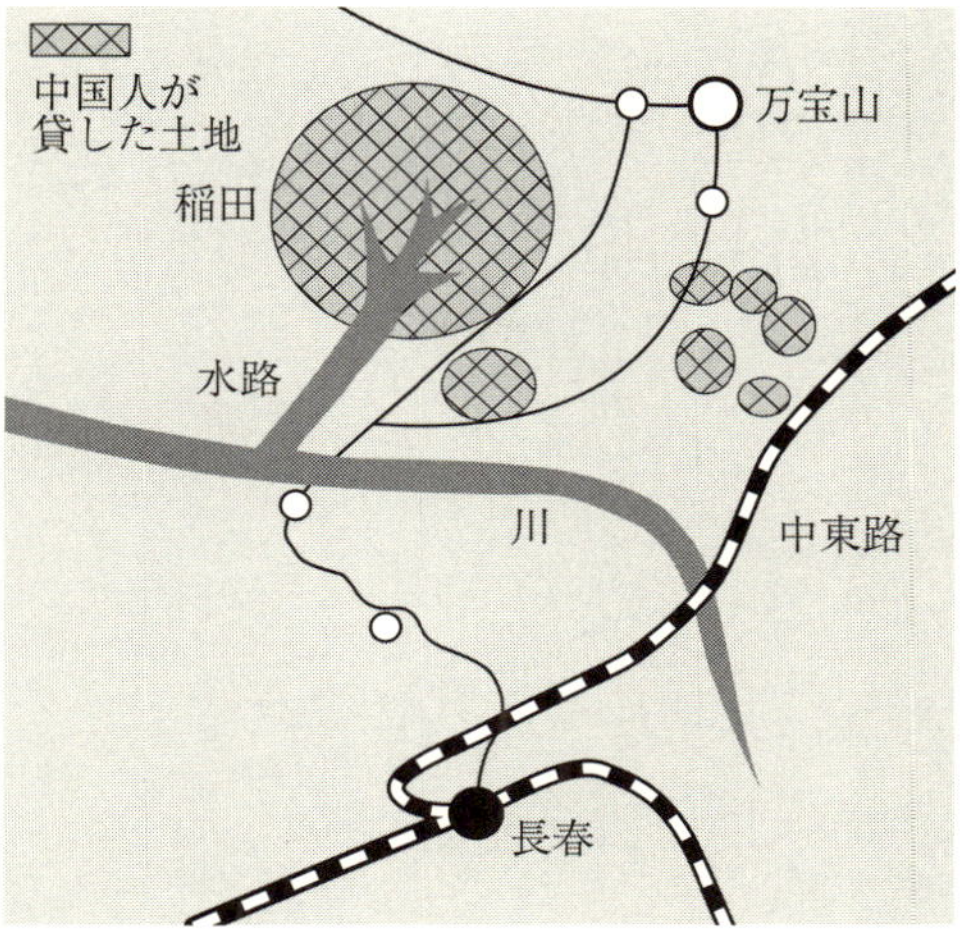

万宝山事件の舞台となった地域

一方、在長春日本領事館も、「日本人」保護の名目で領事館付警察官を出動させて、両者間で対立した。その結果、一九三一年六月八日に共同調査委員会がつくられたが、結果は相反した。そして、朝鮮人農民が工事を継続したことに対して七月二日、中国人農民が実力行使を行なったため、朝鮮人農民約二〇〇人と中国人農民約三〇〇人が衝突した。さらに、在長春日本領事館も警官約一五〇人を出動させ、発砲もなされたが、死者は出なかった。しかし、『朝鮮日報』が万宝山における状況を死者が多数出たなどと誇大に報道したため、朝鮮内において逆に激しい排中運動が起きて、平壌や仁川などの中国人街が襲撃されて、中国人の死者一二七人、負傷者三九三人が出た。そして、七月二二日から朝鮮人農民と中国人農民とのあいだで交渉がもたれ、正に満州事変が勃発する九月一八日に両者間において妥協が成立した。この事件からも、日本統治下の朝鮮および在満朝鮮人の立場が、当時の東アジア情勢において微妙なものであったことがうかがえる。

満州事変と「満州国」の建国

この万宝山事件、そしてその直後に変装をしながら満州において諜報活動を行なっていた中村震太郎大尉が正体を見破られて殺害されるという「中村大尉事件」が発生して、満州においては不穏な空気が流れていた。そのような状況のもと、朝鮮駐屯の日本軍である朝鮮軍は、朝鮮独立運動を廃絶することおよび朝鮮人を守るという名目から、一九三一年一〇月ごろに朝鮮北東部に位置する会寧から間島の龍井のあいだの鉄道を爆破して、それを名目にして朝鮮軍が間島に出兵して、そこを占領する計画をたてた。しかし、満州駐屯の日本軍である関東軍が一九三一年九月一八日、柳条湖事件、つまり石原莞爾や板垣征四郎などが主謀する中で奉天の北方に位置する柳条湖において走行する南満州鉄道の車両を自作自演で爆破してそれを中国側の仕業ということにして、それに対する「暴支膺懲」ということで軍事行動を開始するという事件を起こし、それが拡大して満州事変となったため、間島出兵の実行はされなかった。それでも、関東軍の求めに応じて、朝鮮軍司令官であった林銑十郎（のちの一九三七年に首相に就任）は九月二一日、軍隊を動かすのに必要とされた奉勅命令が下されるのを待たずに第三九旅団を独断で越境させた。ここに、一九三一年から一九四五年までの足掛け一五年間、日本は戦争を継続させたという意味の「一五年戦争」が始まった。「一五年戦争」という考え方については、既存の研究においても肯定論と、満州事変から一年八カ月後の一九三三年五月三一日に塘沽において日中間で停戦協定が締結されて、満州事変がともかくも決着したことから、満州事変とのちの日中戦争を連続するものとしてみないという否定論とに大きく分かれている。そして、満州事変翌年の一九三二年三月一日、日本が擁立する形の傀儡国家である「満州国」が建国を宣言したが、「満州国」は、日満漢蒙朝の五つの民族が共存する「五族協和」を建国の理念とした。もっとも、それは建前にすぎず、実際は、日本人が満州国におけるすべての分野で実権を握るというものであった。日本は、日本人以外の四つの民族を分断する目的で朝鮮人を自分たちに次ぐ「準日本人」とし、朝鮮人の中にもそのような扱いに乗って自らの地位を確立しようとする者も出たため、満州における朝鮮人の立場は、いやおうなしに微妙なものとなった。

そのころ、大韓民国臨時政府の、この時点においての筆頭的存在であった金九は一九三一年一〇月、日本人要人の暗殺を目的とする臨時政府直属の韓人愛国団を結成した。そして、韓人愛国団員であった李奉昌が一九三二年一月八日、東京の桜田門外において昭和天皇に爆弾を投擲したものの、失敗に終わり、逮捕された。李奉昌は一〇月一〇日、市ヶ谷において処刑された。また、やはり韓人愛国団員であった尹奉吉は一九三二年四月二九日に上海の虹口(魯迅)公園において日本の天長節(のちの天皇誕生日、現在の「昭和の日」)の祝賀会が行なわれた際、参席していた日本の要人をめがけて爆弾を投擲し、陸軍大将の白川義則は死亡し、駐中公使であり、のちに戦前・戦後において外相に数回就くことになる重光葵は右脚を失い、海軍中将であり、のちに外相にも就き、一九四一年には駐米大使として日米交渉に臨むことになる野村吉三郎も右眼を失明するなどした（上海虹口事件）。尹奉吉は逮捕され、五月に上海において死刑判決を下されたのち、日本に移送されて、一二月一九日、石川県金沢市において銃殺刑に処され、遺体は、同市で密かに埋葬された。そして、その尹奉吉の遺体は朝鮮の日本からの解放後の一九四六年、発掘されて、ソウルに移送されて埋葬された一方、大韓民国政府は一九六二年、尹奉吉に死後授勲を行なった。

2　朝鮮の「大陸兵站基地」化と国際関係

一九三〇年代の状況

満州事変の拡大、「満州国」の建国、一九三三年の日本の国際連盟からの脱退の表明とそれにともなう国際的孤立化という状況の中、一九三一年に朝鮮総督に就き、一九三六年まで務める宇垣一成によって一九三二年より「農村振興運動」が実施され、農村において農産物の増産を図る一方で農家における家計を節約することを求めた。さらに、朝鮮における地下資源および水力資源、良質かつ豊富で、しかも低い賃金で雇用できる労働力を利用するため、日本の資本が朝鮮に進出したが、一九三〇年代前半には化学工場、水力発電所、紡績工場などがつくられ、それらの多くは各種の原材料・資源が所在する関係上、北部朝鮮につくられた。そして、それらは一九四五年の日本の引揚げ後、一九四八年九月に朝鮮民主主義人民共和国が建国するとその工業化の基盤となり、一九六〇年代後半ごろまで大韓民国に対して経済的に優位に立つ要因の一つともなった。また、満州、朝鮮ともに旧来の財閥ではない新興財閥が進出し、満州には日立・日産コンツェルンが進出し、「満州国」を経済的に支えるのに大きな役割を果たしたが、朝鮮における進出日本資本の代表的存在が、日窒（日本窒素）コンツェルンであった。野口遵が率いる日窒は早くも一九二七年、咸鏡南道の興南において朝鮮窒素肥料株式会社を設立し、その後は鴨緑江、長津江などにおいて電源開発などにも進出し、太平洋戦争開戦後の一九四二年における朝鮮での産業設備資本投下の四分の一以上を占めた。そして、日窒は朝鮮から引き揚げた後、チッソ株式会社として日本における本拠地であった熊本県水俣市における操業を増やしたが、これは、のちの水俣病を生むこととなる。

ベルリン・オリンピックと「日章旗抹消事件」

ところで、一九三三年一月にドイツにおいて政権を掌握するにいたったヒトラー（Adolf Hitler）率いるナチス・ドイツは一九三六年八月、首都であるベルリンにおいて第一一回オリンピックを開催したが、ナチス・ドイツによるユダヤ人迫害、ナチスの「優秀性」を満天下に示す目的のための強い宣伝色など、さまざまな問題が内在するオリンピックであった。そして、それに「日本人」として陸上のマラソン競技に参加したのが、朝鮮人の孫基禎および南昇龍の二人であった。二人は、それ以前にも孫基禎が当時の世界最高記録を挙げるなど好記録を出し、日本代表を決める予選レースにおいても南昇龍が一位、孫基禎が二位を占めていたものの、日本側は、二人がベルリン入りした後も選考レースを行なった。しかし、日本人候補が棄権したため、二人は出場することとなり、八月九日に行なわれたマラソン競技において、孫基禎がアジア人で最初に優勝し、南昇龍も三位となった。二人は競技後の表彰式において「君が代」が演奏さ

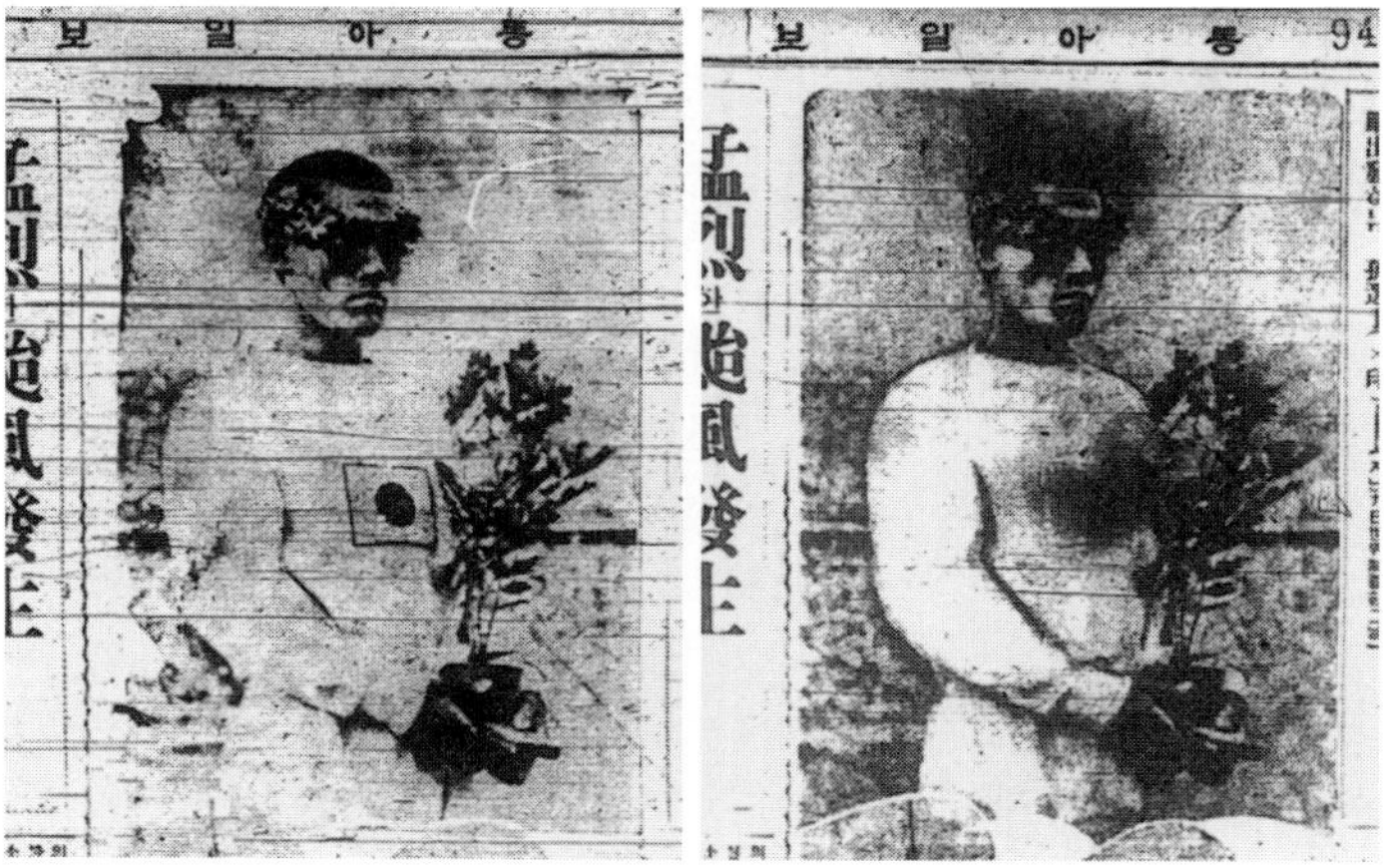

孫基禎の優勝報道記事より
『東亜日報』1936年8月25日、第1版（左）と同日、第2版（右）

れ日章旗が掲揚される中で「日本人」として表彰台に立ったが、そのような場面は予想もしておらず、表彰されるという喜びも消え「亡国」という現実を思い知らされて悄然となってしまった。孫基禎は、ベルリンで在独の朝鮮人に朝鮮王朝期の一八八三年に国旗として定められ、現在の大韓民国の国旗ともなっている太極旗を初めて見せられて、民族意識を高揚させながら帰国の途に就いたが、本国の朝鮮においては、孫基禎の与り知らぬところで、重大な事態が発生することになった。同胞の優勝に朝鮮人全体の民族意識が鼓舞されているという状況の中、呂運亨が当時率いていた『朝鮮中央日報』[*1]が八月一三日、また『東亜日報』が八月二五日、孫基禎の優勝を報道する記事に添えて掲載した写真の中で第一版での検閲通過後の第二版において孫基禎の胸の部分を抹消したため、『東亜日報』は当局によって無期（結果的には翌一九三七年六月まで）停刊の処分をうけ、『朝鮮中央日報』は自主廃刊されるという「日章旗抹消事件」が発生したのである。孫基禎は朝鮮に凱旋帰国したが、当局の監視の目が強まり、それを避けるべく日本に渡って明治大学で勉学に励んだものの、一九四〇年に開催予定であった東京オリンピックへの出場断念に追い込まれた。*2

孫基禎はその後、一九八八年に開催されたソウル・オリンピックの開会式において五輪スタジアムに入場する聖火ランナーを務めた。さらに、彼は、生前、オリンピックでの自分の国籍を「Japan」から「Korea」に、自分の名前を日本読みの「Kitei Son」から韓国読みの「Kee-chung Sohn」にそれぞれ替えることを国際オリンピック委員会（ＩＯＣ）に求めた。孫基禎が二〇〇二年に九〇歳で死去したのちは、日本オリンピック委員会（ＪＯＣ）がベルリン・オリンピックのマラソン競技優勝者の国籍は日本であるとする一方、韓国オリンピック委員会は、その国籍は当時、日本の朝鮮統治期であったためにやむなく日本とされたが、もはや韓国であるとして変更をＩＯＣに求めた。その結果、ＩＯＣは現在、オリンピック公式記録において孫基禎の見出しの箇所の名前は日本読み、国籍は日本としている一方、彼についての説明文において彼の名前は韓国読み、彼の国籍は大韓民国（South Korea）としている。また、オリンピック記録集や米国カリフォルニア州にある歴代オリンピックマラソン競技優勝者の記念碑などには孫基禎の国籍は「Korea」と記されている。

なお、大韓民国臨時政府は一九一九年の設立以来、独自の軍事組織を保持しないままであったが、蔣介石は一九三三年、南京において金九と会見した際に、朝鮮独立運動のためには前述の上海虹口事件のようなテロ行為ではなく、独自の軍事組織をもつことを提案した。それをうけて、河南省の中央軍官学校洛陽分校において朝鮮人特別班が設置され、朝鮮人青年に対する軍事訓練が施された。

雲山金鉱経営・採掘権回収への動き

ところで、米国人実業家のモース（James R. Morse）は一八九五年に朝鮮政府から経営・採掘権の譲渡をうけ、一八九八年からは東洋合同鉱業会社がその権利を行使する形で平安北道雲山郡北鎮面に位置した雲山金鉱の経営・採掘を続けた。それに対し朝鮮総督府は一九三二年七月、日本において前年一二月に発足した犬養毅内閣の大蔵大臣に就いた高橋是清が即刻ふみきった金輸出再禁止措置をうけて、外国である米国によって経営・採掘がなされているとはいえ日本統治下にある朝鮮の金鉱から金が持ち出されることを見逃したり例外扱いすることはできないという論理から、朝鮮において産出される金の輸出を禁止し、市価よりもずっと安い価格で雲山金鉱から産出される金を買い上げるという措置を断行した。東洋合同鉱業会社社長ブル（William L. Bull）は、朝鮮総督府などの日本当局に対して抗議する一方、国務長官のスティムソン（Henry L. Stimson）、駐日大使のグルー、国務省極東部長のホーンベックなどに働きかけるなどして、事態の打開をめざした。そして、九月以降、スティムソンやホーンベックは駐米日本大使館に、グルーは日本外務省に働きかける一方、彼らは、いずれも日本側と直接交渉することをブルに勧めた。そのため、ブルは、弁護士として日本人で東京弁護士会会長、貴族院議員、ＩＯＣ委員などを歴任した岸清一を雇い、岸は、日本当局、特に大蔵省、外務省と交渉した。

しかし、朝鮮の金鉱からの金輸出措置を主導した大蔵省は、この問題に関して岸にも硬い姿勢を示し、外務省も、日米関係もあって大蔵省ほどではなかったものの、「理解」を示す以上のことはしなかった。そして、東洋合同鉱業会社の弁護団に、元東京帝国大学教授などを歴任し、のちの一九四五年の日本の敗戦後に憲法改正作業に着手した際に「松本試案」なる草案を作成することになる松本烝治も加わって、態勢を整える中、岸は問題を法廷にもちこんで東洋合同鉱業会社に有利な結果を模索した。しかし、結局、東洋合同鉱業会社は一九三三年五月、大蔵省が固定した円価格によって雲山金鉱から産出される金を日本銀行に売却することを決定し、まずは日本当局に対して「譲歩」の姿勢を見せた。さらに、岸が同年一〇月に死亡したこともあって、雲山金鉱からの金輸出問題は、金買上げ価格の若干の引上げなどの大蔵省による「配慮」もあったとはいえ、大蔵省にとっての現実的利害および自己の面子もあって、断固たる姿勢で拒否し続ける形で決着した。

その後、朝鮮総督府は一九三四年八月、それまでは免税であった雲山金鉱における外国人従業員の所得に対して課税すること、そのために帳簿を閲覧・調査するという方針を東洋合同鉱業会社に通告し、東洋合同鉱業会社は本国の国務省、駐日米国大使館、駐ソウル米国総領事館に働きかけた。しかし、これらは、大恐慌が収まらず、ウィルソンによる「新外交」にもかかわらずファシズム化した独伊日の台頭を抑えられないことなどへの失望から一九三〇年代半ばに米国において広まった「孤立主義」の台頭もあってか、この問題に対して熱心な姿勢をさほどみせなかった。日本側による雲山金鉱問題に対する強硬姿勢を前にして、東洋合同鉱業会社は一九三五年から翌年、朝鮮総督府への働きかけなどを行なったが、押問答のような足踏み状態が継続した。その後、日本当局は一九三七年一月、東洋合同鉱業会社が朝鮮において使用するために無関税で持ち込んだ米国車の使用・譲渡を制限するという「いやがらせ」ともいえる方針を伝え、東洋合同鉱業会社と日本当局は同年から翌一九三八年前半にかけてこの問題で延々と折衝したが、東洋合同鉱業会社は結局、この問題でも譲歩を強いられた。

在ソ朝鮮人の中央アジアへの強制移住

満州事変の勃発以来、日本とソ連の関係は、お互いに対する警戒心から悪化していたが、ソ連において一九二四年のレーニンの死後にトロツキー（Lev D. Trotsky）との争いにおいて勝利して権力を掌握していたスターリン（Iosif V. Stalin）は、猜疑心をいっそう強めていた。そして、スターリンは、国内政治において「自分の寝首をかく」恐れがあるということで数多くの政治家や軍人に濡れ衣をきせて粛清に追い込み、「恐怖政治」によって自らの権力をいっそうかためるにいたったが、そのことによって日本やナチス・ドイツなどの「宿敵」に対する防衛力をかえって弱めてしまった。そのため、猜疑心・警戒心をいっそうつのらせたスターリンは、ソ連領沿海州地域に住んでいた朝鮮人を「日本人」かつ「日本のスパイ」と考えて、「満州国」との国境などにおいて軍事的に対峙していた日本と内通する恐れがあるとの理由で、一九三五年前後を中心にして沿海州地域の朝鮮人一七万人あまりを「日本との内通の恐れがない」ソ連領中央アジア地域に強制移住させた。強制移動を余儀なくされた朝鮮人たちは、沿海州における生活基盤を奪われ、ほとんど着の身着のままの状態で現在のカザフスタンをはじめとする当時のソ連領中央アジア行きの列車に乗り、縁もゆかりも生活基盤もない中央アジアでの生活を始めるほかはなかった。このようにして、中央アジア地域への移住を余儀なくされた朝鮮人たちは、図らずも新天地となった場所にあった広大な荒地を開墾したりして生活基盤を徐々に整えていき、現在では「高麗人」という名で中央アジア各国の国民中の一民族として生活している。

3　日中戦争の開始と朝鮮問題

日中戦争と朝鮮人兵士

一九三七年七月七日、北京郊外の盧溝橋において日中両国軍が偶発的に衝突し、満州事変の時とは反対に現地軍同士のあいだでは停戦協定が成立したものの、東京の軍中央および六月に成立したばかりの近衛文麿内閣が後押ししたため、盧溝橋事件は拡大し、日中戦争となった。日中戦争は、一九三八年一月の近衛首相による声明において「国民政府を対手とせず、支那新政府の樹立を望む」として、国民政府を交渉相手としてすら認めない姿勢を打ち出したため、かえって中国側が抵抗を止めず、そのために予想もしない長期戦となった。そして、日中戦争が拡大・長期化するのにともなって、日本は、兵力を補充する必要に迫られたが、一九三八年二月二三日、朝鮮陸軍特別志願兵令が公布され、朝鮮人の青年たちが、戦場に赴くことになった。朝鮮人兵士が集団となって日本側に銃を向ける可能性を封じるため、いわゆる「朝鮮人部隊」のようなものはつくられず、朝鮮人兵士は、各部隊に個別に配置された。そして、一九三八年から一九四三年までの志願者は合計約八〇万人にもなり、うち合計約一万七、〇〇〇人が入隊したが、志願兵だけでは十分ではないとされたため、一九四三年からは学徒志願兵の動員がなされた。さらに、一九四三年三月二日には日本での「兵役法」の改正がなされ、それにともなって朝鮮人に対する徴兵の道がひらかれ、翌一九四四年から徴兵が開始された。そして、それに対する「代償」として、一九四五年四月には選挙法が改正されて、朝鮮、台湾および樺太にも選挙区が設けられ、朝鮮にいる朝鮮人にも参政権が賦与された。

しかし、朝鮮および台湾に関しては日本では普通選挙の実施で撤廃された直接国税納入要件付きのものであり、その納入額も、日本では一八九〇年の最初の衆議院議員選挙の時の一五円以上であった。そして、これは結局、日本の敗戦と朝鮮の解放によって実施されないままで終わった。

また、以上のようにして戦線に投入された朝鮮人は各地で軍務につくが、戦後になって彼らの中で戦争中に連合国の捕虜を虐待したことなどを理由にして東京国際軍事裁判条例における戦争犯罪類型B項「通例の戦争犯罪」およびC項「人道に対する罪」を問われる者が出た。「BC級戦犯」として拘束された彼らの中で、洪思翊中将、志願兵二人、通訳一六人、捕虜収容所の監視員として配属された一二九人の計一四八人が有罪に問われ、結局、洪思翊はじめ二三人が死刑、残り一二五人が有期刑に処されるという「二重の悲劇」も起こった。

朝鮮人の労働力動員

さらに、日中戦争の拡大・長期化にともなって、労働力の不足が顕著になってきたため、労働力としての朝鮮人の必要性が上昇した。すでに日本国内においても一九三八年には国家総動員法、翌一九三九年には国民徴用令などが公布されていたが、それらに基づく計画には朝鮮人も組み込まれた。そして、自らの意思であれ、強制的なものをともなってであれ、日本に渡ってくる朝鮮人の数はいっそう増えるようになった。そして、事態が日中戦争から太平洋戦争へと展開していく中、その数はますます増え、在日朝鮮人の数は、在日本大韓民国民団の統計によると、一九三〇年には二九万八、〇九一人であったのが、一九三五年には倍以上の六二万五、六七八人になり、日中戦争開始の一九三七年には七三万五、六八九人、一九三八年には七九万九、八七八人、一九三九年には九六万一、五九一人となっており、増加の一途をたどった。そして、在日朝鮮人については、自発的な意思で日本に渡ってきて労働に従事したのであって、強制連行ではなかったとの主張も一部にはある。しかし、近年の研究においては、日本に「密航」する朝鮮人も確かにおり、[*3]「密航」で日本当局に摘発された朝鮮人は一九四〇年で五、八八五人おり、日本の動員計画に基づかない朝鮮人の「縁故渡航」も三万人以上にもなったとされる。その一方、当局および企業は、軍隊に出征していく日本人男子の数が増え、それにともなって炭鉱や工場などにおける労働力が減少していくのを埋め合わせるため、地方組織や官憲などを通して朝鮮人を日本に連れてきた。彼らは、日本各地、さらには樺太などの「外地」にある炭鉱や工場で労働に従事させられたが、特に炭鉱における労働条件は「タコ部屋」と呼ばれる宿舎に象徴されるような劣悪なものであり、朝鮮人労働者がそこから「脱走・逃亡」する例があとを絶たず、朝鮮総督府が朝鮮人労働者の炭鉱行きに難色を示すほどであった。「脱走・逃亡」した朝鮮人労働者の多くは捜索の結果、発見されて連れ返され、リンチに遭って、同じことが二度とできないよう監視された。また、一九三九年七月から日本において実施された国民徴用令は、戦局の悪化から一九四四年九月には朝鮮においても実施されるようになった。しかし、朝鮮における行政機関の貧弱さからくる法的手続きにのっとった徴用の実施が困難であったこと、多くの朝鮮人労働者が行くことになった炭鉱が軍需工場などのような徴用に基づく場所ではなかったこと、徴用によって動員された人がのこした家族の面倒は国がみる必要があったことなどから、朝鮮においての徴用は矛盾をはらんだものであることを意味していた。そして、二年間という当初いわれていた契約期限の日本側による一方的な延長、賃金のカットや未払い、強制的な方法による徴用令状の交付などがなされたり、朝鮮人労働者の存在によって炭鉱における日本人労働者も抑圧されたりするという状況も展開された。

日中戦争の勃発と拡大、長期化、特に日本軍の南京占領にともなって、中華民国政府は、本拠地を南京から内陸部に位置する重慶に移して臨時首都とし、抗日戦争を継続した。それにともなって、中華民国政府と行動をともにしていた大韓民国臨時政府も、この時点で南京においていた本拠地を移さざるをえず、湖南省の長沙、四川省の綦上などを経て、一九四〇年九月に中華民国政府と同じ重慶に移した。そのような過程のため、大韓民国臨時政府はその間、計画していた政府直属の軍を編成することができなかった。そして、すでにおそくとも一九三〇年代初めからは、大韓民国臨時政府による独立運動とは直接的なつながりをもたない形で抗日パルチザンが満州地域を中心にして展開したが、前述の朝鮮共産党が朝鮮での取締まりをのがれて満州に渡り、そこで抗日活動をしていた。ただ、コミンテルンが一九三〇年、満州での朝鮮共産党に中国共産党への合流を指示したため、朝鮮共産党は、中国共産党に吸収された。

その後、満州事変の勃発と拡大、満州国の建国などによって日本の勢力が拡大すると、中国共産党によるパルチザンが抗日運動を展開し、そこに朝鮮人も参加した。そして、それは、勢力を拡大して東北人民革命軍となり、東北人民革命軍は、成功はしなかったものの、朝鮮半島にも進攻したりもした。その後、一九三五年になって、コミンテルンの指示で統一人民戦線の構築がめざされる中、東北人民革命軍は、共産主義以外の抗日武装団体との連帯、共闘を図って、一九三六年には東北抗日聯軍に再編成された。その中で、金日成が率いる部隊も頭角を現すようになった。一九一二年四月生まれで、この時は中国共産党に入党していた金日成（本名　金成柱）は一九三七年六月四日、部隊を率いて国境を越え、祖国である朝鮮北東部に位置する咸鏡南道の普天堡を襲撃し、日本側官憲と交戦した。これによって、金日成の名前は広く知られるようになったが、金日成に関しては、以前からその名前が知られていたこと、当時を撮影した写真などをみても若すぎることなどから、偽物説と本物説がある。ただ、いずれにしてものちに朝鮮民主主義人民共和国の指導者となる金日成がこの時期、抗日活動を何らかの形で行なっていたことはまちがいない。

戦線の拡大、長期化と「従軍慰安婦」

さらに、日中戦争の長期化、戦線の拡大化という状態にともなって、中国戦線における日本軍の駐屯も、一時的なものではなくなった。そして、日本は過去、前述したシベリア出兵において、一九一八年八月から一九二二年までのその期間中、最多時で七万人以上の日本兵をシベリアに投入した。結局はボルシェヴィキ打倒などの所期の目的を達成できなかったが、その際に問題となったのが、日本兵のロシア人女性への暴行による現地における日本に対する反感の増大および日本兵のあいだでの性病の蔓延による戦力の低下であった。このことから、日本軍は、シベリア出兵時のこの「教訓」を基にした対応をとることを迫られた。

そこで、日本軍は、中国人の対日憎悪の増大の防止および性病の蔓延による戦力の低下の回避のため、日本軍の駐屯・移動の際に行動をともにして日本兵の性的相手をする女性たちを多数必要とした。そして、そのような女性としては、現地または日本において男性の相手となることを生業とする女性たちも調達されたが、それだけでは必要数を充足できなかった。そのため、目をつけられたのが、日本の植民地、特に朝鮮における若い女性たちであった。そこには、一九二五年に「婦人及児童の売買禁止に関する国際条約」に日本も調印してはいたものの、その批准の際には植民地の女性は例外であるとしており、強引な措置をとっても通用すると判断したことなどが背景にあった。若い朝鮮人女性の調達にあたっては、「いい働き口があるから」などと誘いをかける方法、または有無を言わせない強制力をもって連れていく方法などがとられたが、彼女たちの調達に直接あたったのは、朝鮮総督府および日本人・朝鮮人の民間斡旋業者であった。ただ、現地に到着したあとの彼女たちの健康管理には軍があたっていたことだけをみても、「従軍慰安婦」と軍は無関係であったとはいえなかった。彼女たちは数年の間、一日平均で数十人の日本兵の相手をして、逃亡も、きわめて困難であったといわれる。やがて、一九四一年に太平洋戦争が勃発して、戦線が南方に拡大するにつれて、「慰安婦」に対する需要も高まった。そして、日本人・現地人、また英国人やオランダ人などの植民者の一部の女性もそのような役割を負わされた。もっとも多かったのは、朝鮮人女性であったが、「慰安婦」の総計は公的な記録では明らかではない。*4 彼女たちはその後、各地における日本軍の敗退と連合軍の進駐による身辺の確保と尋問、一九四五年八月の日本の敗戦による放置という形での解放を迎えた。ただ、彼女たちの多くは事柄の性質上、現地にそのまま留まったり、日本に渡って留まったり、朝鮮に戻っても故郷には帰らずに「過去」を隠した。

その後、一九五一年から一九六五年まで国交回復のため、日本と大韓民国のあいだで交渉がもたれたが、その場でも彼女たちへの言及は特になされないまま、一九六五年に締結された日韓基本条約および関係諸協定の中の請求権・経済協力協定の締結によって日韓両国の相手国に対する要求は相殺されることが決まり、日本側は、これを基に現在まで在韓「従軍慰安婦」の個人的な対日請求は決着済みであるという立場をとっている。また、日本政府は、ヨーロッパの国ぐにとは一九五一年締結のサンフランシスコ講和条約、東南アジア各国とは日本とその国のあいだの二国間条約、台湾（中華民国）とは一九五二年締結の日華平和条約、中国大陸の中華人民共和国とは一九七二年締結の日中共同声明によって、やはり個人的な対日請求は決着済みとしているが、いまだに修交のない朝鮮民主主義人民共和国とは当然、この問題も決着はついておらず、現在中断している日朝交渉および朝鮮民主主義人民共和国そのものの行方もあいまって、大韓民国も関与する形でこの問題が浮上する可能性は否定できない。戦後長く沈黙してきた元「従軍慰安婦」たちは老境に達した一九九一年、最初の一人が「過去」を清算して死にたいという思いから名乗りを挙げ、日本政府に謝罪と個人補償を求める人たちが続いた。また、国際連合（UN）人権委員会は一九九六年四月、この問題において日本政府に法的責任、個人補償・加害者処罰の義務があるというクマラスワミ報告を「留意する」という形で採択したものの、日本政府は、前述の姿勢を変えなかった。ただ、日本政府は宮沢喜一政権時の一九九三年八月、官房長官であった河野洋平が「河野談話」を出して、「慰安婦の連行において本人たちの意思に反して行なわれたこと、募集や移送・管理などにおいて甘言や強圧などの方法によって強制性が認められること」などを発言した。[*5] そして、国内外における世論の高まりおよび対アジア外交をにらみ、日本政府が後援する形で「女性のためのアジア平和国民基金（略称・アジア女性基金）」が一九九五年に民間団体として組織され、日本首相の手紙とともに一時金二〇〇万円の支給を始め、フィリピンや大韓民国においても受け取る人が数人出た。同基金は結局、すべての償い事業が終了したとして、二〇〇七年三月末に解散した。

しかし、大韓民国においては、その頃から国家補償を求める声が強く、さらに近年においては二〇〇七年七月に米国議会下院本会議において日本軍による慰安婦制度を非難し、公式的謝罪や将来の世代に対する教育などをすることを日本政府に要求する一二一号決議が可決されたり、駐韓日本大使館前の道の反対側に慰安婦を象徴する少女像が二〇一一年一二月に建てられたり、李明博大統領（当時）が二〇一一年以降、「人道的立場」からこの問題解決のために日本に善処を求めたり、米国においてやはり二〇一一年以降、在米韓国人の働きかけによって慰安婦を追悼する碑が複数建てられたりした。大韓民国のソウルにおいて二〇一二年五月、慰安婦に関する「戦争と女性の人権博物館」が開館された。一方、日本においては「従軍慰安婦」の名称およびその存在自体を否定する主張も一部で出ており、賛否双方の立場からさまざまに論じられているなど、問題は、時間が経過する中でむしろ複雑なものとなっている。

鉱山権益の買収

なお、朝鮮半島中西部・黄海道に位置した英国所有の遂安金鉱も日中戦争勃発後の一九三七年八月、日本鉱業（現在のＪＸ日鉱日石金属）が買収し、朝鮮内において外国人所有の金鉱としては雲山金鉱がのこるだけとなった。そして、一九三八年になると、東洋合同鉱業会社や駐ソウル米国総領事館は朝鮮総督府などによる雲山金鉱に対する各種の制限措置に対して抗議を続けたものの、その調子は次第に弱くなった。一方、日本当局は、雲山金鉱に対する前述のような各種の制限措置を継続した。そこには日中戦争の予想以上の長期化のために日米関係において摩擦が増大していたこと、そのため日本当局が東洋合同鉱業会社に圧力を加え続けることによって同社が雲山金鉱を売却するように誘導していたという事情があった。その後、朝鮮総督府は同年一二月、雲山金鉱は一八九六年四月に当時の朝鮮政府より特許をうけたが、一九〇〇年四月に大韓帝国と米国間で批准された改定協約に基づき一九三九年三月二六日が期限満了になるゆえ、その延長を希望する場合はそれが必要な理由および期限を申請することを東洋合同鉱業会社に通知した。

それに対して、駐ソウル米国総領事館が満期六日前の三月二〇日、東洋合同鉱業会社は採鉱の必要上から満期の翌日三月二七日から一五年間、同社の特許期間を延長しうるとの条件の利用を決定したことを同社に代わって朝鮮総督府に通告し、朝鮮総督府側も満期前日の三月二五日、雲山金鉱に関する期限の延長および取扱いについてはひとまず延長の措置をとった。それでも、朝鮮総督府は、日本鉱業が雲山金鉱を買収する方針をすでにたてており、四月に談判するための東洋合同鉱業会社社長ヘンリー（Lewis Henry）と朝鮮総督の南次郎などとの会談を取り消した。その後、朝鮮総督府および日本鉱業は買収時の金額などの条件を策定するなどして「既成事実」をつくり、雲山金鉱をめぐる状況は、金鉱の買収を進めるか否かからいかなる条件で買収を進めるかということに焦点が移っていた。そして、その後は売却・買収条件についての交渉が当事者である東洋合同鉱業会社と日本鉱業、朝鮮総督府と大蔵省などをまじえてもたれ、一九三九年七月には雲山金鉱の経営・採掘権の売却・移転に関する契約が調印され、同年八月末には日本鉱業に対する雲山金鉱の売却・移転が実施されたが、売却価格は、八、一七五万ドル（当時の為替比率で三、〇〇〇万円）であった。ここに、日本は、一九世紀末に旧朝鮮政府が諸列強に供与し、日本の韓国併合時も併合をスムーズに進めるために当面は列国による継承を承認していた鉱山権益を象徴した雲山金鉱の経営・採掘権を強引ともいうべき手法も用いて完全に回収した。それをうけて、この時期においても雲山金鉱で勤務・居住していた米国人中、半数はすぐに朝鮮を離れることになった。以上、雲山金鉱買収をめぐるやりとりが、朝鮮人の存在を無視する形で日米間で展開されるという図式がうかがえる。

第六章

日本の朝鮮統治の終焉と朝鮮の南北分断

1　日本の朝鮮「皇民化政策」と国際関係

神社参拝

一九二五年にソウルにおいて朝鮮神宮が竣工したが、朝鮮総督府はその後、一つの面（村に相当）に一つの神社をつくる計画を推進し、また一九三五年、朝鮮人に神社に参拝することを求めた。それに対して、キリスト教カトリックおよびプロテスタントの側では監理教が朝鮮総督府の方針に従う意向を示したが、長老派教会のほうは抵抗を続けた。それでも、朝鮮総督府が長老派教会にいっそう強い圧力をかけ、特にキリスト教布教の中心地であった平壌においては米国人宣教師たちに対して硬軟両面から攻め立てた。翌一九三六年以降には、朝鮮総督府は、平壌における神社参拝反対の拠点となっていた崇実専門学校校長のマッキューン（George S. McCune）を校長の座から追放し、平壌およびソウルなどそれ以外の場所における神社参拝への反対を弱めようとした。さらに、朝鮮総督府は翌一九三七年以降、朝鮮各地において神社参拝に応じない長老派教会系学校に休校・廃校措置を下し、宣教師や教員、信者、学生などの大検挙に着手したため、長老派教会側は一九三八年九月、いくつかの学校の経営からの引揚げを行なう一方、神社参拝に臨む旨を決議することになった。それでも、それに従わない宣教師や信徒は投獄され、うち約五〇人が獄死した。そして、一九四〇年ごろになると、信徒も宣教師も完全に身動きがとれない状況となっていた。

日本語教育の徹底

また、朝鮮総督府は日中戦争勃発前の一九三七年三月、日本語徹底使用の通牒を各官公署に送付し、日中戦争後の一九三八年一月、日本語講習所約一、〇〇〇カ所を各道におき、すべての朝鮮人に対して日本語の習得を指示した。そして、朝鮮総督府は一九三八年三月、朝鮮教育令を改定して、学校の授業において朝鮮語を必修から選択に変更し、次いで同年四月、朝鮮語を数学および実業に振り替えて、朝鮮語の使用は、公の場においては事実上、禁止される状態となった。それでも、朝鮮人の日本語習得率は、当局の調査によると太平洋戦争開戦後の一九四二年において約二〇%に過ぎなかった。とはいえ、戦後から現在にいたるまで、年配の韓国・朝鮮人が日本語を上手に駆使するのは、日本語を「国語」として強制されたという以上のような歴史的背景がある。その後、太平洋戦争開戦後の一九四二年から翌年にかけて、朝鮮語学会の会員三三人が治安維持法違反の嫌疑で投獄され、うち二人が獄死するという「朝鮮語学会事件」が起こった。朝鮮語学会は朝鮮の日本からの解放後の一九四九年、大韓民国において「ハングル学会」となったが、この学会は、漢字などを排したハングル文字専用運動および日本語や西洋語などを排した「国語浄化運動」の先頭に立ってきた。それもあって、大韓民国においては、一九七〇年代前半頃までは、新聞・雑誌・書籍などは漢字交じりのものが多かったが、漢字はその後、徐々に姿を消し、ハングルのみのものがほとんどとなっている。一方で、朝鮮民主主義人民共和国においては、建国の年と同じ一九四八年にはハングル文字のみの使用となり、現在にいたっている。もちろん、漢字の源流は中国からであるとはいえ、以上のような南北におけるハングル文字専用化が日本統治期の日本語および朝鮮語排除政策からくるものであることがうかがえる。

創氏改名

さらに、天皇家を「家長」とする家父長制に朝鮮人を組み入れるため、朝鮮総督府は一九三九年一一月一〇日、朝鮮民事令を改正して、「朝鮮人の氏名に関する件」を公布し、紀元二六〇〇年の「紀元節」(現在、「建国記念の日」としてのこっている)である一九四〇年二月一一日に施行された。この「創氏改名」は、一、朝鮮が日本とは異なって男系の血統・血族団体が中心であり、したがって夫婦も別姓であることを改めて、戸主を中心とする日本式の「家」の観念をもち込むために「氏」を創設する、二、その際に日本式に改名するというものであった。このことは、数十代も前の先祖からの家系を記す「族譜」などにおいて姓を大切にする朝鮮人には非常な心理的抵抗をもたらしたものの、日本側が職場や学校、地域などにおいて有形無形の圧力をかけた結果、一九四〇年八月一〇日の期限までに約八〇%の人たちが届け出た。

その例として、前述のとおり、「親日派」へと転向した尹致昊は「伊東致昊」、李光洙は「香山光郎」という日本名を名乗った。また、一九六一年に「五・一六軍事クーデター」で権力を掌握し、一九六三年から一九七九年一〇月二六日に側近によって射殺されるまで大韓民国の大統領の座にあった朴正煕は、「高木正雄」、そして「岡本実」と名乗った。そして、一九八八年から一九九三年まで大統領を務めた盧泰愚は「河本泰愚」、一九九三年から一九九八年まで大統領を務めた金泳三は「金村康右」、一九九八年から二〇〇三年まで大統領を務めた金大中は「豊田大中」、日本の大阪で生まれて二〇〇八年から二〇一三年まで大統領を務めた李明博は「月山明博」という日本名をいずれも一九四五年まで名乗った。現在においては、在日韓国・朝鮮人の中で研究職や医者、弁護士、メディア、スポーツなどの「自由業」的職業に就く人や民族意識に目覚めた人などで本名を名乗る人が増えている。彼らの多くは、依然として本名ではなく通名の日本式名前を名乗っていたり、本名と通名とを時によって使い分けたりしているが、その日本式名前のほとんどは、この創氏改名期にさかのぼるものである。そして、この創氏改名は、前述したような経緯から、朝鮮式の名前を日本式の名前へとただ単に変えたものではないこと、韓国・朝鮮人、特に在日の人たちにとって現在にいたるまで重大かつ深刻な影響を及ぼしていることがうかがえる。

日本との決戦へ

そのような状況の中、大韓民国臨時政府は本拠地を重慶に定めたのちの一九四〇年九月一七日、臨時政府の庁舎において延び延びとなっていた傘下の軍隊である光復軍総司令部を創設した。光復軍の総司令官には李天青、参謀長にはのちの一九四八年の大韓民国の建国をうけて初代国務総理および初代国防部長官に就任することになる李範奭がそれぞれ就任した。光復軍は、臨時政府自前の軍隊として出発し、発足当初は約三〇人ともされる小規模ではあったものの、次第に規模を拡大させていく。それでも、光復軍は、臨時政府が中華民国国民政府との関係を強化させていく中で、発足時から国民政府傘下の軍隊としての性格ももった。その一方で、光復軍は太平洋戦争勃発後、後述するように米国との関係も深めていくようになる。

一方、金日成は、部隊を率いて、満州において活動を行なっていたが、日本側が一九四〇年、掃討活動に出たため、金日成部隊、ひいては東北抗日聯軍は壊滅・敗走状態となり、金日成は、部下とともに満州からソ連領に逃れた。そして、彼は、「朝鮮人＝日本のスパイ」と疑うソ連当局に一時拘束されたものの、すぐに釈放され、その後はソ連軍に編入されて大尉となり、ハバロフスクでおいて軍事・社会主義訓練をうけ、「出番」を待つことになった。

2　太平洋戦争の開戦と朝鮮

太平洋戦争への道

一九三九年九月にヨーロッパにおいて第二次世界大戦が勃発して、翌一九四〇年春からナチス・ドイツがベルギー、オランダ、ルクセンブルクのベネルクス三国、デンマークやノルウェー、さらにフランスを次々に降伏させ、英国にも攻撃を加えて、ヨーロッパを席巻する勢いをみせる中、日本は、そのナチス・ドイツとの提携によってアジア地域において自らの権益を拡大する道を選び、同年九月に日独伊三国同盟を結んだ。それに対して、米国の反発は強まり、日米関係は悪化し、米国は、対日経済制裁の措置を次々にとった。一方で、日本は、資源の多くを米国に頼っていたため、一九四一年には日米交渉が始まり、悪化した関係を調整すべく協議したが、根本的な対立点がいくつもあったため、うまくはいかなかった。一〇月には近衛文麿前内閣において陸相であった東條英機が後任の首相となったが、東條は陸相時、米国が求める中国からの日本軍の撤兵に関して「撤兵をすれば、満州国も危うくなるし、朝鮮統治も危うくなる（ので、できない）」と語っていた。

結局、日本の連合艦隊は一九四一年一二月八日、奇襲という形でハワイの真珠湾に対する攻撃、そして実際はそれに先立って英領マラヤ（マレー）にも同様の攻撃を行なっていた。そして、日本は一二月八日、米英蘭に対して宣戦を布告する一方、米国のほうも、フランクリン・ローズヴェルト（Franklin D. Roosevelt 以下、ＦＤＲ）大統領が米国東部時間の一二月八日、議会において日本への宣戦を求める演説を行ない、議会の承認をうけて、宣戦布告の誓約書に署名し、日本に宣戦した。また、日本と同盟関係にあった独伊も一二月一一日、対米宣戦を行ない、主要国間は、対米英戦および対独戦で手いっぱいで当面は中立条約を遵守するしかなくなった日ソ関係を例外として、敵対関係か友好関係かのどちらかとなった。

太平洋戦争の開戦と朝鮮

そして、一九三七年七月に日中戦争が勃発してからも、日中ともに「交戦国」に対する禁輸などを内容とする米国の中立法が発動されることを避けるために相手に宣戦していなかった。したがって法的には交戦状態ではなかったものの、実質的には戦線が拡大するという状態が四年以上も続いていたが、中国は米国の対日宣戦でそのような必要がなくなったため、同じ一二月八日に日本に対して宣戦を布告した。そして、それをうけて、大韓民国臨時政府も一二月一〇日、主席の金九および外務部長の趙素昂の名前で「対日宣戦声明書」を出し、対日宣戦を布告して、連合国とともに参戦することによって国際的に朝鮮の独立の保障をうけようとした。しかし、「声明書」は日本側には通達されてはおらず、また連合国、特に米国は、戦争終結後に朝鮮問題に関して自らの手をしばることになるとして、臨時政府による対日宣戦布告を認めず、したがって連合国の中の一国にもなることができなかった。そのことは、大戦中からその終結にかけての朝鮮問題をめぐる事態の推移、さらに下って戦後の対日講和会議であるサンフランシスコ平和会議において大韓民国の参加が認められなかったこと、さらに一九五一年から一九六五年まで続くことになる日韓交渉においても「交戦国」としての地位を求める大韓民国の主張に対して日本側が最後まで認めようとはしなかったことなど、不利に作用することになったのである。

朝鮮在住米国人宣教師は、太平洋戦争の開戦をうけて朝鮮からの完全な撤退を余儀なくされ、多くは、米国統治下のフィリピンに移った。しかし、一九四二年の日本軍の侵攻によって、彼らの中には、そこからも退去を余儀なくされる人たちがいた一方、フィリピン内のジャングルなどに身をひそめるのを余儀なくされる人たちもいて、それが、一九四五年の米軍のフィリピン進攻と日本軍の敗退まで続くことになる。

そしてまた、前述の雲山金鉱の売却後も引継ぎなどのために留まった米国人も結局、日米開戦をうけて朝鮮から完全に撤収することを余儀なくされ、雲山金鉱は、完全に日本側の手に入った。日本鉱業は開戦後も雲山金鉱の採掘を続けたが、米英などとの貿易の際の決済手段となっていた金の意味が太平洋戦争の開戦によって喪失したことなどもあって、雲山金鉱は、一九四三年四月には操業の中断を余儀なくされた。そして、採掘の設備は、兵器などの生産に必要であった銅や鉄などの採掘に転用された。その後、一九四五年の日本の敗戦で日本人が一九四六年九月一二日までに北鎮面から去り、雲山金鉱はソ連軍政下の北朝鮮におかれることになったが、一九五〇年に勃発して一九五三年まで続く朝鮮戦争の展開、特に米軍の北朝鮮爆撃によって完全に操業不能になったとされる。ただ、近年、北朝鮮の地下に豊富に埋蔵されている天然資源が注目されるようになっており、雲山金鉱も再びその中で注目されるようになっている。

光復軍は、太平洋戦争勃発前から各地において活動していた抗日軍事諸組織を吸収することに着手した。一九四一年一月には無政府主義の系列の青年たちが中心となって一九三九年一一月に重慶において組織された韓国青年戦地工作隊、一九四二年七月には金元鳳が主導して湖北省の漢口において一九三八年一〇月に結成された朝鮮義勇隊、その後は中国国民党の支援をうけて活動しながらもやはり金元鳳が主導した朝鮮民族革命党が大韓民国臨時政府に接近した。さらに中国国民党も合流を望んだこともあって、光復軍は、朝鮮義勇隊の中の金元鳳系の人たちをそれぞれ編入させた。これらを経て、光復軍は、三〇〇人あまりになっていた。

一方、残された朝鮮義勇隊のほうは、一九四一年、崔昌益によって金科奉などとともに当時の中国共産党の本拠地であった陝西省延安に移動し、自らを中国共産党の下におき、これは朝鮮義勇軍となった。そして、一九四二年七月には朝鮮独立同盟が延安で結成され、金科奉が委員長、崔昌益が副委員長に就いた。彼らが解放後、朝鮮民主主義人民共和国における「延安派」となる。

3　太平洋戦争の展開と朝鮮をめぐる国際関係

枢軸国と連合国

日本は、太平洋戦争の緒戦においては優勢に進めたものの、一九四二年六月のミッドウェイ海戦における大敗で戦局は逆転し、またヨーロッパ戦線においてもソ連のヴォルガ川西岸に位置するスターリングラード（現在のヴォルゴグラード）の攻防戦においてドイツをはじめとする枢軸国軍が一九四三年二月、敗北したことによって、連合国側に有利に展開した。そのような中、米英中ソをはじめとする連合国（United Nations）二六カ国は一九四二年一月一日、「連合国宣言」において、日独伊の枢軸国陣営との単独による講和は行なわず、その国力すべてを枢軸国打倒のために充てることなどを掲げた。そして、一九四三年一月にモロッコのカサブランカでＦＤＲと英首相チャーチル（Winston L. Churchill）のあいだでもたれた米英首脳会談において、ＦＤＲは、日独などの枢軸国を無条件降伏に追い込むことを打ち出した。そのため、無条件降伏以外に道はないとされた枢軸国側は、無条件降伏の場合は現在の体制の崩壊につながることから、それを嫌って、猛烈な抵抗を続け、朝鮮における「皇民化政策」も、いっそう強化された。

米国は日米開戦前の一九四一年七月、諜報・特務機関として情報調整局（Office of the Coordinator of Information: OCI）を設立したが、日米開戦と米国の第二次世界大戦参戦をうけて、ＯＣＩは一九四二年六月、戦略情報局（Office of Strategic Services: OSS）となった。そして、ＯＳＳは、ＯＣＩにおいて情報調整官に就任していたドノヴァン（William J. Donovan）がリードすることになった。そのドノヴァンは、ヨーロッパ戦線と太平洋戦線の双方において日本に対する諜報活動を展開すべく、日独などの枢軸国が支配している地域にその地域出身のレジスタンス組織を結成し、その支配を転覆する工作活動を行なおうとした。そして、太平洋戦線においては、対日計画である「日本計画」、対中計画である「ドラゴン計画」が一九四二年中に練られていくが、朝鮮に関しても、両者に付随する形で立案されていくことになる。「日本計画」のダイジェスト版には、「蔣介石によるなら、朝鮮にはガンディーはいない」とあるが、英国からの独立をめざしていたインドの指導者ガンディー（Mahatma Gandhi）のような象徴的・統一的人物が朝鮮独立運動にはいないことと共に、「非暴力・不服従運動」によって英国からの独立を勝ち取ろうとしていたガンディーとは異なって武装活動によって朝鮮は日本からの独立を勝ち取るべきであることを示唆したとも解釈される。

そして、一九四二年三月には「心理戦共同委員会　朝鮮における可能な活動」や「日本に対して朝鮮人を用いる提案」などの文書が六月の「日本計画」最終案策定と連動する形で出された。そして、これらが、対朝鮮計画である「オリヴィア計画（Project Olivia）」となっていくが、「オリヴィア計画」は一九四二年の前半期、代表的な在朝長老派教会宣教師の一人であったカナダ出身のゲイル（James S. Gale）の甥であり、ソウル在住の米国人の両親から生まれた女性を妻としていた、在重慶ＯＣＩ極東特別代表のゲイル（Esson M. Gale）がＯＳＳ特殊工作部（Special Operations: SO）所属のグッドフェロー（M. Preston Goodfellow）大佐や陸軍中佐のデパス（Morris B. DePass）とともに立案したとされる。そして、具体的にはデパスが中心となって在中朝鮮人をカナダにある特殊工作実行委員会（Special Operations Executive: SOE）に送り込み、そこで訓練を受けさせること、重慶近郊にＣＯＩの本部を設置して、朝鮮、満州、北部中国、揚子江、台湾、仏印、タイ、フィリピン、蘭印において諜報・破壊集団を指揮すること、その中心となる人たちにはカナダ・トロントにあるブリティッシュ・スクールにおいて全面的な訓練が施され、英語を話す外国人民間人が各地域の諜報・破壊集団を率いることなどを内容としていた。

しかし、この「オリヴィア計画」は、蔣介石の側近で、重慶においてすでに朝鮮人を率いていた戴笠が切盛りしていた軍事委員会調査統計局（軍統。別名「戴笠機関」）と衝突し、さらにかつて蔣介石の参謀長も務め、太平洋戦争後の一九四二年からは中国・ビルマ・インド戦区総参謀長となっていた米国陸軍のスティルウェル（Joseph W. Stilwell）も反対したため、当面は実行に移されはしなかった。しかし、「オリヴィア計画」自体は、のちの一九四四年七月にグッドフェローがドノヴァンに宛てた書簡においても朝鮮人の利用が言及されていることからみても、取り消されることはなく、温存された。ＯＳＳは、同じ米国政府内の組織である国務省、あるいは大統領であるＦＤＲが朝鮮問題を軽視ないし無視したのに対して、日本との戦争に朝鮮人を利用しようとはしたのである。

日本は、太平洋戦争における劣勢を挽回するため、一九四三年五月三一日に出した「大東亜政略指導大綱」において、自らがそれまで侵攻した地域を「大東亜共栄圏」の中に入れて、その中の守勢を固めた上で戦争にいっそう協力させるため、ビルマ（現在のミャンマー）やフィリピンは形式的に独立を認める一方で、マラヤやスマトラ、ジャワ、ボルネオ、セレベスなどは重要資源の供給地として日本領土とすること、さらに大東亜会議を東京において開催することなどを決定した。そして、同年八月にはビルマが英国から、そして一〇月にはフィリピンが米国から「独立」したのをうけて、一九四三年一一月五日から翌六日にかけて東京において大東亜会議が開催されたが、議長となった東條首相のほか、中国汪兆銘政権のトップであった汪兆銘、「満州国」国務総理の張景恵、フィリピン共和国大統領のラウレル（Jose Paciano Laurel）などが出席し、自由インド仮政府首班であったチャンドラ・ボース（Shubhas Chandra Bose）も、オブザーバーとして同席した。

会議は六日、「大東亜共同宣言」を採択し、「大東亜」を米英帝国主義から解放すること、そのために「大東亜」各国が協力することなどを打ち出した。ただ、それを主導した当の日本が、実際には東南アジアの支配地において「皇民化政策」をしいて軍政を強化して、それに対する反発が西洋諸国による植民地支配時以上に大きくなっていたり、何よりも朝鮮や台湾などにおける統治を止めようとせず、「皇民化政策」の展開によって統治をいっそう強化しようとしていたという矛盾をかかえたものであった。

カイロ会談とテヘラン会談

それでも、戦局自体は優勢に進めながらも、それまでアジアにおいて植民地支配をしてきたという「負債」をかかえていた連合国側は、戦争における道義面において日本が挑戦してきたことに対して、見過ごして済ませるわけにはいかなくなった。そこで、米国のＦＤＲ、英国のチャーチル、中国の蔣介石が大東亜会議と同じ月である一一月二二日、エジプトのカイロにおいてカイロ会談をもった。蔣介石の参加に関しては、英国は中国が実力不足であることなどを理由に反対したが、蔣介石の夫人であった宋美齢による米国におけるロビー活動もあり、またＦＤＲが戦後世界の秩序を担うべき国として「四人の警察官」構想をいだき、米英ソとならんでアジアにおける秩序を担う国として中国に対する期待を強め、実力不足は承知しながらも参加を強く主張し、それを通したという事情があった。

カイロ会談では、敗戦後の日本をどのように処理するかについて話し合われたが、出す予定となっていた宣言の文案には三カ国は日本の侵略を制止するために協力することがふれられたのち、その実現のために日本に無条件降伏を求めること、三カ国は領土を拡張する意図はもたない一方で日本の領土を制限する方針などを打ち出した。そして、一一月二七日にＦＤＲ、チャーチル、蔣介石が署名し、一二月一日に発表されたカイロ宣言において、一九一四年の第一次世界大戦開始以降に日本が奪取・占領した太平洋における一切の島嶼（旧ドイツ領南洋諸島のこと）を日本から剝奪すること、満州や台湾、澎湖諸島など日本が中国人より盗取したいっさいの地域を中華民国が回復すること、日本が暴力・貪欲によって略取したほかのいっさいの地域から駆逐されることなどを盛り込んでいた。

そして、カイロ会談前に大韓民国臨時政府からの要請をうけていた蔣介石の主張が入れられて、朝鮮についても言及され、「三カ国は、朝鮮の人民が奴隷状態にあることを留意して、やがて朝鮮を自由かつ独立のものたらしめるという決意を有している」とされた。ただ、原案では、米国においてかつては一九三八年から一九四〇年まで商務長官を務め、それ以降はＦＤＲの外交顧問を務めたホプキンス（Harry L. Hopkins）が「やがて朝鮮を自由かつ独立のものたらしめる」という箇所の「やがて」のところを「できるだけ早い時期に（at the earliest possible moment）」、「独立のもの」のところを「独立国家（independent state）」としていた。しかし、英国側がそれらに対して異議を主張してそれが通り、前者は「やがて（in due course）」、後者は「独立のもの（independent）」とされ、それらが、最終的にカイロ宣言のものとなった。

英国の以上のような姿勢の背景には、英国自身が世界各地において植民地を保有しており、チャーチル自身も「大英帝国の破産管財人になるつもりはない」と繰返し語っていたことから、朝鮮問題に対する（英国からすると過度の）言及が英国による植民地体制にマイナスの影響を及ぼすことに対して警戒心をいだいたことがあった。それでも、大東亜会議・宣言に対抗する目的ももっていたカイロ会談・宣言において、戦後の朝鮮の解放と独立がともかくも言及されたことは、内外の朝鮮人に大きな希望をあたえたが、一方でカイロ宣言において朝鮮の解放と独立が即時ではなく「やがて」とされたことは、朝鮮人に不安と懸念をもたらしもした。そして、結果的にみて、戦後の朝鮮情勢は、その不安や懸念を現実のものとすることになった。

ちなみに、米国政府は、第二次世界大戦における被侵略国の解放およびそれに向けての米国の貢献をアピールするため、一九四三年の六月から一二月にかけて「Overrun Countries（蹂躙された国ぐに）」というシリーズで各国旗を中心にあしらった切手を発行したが、その国ぐにとしては、六月のポーランドを最初にして発行順にチェコスロヴァキア、ノルウェー、ルクセンブルク、オランダ、ベルギー、フランス、ギリシア、ユーゴスラヴィア、アルバニア、オーストリア、デンマークと、いずれもナチス・ドイツを中心としたヨーロッパの枢軸国によって第二次世界大戦期に占領されたヨーロッパの国ぐにであった。しかし、そ

米国発行の切手『蹂躙された国ぐに』シリーズ中の朝鮮のもの

の翌年の一九四四年一一月には、第二次世界大戦期において占領されたのでもなければヨーロッパ地域でもなかった朝鮮の切手が、この時点においては旧大韓帝国期の国旗であった太極旗を中心にあしらう形で発行された。これだけをみても、また一九三五年にイタリアによって併合されたエチオピア（アビシニア）はとりあげられなかったことをみても、相当に異例なことではあったが、米国政府が朝鮮を「蹂躙された国ぐに」に加えた形でその切手の発行にふみきった背景としては、ナチス・ドイツとともになおも抗戦を続ける日本が蹂躙した国として朝鮮をとりあげることで、太平洋戦争後に日本が占領したもののその前は米英が支配していたフィリピンやビルマなどのことにふれずに日本が主張する「アジアの解放」の矛盾を突こうとしたことも考えられる。なお、この切手であしらわれた太極旗中央の太極文様は、大韓帝国期の太極旗のものとも現在の大韓民国の太極旗のものとも微妙に異なっており、急いで作成したためもあってか正確さを欠いたものとなったこと、ひいてはこの時期の米国の朝鮮に対する認識がこの程度にすぎなかったことがうかがえる。

ＦＤＲとチャーチルはカイロ会談終了の翌日である一九四三年一一月二八日、イランのテヘランにおいてスターリンとの三者による会談を初めて行ない、一二月一日まで続けた。このテヘラン会談においては、ヨーロッパ情勢を中心に話し合われたが、ＦＤＲがスターリンに頼み込む形でドイツが降伏した後にソ連が日本に宣戦することが内定する一方、ＦＤＲは、完全に有名無実となっていた国際連盟に代わって設立させることになる国際組織である United Nations による信託統治下に朝鮮を四〇年間はおくべきであるという提案をしていた。その提案に対して、チャーチル、スターリンのいずれも反対はしなかったが、FDRの提案の背景としては、米国のフィリピン統治によってフィリピンは立ち直り、一九三一年には米比間の合意によってその一五年後の一九四六年に独立をはたす予定になっていたこと、それから類推して日本の統治下に三〇年以上おかれて統治の能力も経験も欠いていると思われる朝鮮人にはある程度の訓練期間が必要であるという彼の判断があった。ただ、そのような彼の判断に独立を願望する朝鮮人の想いなどに対する理解の不足や偏見があったことは否定できない。

4　日本の敗戦・朝鮮統治の終焉と朝鮮問題

ヤルタ会談

太平洋戦争における日本の劣勢は、一九四四年にはいっそう強まっていった。また、ヨーロッパ戦線においても、イタリアが一九四三年九月、連合国軍の進攻をうけて降伏して、日独伊三国同盟の一角が崩れた。一九四四年六月六日にはソ連が求める「第二戦線」構築に米英が応じる形でフランスのノルマンディーへの上陸作戦を開始し、それを成功させた。八月にはフランスのレジスタンス勢力の協力もあって、米英はパリに向けて進撃し、八月二五日にはパリも解放され、ナチス・ドイツをはじめとする枢軸国は、いっそうの劣勢に陥った。そのような状況をうけて、連合国側は、一九四四年になると、自らの勝利および枢軸国側の敗北を前提として、戦後において枢軸国側に占領された国ぐにや地域を中心とした世界の各国・各地域をどのように処遇するのがよいのかについて、各国の実務レベルの人たちが断続的に協議の場を何回ももった。そして、そこでは、朝鮮に関しては、前年のテヘラン会談におけるＦＤＲの提案も影響してか、日本の統治下に三〇年以上おかれてきたことなどを理由にして当面は信託統治を敷くしかないということで合意が形成されていった。一方、日本においては、権力をいっそう集中させていたこと、それにもかかわらず戦局の劣勢を食い止められなかったことに対する不満が民衆においてのみならず政府内においても強くなり、戦局の劣勢の責任をとって東條内閣は一九四四年七月二二日、内閣総辞職を余儀なくされた。そして、後任には、太平洋戦争開戦後の一九四二年五月に朝鮮総督に就任して、前任の南次郎がレールをしいた「皇民化政策」をいっそう推し進めた陸軍大将の小磯国昭が即日、就任した。そして、小磯の後任の朝鮮総督には小磯の首相就任と同日の七月二二日、かつて一九三九年八月から一九四〇年一月までの短期間ながら首相を務めたことがあったやはり陸軍大将の阿部信行が、それまで例がない形で就任した。

そのような状況において、朝鮮内に留まっていた呂運亨は一九四四年八月一〇日、日本の敗戦を予想・確信する中でその後における朝鮮人による統一政府の樹立をめざして、建国同盟を秘かに結成し、「その時」に備えた。

なお、中華民国国民政府は一九四四年九月、カイロ宣言の署名国の一国、ＦＤＲによる「四人の警察官」の一国となったことをうけて、重慶駐在の米英両大使とのあいだで戦後の朝鮮問題処理と関連する協議を行ない、「朝鮮問題研究要綱草案」を作成した。そして、国民政府は同年一〇月、この草案と関連して自国の立場を整理するため、軍令部、財政部などに公文を発送して、意見の収斂を図ったが、軍令部はこの時、太平洋戦争の終戦とともに連合国側が朝鮮半島に軍隊を派遣する際に中国軍もいっしょに派遣すること、ソウルを流れる漢江以南の地域は米英軍、漢江以北の地域は中国軍がそれぞれ進駐すること、軍隊の数は中国軍が四、英米軍が各一の比率とすること、新たに創設されることになる韓国軍は光復軍を中心とすること、ソ連が対日参戦する場合も中国軍を中心とする朝鮮半島への進攻作戦は推進されるべきであることなどの立場を鮮明にした。

さらに、この時駐英大使であった顧維均は、中国外交部に提出した意見書において「日本軍の降伏後、同盟軍が進攻して、朝鮮人団体・指導者たちを中心とする臨時政府を構成する時、臨時政府の外交・国防・警察部門には三年を期限として中国人顧問をおいて、財政・交通部門には米国人顧問、衛生部門にはソ連人顧問をおく一方、外交・国防は中国が主導するべきである」などと主張した。一九四四年から翌年の時期における現実的な中国の国力や国際的立場などを勘案すると、いずれも過大な主張であったと言わざるをえないが、中国が日清戦争での敗戦、その後の日本や欧米列強による「半植民地化」という状況下においては顧みる余裕がなかった朝鮮問題をそれらの状況から脱しつつあったこの時期に、再び顧みて、かつての中朝宗属関係のようなものを再構築しようとしていたことがうかがえる。

そして、一九四五年になって、東部戦線においてはソ連軍、西部戦線においては米英軍の猛攻撃をうけて、ドイツの敗北が目前に迫っており、太平洋戦争においても日本の劣勢が深まる中、そのような状況に対応し、戦後の国際秩序を形成するため、ＦＤＲ、チャーチル、スターリンの米英ソ三首脳は、当時はソ連領で現在はウクライナ領であるクリミア半島のヤルタで二月四日から一一日にかけて会談をもつことになった。このヤルタ（クリミア）会談において、米英ソにフランスも加わった四カ国が敗戦後のドイツを分割占領すること、第二次世界大戦開戦前のポーランド領東部の一部がソ連領になる一方、ドイツ領東部の一部がポーランドに与えられ、ポーランドが「西方移動」すること、ポーランドにおいて開戦時の政権でドイツの侵攻および独ソによる分割占領をうけてロンドンに亡命して抵抗を続けていた政権と、ソ連がドイツへの反撃の中でルブリンにおいて擁立した政権の二つの政権がある中で、ロンドン政権がポーランドに戻ってから総選挙を行なうこと、そのほかの東欧諸国を処遇することなどが決められた。

そして、神風特攻隊による体当たり攻撃に象徴される日本側の抵抗が常軌を逸するほどのものとなっていた一方で、一九四五年一一月には鹿児島県や宮崎県など南九州への上陸作戦であるオリンピック作戦、一九四六年三月には相模湾や鹿島灘から九十九里浜への上陸作戦であるコロネット作戦がたてられていた中で米国兵の犠牲を少しでも減らしたいとの思いから、ＦＤＲはスターリンにソ連の対日参戦を強く求め、そのつもりであったスターリンも代償を条件にそれに応じた。会談最終日の一一日に三首脳が署名したヤルタ協定では、ソ連はドイツ降伏後、二～三カ月のうちに対日宣戦をすること、その代償として日露戦争において帝政ロシアから日本に引き渡された南樺太がソ連に返還され、さらに千島列島がソ連に引き渡されること、旅順口（港）の租借権や満鉄の経営権は蔣介石の同意を条件にソ連に引き渡されることなどが決まった。朝鮮に関しても、ヤルタ協定との関連において二月八日午前にＦＤＲがチャーチルを抜きにしたスターリンとの会談の際、二〇〜三〇年間にわたって米ソ中三カ国による信託統治を朝鮮において敷くことを提案したのに対して、スターリンは、信託統治自体には賛成する一方で、その期間は短かければ短いほどよいこと、英国も加えないとチャーチルが激怒するので加えたほうがいいと回答した。

こうして、連合国側は、ヨーロッパとアジアにおける戦後処理についての大枠を決めていたが、その後の実際の状況の推移によるところが大きく、ヤルタ会談・協定における決定は、いずれも暫定的なものであり、特に朝鮮に関する件は、いかに日本が敗戦するかに左右される部分が大きく、その意味において流動的であった。

ヨーロッパ戦線の終結

連合国側による対日方針、特にソ連の対日参戦が決定するという状況の中、日本は、朝鮮もふくめたアジア大陸方面においてどのように対応しようとしていたか。ヤルタ会談がもたれる直前の一九四五年一月二二日、第一七方面軍が創設されたが、朝鮮半島における防衛を担うことになり、これにともなってヤルタ会談最中の二月六日、朝鮮軍は廃止された。それをうけて、第一七方面軍司令官、参謀長および参謀副長は、それまでの朝鮮軍管区司令官、参謀長および参謀副長を兼任した。そして、一九四一年七月七日に朝鮮軍司令官に就任して以来その座にあった板垣征四郎が一九四五年二月一日、兼任の形で第一七方面軍司令官に就任し、さらに四月七日、シンガポールでの防衛を担当する第七方面軍司令官に転出するのをうけて、後任の第一七方面軍司令官には上月良夫中将が就任した。

以上のような諸措置が日本にとって不利に展開している国際情勢およびソ満国境に駐屯しているソ連軍の動向を前にした対応であったことは明白であったが、日本本国は、一九四五年になっていよいよ戦局が不利になるのをうけて、この時点においても日ソ中立条約をお互いに遵守しているソ連を通じた和平工作にのりだそうとしていた。しかし、ソ連は、前述のように太平洋戦線において有利に戦局を進めている米国から千島列島をはじめとする「見返り」付きで対日参戦を頼み込まれて、それに応じる姿勢を示しており、ヨーロッパ戦線における米英ソの対ナチス・ドイツ「大同盟」を冷静に考えるなら、日本が前述のテヘラン会談やヤルタ会談における米ソ間の合意については知りえなかったとはいえ、ソ連を通じた和平工作という日本側の思惑が奏功することは、そもそもありえなかった。ソ連を通じた和平工作の試みのため、日本の降伏は遅れることになるが、このことは、朝鮮問題にも重大な影響をもたらすことになる。

一方、ＯＳＳは、前述の「オリヴィア計画」を継承するような形で、一九四五年に入って朝鮮人を対日作戦に活用するための具体的な計画を立てたが、それは、三つの計画からなった。一つ目は「ナプコ計画(Napko Project)」であったが、これは、米国本土およびハワイ居住の朝鮮人とウィスコンシン州マッコイ収容所(Camp McCoy)に収容されていた朝鮮人捕虜の中から人員を選抜して、彼らを朝鮮半島および日本に投入してゲリラ活動および政府樹立をさせるという計画であった。二つ目は「鷲計画(The Eagle Project)」であったが、これは、中国にいる朝鮮人、特に光復軍を活用しようという計画であった。三つ目は「北中国諜報計画(North China Intelligence Project)」であったが、これは、中国延安地域にいる朝鮮人共産主義者たちを利用して、満州・朝鮮半島・日本などの地域に対する諜報活動を推進しようというものであった。

中でも、光復軍と連結していた「鷲計画」は一九四五年二月、ＯＳＳの秘密情報部（Secret Intelligence Branch）によって作成され、三月になってドノヴァンや中国駐屯米軍総司令部の承認を経て、成立した。光復軍側も、ＯＳＳとの連携は望むところであり、結局、ＯＳＳと光復軍とのあいだで三月一五日、軍事合作に関する六項目の原則で合意にいたり、翌日には重慶にいた金九、李青天のもとに合意が渡り、両者も承認して、ＯＳＳと光復軍間の軍事合作が実現の方向に向かった。合意をうけて、ＯＳＳは、陝西省の西安において光復軍第二支隊を、安徽省の岐阜陽において第三支隊をそれぞれ訓練するにいたった。第二支隊は第一期生と第二期生に分けられ、第一期生に対する訓練は五月二一日から実施され、諜報科目などの学科科目を終えたのち、野戦訓練が実施され、射撃・爆破・渡江などを教え、八月四日に終了したが、最後まで訓練に残ったのは三八人であった。続いて、第二期生一八人に対するＯＳＳの訓練は八月一四日から実施される予定であったが、日本降服の報せが伝えられ、実施されなくなった。一方、第三支隊に対する訓練は、紆余曲折を経たのち、五月上旬ないし七月初めから実施されたが、やはり日本降服をうけて途中で中止された。それでも、ＯＳＳと光復軍は、立てられた「国内挺進軍編成表」にしたがって国内進入作戦を計画していたが、「国内挺進軍編成表」によると、「朝鮮八道」のうち朝鮮半島北東部の平安道・黄海道・京畿道を第一地区、南西部の忠清道・全羅道を第二地区、東部の咸鏡道・江原道・慶尚道を第三地区として、朝鮮半島のすべての方面から進入する予定だったのである。

「ナプコ計画」のほうも、ＯＳＳが米国本土から潜水艦および落下傘をもって朝鮮半島に前述した在米朝鮮人および朝鮮人捕虜から選抜された工作員を浸透させ、情報の収集や拠点の確保、サボタージュ活動などを展開しようというものであった。米国においては李承晩もその計画に関わったが、工作員となる朝鮮人青年たちに対する訓練は、西海岸サンフランシスコ近郊において行なわれた。そして、朝鮮半島に浸透するだけとなった際に、やはり日本の降伏の報せが伝えられ、「ナプコ計画」も実施されずに終わってしまった。

戦局が日独の敗北が必至という状況で展開する中、FDRが一九四五年四月一二日に急死する。後任の大統領には史上初四期目のFDR政権の副大統領に就いてほどなかったトルーマン（Harry S. Truman）が就いた。トルーマンはFDRの生前、外交政策などについてFDRからは何も知らされてはおらず、またもともと内政志向が強い一方で外交には自信がなかったため、国務省をバイパスした個人外交を好んだFDRとは違って、外交問題を国務省、特にこの時期において国務省を実質的に切盛りしていた国務次官のグルーに頼った。そして、ヤルタ会談の際にルブリン政権とロンドン政権の合流ということで合意したポーランド問題が、両政権の合流後にルブリン政権が主要なポストを占めてロンドン政権を締め出し、事実上優位を占めるという展開をみせ、米ソ関係がFDRの生前においても摩擦を生じていたが、トルーマンは、国務省、グルーに引っ張られるようになった。次いで、ヨーロッパ戦線において、エルベ川での米ソ両軍の会合、ソ連軍のベルリン侵攻とベルリン攻防戦の展開、四月三〇日のヒトラーの自殺などを経て、ヒトラーから権限を委譲されていたデーニッツ（Karl Doenitz）がまず五月七日、西部戦線において、そして翌五月八日、東部戦線において降伏し、ドイツの降伏、ナチス政権の消滅、それらにともなって米英仏ソ四カ国によるドイツの分割占領が行なわれることになった。

そのような中、ＦＤＲ政権時に彼が頼み込む形で決まったソ連の対日参戦は、唯一の敵国が日本となる中でＦＤＲ政権時のように米国にとって絶対に必要というものではなくなり、むしろ逆に戦後にソ連が日本に関して発言権をもつことにつながるため、避けるのが望ましくなっていった。そして、反共反ソという立場からソ連には強い立場をとる一方で日本にはＦＤＲ政権時のように無条件降伏を求めるなどの強硬な姿勢はとらず、むしろ戦後の反共反ソ政策の展開において日本を利用するために日本を温存することをトルーマンに勧めたのがグルーであった。また、ＦＤＲの前の大統領であり、民主党のトルーマンとはちがって共和党出身でありながらも亡きＦＤＲに対してふくむところがあったという共通点もあってかトルーマンとは親しくなり、トルーマンも大統領在任時に「指南役」とあおぐことになるフーヴァー（Herbert Hoover）も、同様であった。

そのフーヴァーは五月、反共反ソと日本の温存を勧める書簡をトルーマンおよびかつて自分の政権では国務長官を務め、一九四〇年からは超党派で陸軍長官を務めていたスティムソンに送付したが、その中で日本を温存するのが望ましいこと、そのための前提条件の一つとして日本が敗戦後も朝鮮および台湾を領有し続けることを挙げていた。カイロ宣言などで米国も朝鮮の解放をともかくも約束していたこと、そして何よりも朝鮮人の独立志向の強さなどを考えると、フーヴァーの考えが現実のものとなるのはきわめて困難であったが、それでも敗戦後の日本の朝鮮領有継続案が出てくるのは、朝鮮（韓国）よりも日本を優先するという米国の伝統的姿勢が日本の敗戦が目前というこの時期においてもなおも生きていたことを如実に物語っている。

ドイツの降伏をうけて、ソ連軍がヨーロッパ戦線からソ満国境に向けて移動し、それを現地の関東軍も察知していた。また、ソ連政府との接触を続けていた駐ソ大使の佐藤尚武はそれに先立つ一九四五年四月五日、ソ連外相のモロトフ（V.M. Molotov）と会見した。佐藤は、一九四六年四月に五年間の満期をむかえる日ソ中立条約の更新をソ連に求めていたのに対して、条約締結時の一九四一年とこの時点の一九四五年とでは国際状況が変わっており、日本はソ連が敵対するナチス・ドイツと結ぶ一方でソ連が「大同盟」を結ぶ米英と敵対する状況を見て、日ソ中立条約を更新する基盤はもはや失われ、したがって条約の規定によって条約満期の一年前に更新せず、廃棄することを通告する旨の回答をモロトフからうけた。それに対して、佐藤は条約上、満期を迎える一九四六年四月二五日までは有効であることを指摘し、モロトフもそれには応じざるをえず、佐藤は、破棄を押しとどめて、不更新にとどめた。

ただ、日ソ中立条約がこの時点で破棄されていれば、日本が結実する可能性のないソ連を通じた和平工作を断念せざるをえなかった可能性が高い。またドイツの降伏前のことでもあり、ソ連の対日参戦がすぐになされることはなかったと予想されるとはいえ実際よりも早まった可能性はあり、したがって日本の降伏も早まった可能性が高く、その後の朝鮮半島の状況も、実際の展開とは変わることになる可能性が高かったものと思われる。結局、佐藤はこの時以降、ソ連を通じた和平工作には懐疑的になり、そのことを日本政府にもたびたび進言することになる一方、日本政府は、その後もソ連を通じた和平工作を試み続け、貴重な時間と人命、資源などを浪費し続けることになる。

連合国側は、枢軸国側で最後の国となった日本を降伏に追い込むことをめざした。一方、日本では一九四五年四月、戦局の悪化の責任をとる形で小磯が内閣総辞職をしたのをうけて、海軍出身の重臣であった鈴木貫太郎が後任に就いたが、鈴木に課せられたのは、国体の護持、つまり天皇制の維持を前提として、いかによい形で日本が降伏するかということであった。米軍の上陸開始によって三月末に始まった沖縄戦が日本の軍民、特に民間人が多数命を落とすという凄惨な状況の中で展開したが、組織的な日本軍の抵抗が六月二三日には終わり、沖縄は米軍が軍政をしくところとなり、日本本土に対する総攻撃が予想された。しかし、日本政府は、この時点になってもなおもソ連を通じた和平工作に期待をかけ続けたのである。

原爆投下とソ連の参戦

連合国側は、第二次世界大戦の戦後処理および日本をいかに降伏に追い込むかについて話し合うため、一九四五年七月一七日よりベルリン近郊のポツダムにおいて会議を開くことになった。そして、トルーマン、チャーチル、[*1]スターリンの米英ソ三首脳が、降伏・分割占領されているドイツに関する諸問題・懸案について話し合い、合意にいたったが、日本に関しては、トルーマン、アトリー（Clement Attlee）、蔣介石の米英中三首脳の署名で七月二六日、ポツダム宣言が出された。ただ、ポツダム会談に参加していたスターリンは、この時点においては日ソ中立条約を廃棄していなかったため、署名はしておらず、チャーチルは辞任で帰国する一方、後任のアトリーは不在であり、さらに蔣介石は会談の場にはそもそも出ておらず、宣言の文案を無線で知らされて了解したため、トルーマンがアトリー、蔣介石の分もあわせて署名した。

このことからも明らかであるように、宣言は、トルーマン、すなわち米国の主導によるものとなった。

その宣言においては、日本国軍隊の無条件降伏を求めること、降伏後の日本占領、日本における軍国主義勢力の除去、戦争犯罪人の処罰、民主主義的傾向の復活の強化、平和的傾向の政府の樹立とその確認後の占領の終了などがもりこまれたが、それらとあわせてカイロ宣言の各条項の履行および日本国の主権を本州、北海道、九州、四国、連合国が決定する諸小島に限定することももりこまれた。ここでは、朝鮮についいて直接は言及してはいないものの、朝鮮の日本からの切離しおよび解放が改めて確認された。

しかし、会談に先立って、ポツダムに向かう米国代表団に託す宣言の草案にはグルーおよびスティムソンによって天皇制をのこす条項があったものの、その条項は、天皇に対する責任追及の声が連合国内だけでなく米国においても強かったこともあって、国務長官バーンズ（James F. Byrnes）によって削除された。そのため、宣言を受け取った日本政府においては、宣言内に天皇制の維持に関して言及がなされていないことに対して否定的意見が強まり、近衛を特使としてモスクワに派遣してソ連を通じた和平工作を進める計画ともあいまって、受諾しない方向にかたむいた。

鈴木は七月二八日、宣言を受諾せず、「黙殺あるのみ」と記者会見において語った。そして、この「黙殺」が、連合国側においては「無視」ないし「拒否」とうけとられたこともあって、米国では七月一六日、原子爆弾を開発するマンハッタン計画が成功し、莫大な開発費用が無駄遣いではなかったことを示すためにも、また関係が悪化しつつあったソ連に原爆の威力をみせつけるためにも、そしてソ連の対日参戦前に日本を降伏においこみ、戦後のソ連の対日発言力を減らすためにも原爆を使用することが決定した。

結局、米国は一九四五年八月六日、まずは広島に原爆を投下し、広島市内はたちまち猛烈な炎に包まれ、十数万人にのぼる死者が出て、強制連行などで広島にいた約五万人の朝鮮人のうちの二万人以上も犠牲となった。*2 そして、この「新型爆弾」の投下で日本政府が動揺しつつもなおも戦争継続の方針を堅持しようとする中、駐ソ大使の佐藤尚武はドイツの対ソ降伏からちょうど三カ月後の八月八日、モロトフから呼び出されて、申し出ていた和平工作のための特使の訪ソについての回答をうけるべく赴いたが、佐藤が受けたのは、彼が予期しつつも恐れていたものが現実となったソ連の対日宣戦布告書であった。スターリンはポツダム会談時、原爆の完成をトルーマンから告げられていたが、すでに米国内にいたスパイから原爆の開発について事前に報告をうけて承知していた。彼はさらにトルーマンにはさりげなく回答する一方で、自国の関係者や科学者には原爆の開発を急ぐよう指示し、あわせて米国の対日原爆投下は前述のようなソ連牽制の目的をもつことを承知した上で、当初の予定より急いでなされたものであった。このことは、原爆の投下とソ連の対日参戦が朝鮮の行方と密接な関係をもっていたことを如実に示している。ソ連の対日参戦をうけて、ソ連軍は翌八月九日、満州、南樺太、千島などの当時の日本領ないし日本の影響下にあった地域に全面的な攻撃を加えてきたが、特に満州に関しては、関東軍がすでにかなり弱体化していたこともあって、破竹の勢いで席巻するかまえをみせていた。そして、ソ連軍は朝鮮にも攻撃を加えてきて、七月に咸興に集結していた第三四軍とのあいだでは目立った交戦はなされなかった一方で、より北東に位置する雄基と羅南には八月一二日から翌一三日、さらに北東に位置する清津には一三日、海路から攻撃を加えた。そして、日本側は善戦しながらも勢いの差もあって、ソ連軍は戦局を有利に展開するにいたり、朝鮮半島において北から南へと向かった。ソ連の対日参戦は、その直前までソ連を通じた和平工作が奏功することを信じて止まなかった日本当局には非常に大きな衝撃となった。そして、米国は原爆の広島への投下のあとでそれに続く投下がなければ日本の戦意をくじくことにつながらないという判断のもと、ソ連の対日参戦と同じ八月九日、二発目の原爆投下を当初の予定地であったものの天候が悪かった小倉（現在の北九州市の一部）にではなく第二候補地であった長崎に行なった。長崎は、広島ほどではなかったとはいえ、やはり多くの死傷者を出した。長崎にいた約二万人の朝鮮人のうちの約一万人が犠牲となった。

なお、慶尚南道陜川からは日本の朝鮮統治期、多くの人たちが広島に渡ってきていたが、広島で被爆した。その後、彼らの多くは故郷に戻ったが、彼らもふくめた在韓被爆者は、日本政府からは日本人被爆者のような支援はなされなかった。それでも、在韓被爆者全体の四分の一をしめる陜川での被爆者に対しては、日本政府が「人道的支援」として拠出された基金から陜川原爆被害者福祉会館が一九九六年に建設され、彼らの多くがそこに入所している。

「三八度線」の誕生

以上のように、日本への二つの原爆投下およびソ連の対日参戦によって、日本の降伏は時間の問題となっていた。しかしソ連が朝鮮半島北部に進撃し、朝鮮半島全体を席巻する勢いであった一方で朝鮮半島にいちばん近い米軍はまだ沖縄であり、朝鮮半島に米軍を派遣するまでには相当な時間がかかるという状況であった。そこで米国は、ソ連が単独で朝鮮半島を占領する事態を防ぎ、米軍も朝鮮半島占領に関わるため、八月一〇〜一一日に国務・陸軍・海軍三省合同調査委員会（ＳＷＮＣＣ）を開いて、米ソ両国による朝鮮半島の分割占領案をソ連に提示することを決定した。そして、同委員会は、具体的な分割占領方法やラインについては、その場にいた二人の陸軍大尉、すなわちのちの一九六六年から六九年にかけて在韓国連軍司令官を務めることになるボーンスティール（Charles H. Bonesteel）、そしてのちの一九六一年から六九年までのケネディ（John F. Kennedy）政権とジョンソン（Lindon B. Johnson）政権において国務長官を務めることになるラスク（Dean Rusk）にアイディアを出すことを指示した。

指示をうけた二人は、できるだけ北の地域にまで米国が日本の降伏を担当する一方でこの時点において朝鮮半島からは遠く離れた沖縄にいた米軍の位置などのあいだで折合いをつけつつ、しかもソウルは押さえたいという条件の中、ナショナル・ジオグラフィック製の朝鮮半島の地図を眺めつつ、三八度線を朝鮮半島における分割線とすることを思いついた。ちなみに、ラスクは後年、二人とも前述の四九年前の一八九六年に山県・ロバノフ協定において日露間で三八度線による「用兵地域の確定」がなされたことは知らず、もしこの時にそのことを知っていれば別の線を選んでいたと回想している。

こうして、三八度線を分割線として、その以北地域はソ連、以南地域は米国が該当地域の日本軍から降伏を受理して武装解除するという名目で行なうことをソ連に提案することが決定され、八月一三日に連合国軍最高司令官に就いたマッカーサー（Douglas MacArthur）が翌八月一四日、三八度線朝鮮半島分割案をソ連側に提案した。それに対して、ソ連は八月一六日、米国の提案を了解する旨を回答したが、この時点で朝鮮半島において米国より有利な状況にあったソ連が米国の提案を受け入れた背景としては、米国の提案受入れの代わりに日本の分割占領にあずかることを米国に了解させたかったこと、前述の一九〇三年の日露交渉時と同様に敵対的国家が朝鮮半島すべてを掌握するのは認めない一方で自らが朝鮮半島すべてを掌握することも過剰介入ということで望まなかったことなどが考えられる。

そして、実際の動きとしては、スターリンは八月一六日、トルーマンに宛てた秘密の電報において、千島列島をソ連占領下におくことに加えて、北海道の中西部に位置する留萌と東南部に位置する釧路間のライン以北の北海道北東地域をソ連占領下におくことを求めた。しかし、トルーマンは八月一八日、すでにソ連軍が侵攻していた千島列島に関しては了解する一方で北海道東北地域に関しては「日本本土の占領は、米国一国で行なう」ことを理由にして、拒否回答をした。それでも、スターリンは、米国側からの三八度線朝鮮半島分割案を拒否しはしなかった。こうして、ヨーロッパにおける敗戦国ドイツとは異なり、敗戦国となる日本は分割統治が回避されることになる一方、三五年ものあいだ日本の統治下にあった朝鮮は、分割統治されることが決まったのである。

ただ、その一方で、スターリンが三八度線朝鮮半島分割案を了解した八月一六日、米国統合参謀本部(Joint Chiefs of Staff)は、日本占領を米国だけが行なうことは負担が大きいこと、戦後の連合国間の協調関係なども考慮して、英中ソ三国にも日本および「日本領土」とされた朝鮮半島の占領を分担させようとした。そして、日本と朝鮮半島の占領計画は、以下のような三つの段階からなっていた。

第一段階：最初の三カ月、日本は米国が単独で占領する一方、朝鮮は、米ソ両国が暫定的に分割占領する。

第二段階：米英中ソの四カ国が第一段階に続く九カ月のあいだ、日本と朝鮮を分割占領する。うち、日本については、北海道および東北地方はソ連、関東・中部地方（三重県をふくめ、福井県を除外）は米国、東京は米英中ソ四カ国が共同で、近畿地方および福井県は米中二カ国が共同で、四国地方は中国、中国・九州地方（沖縄県をふくめる）は英国がそれぞれ占領する。一方、朝鮮については、咸鏡道・江原道はソ連、平安道・黄海道は中国、全羅道および済州島は英国、京畿道・忠清道・慶尚道は米国、ソウルは米ソ二カ国が共同でそれぞれ占領する。

第三段階：占領開始から第一・第二段階を経た一年後、占領軍の大部分は日本・朝鮮から撤収する一方、朝鮮においては四カ国共同管理委員会を設置して、信託統治を経た上で完全な独立を実現させる。

この計画は結局、統合参謀本部内にとどまって、米国政府全体に行き渡ることはなく、特に第二段階以降は結局、実行されはしなかったが、日本と朝鮮とを一体のものとしてみて臨もうとしていたこと、この計画だけではなく日本も分割占領される可能性が少なからずあったこと、にもかかわらず米ソ関係の悪化と相互不信という日本や朝鮮自らは手が出せない要因によって日本の分割統治は回避された一方で、朝鮮の分割統治は確定するという、きわめて対照的な結果をもたらすことになったのである。

ポツダム宣言の受諾

二発の原爆投下とソ連の対日参戦で戦争の継続が現実的に不可能となったのをうけて、日本は一九四五年八月一〇日、ポツダム宣言に関して「国体の護持」を条件に受諾する旨を中立国のスイスやスウェーデンを通じて連合国側に伝達したが、連合国側は八月一一日、「降伏以降、天皇および日本国政府の国家統治の権限は、連合国軍最高司令官のもとに従属する（英語原文では、「subject to」。日本外務省は、これを「制限ノ下ニ置カルル」と訳した）と回答した。この回答をうけた日本政府においては、「国体の護持」はこれでめどがついたとする東郷茂徳外相や米内光政海相などと、ついていないという阿南惟幾陸相などとのあいだで激論が交わされたものの、結論は出ず、結局は八月一四日、天皇も臨席する御前会議において天皇が「御聖断」を下して、受諾が決まり、連合国側にもその旨が伝えられた。そして、翌八月一五日、天皇が受諾を国民に知らせる「玉音放送」がラジオを通じて流された。「内地」日本においては、それを耳にして敗戦の衝撃と空襲などをもううけずに済むという安堵感が入り混じって茫然自失となる人びとが多かった。一方、「外地」朝鮮においては、三五年間の日本の統治がついに終わり、独立できるという歓喜と期待感から、多くの人たちが、日の丸に着色して日本統治期には持つことを許されなかった太極旗に変えて、それを手にして街に出て歓声を挙げながら群れをなして練り歩くという光景がいたるところで見られた。*3

そして、朝鮮人たちは、前述のソウル南山に位置した朝鮮神宮をはじめ朝鮮各地に建てられていた神宮・神社を相次いで破壊した。なお、日本が朝鮮の統治期に建てた建築物がその後、そのまま残され、その中には現在にまで残って使われているものも決して少なくない一方、神宮・神社で現存するものは、現在の大韓民国・朝鮮民主主義人民共和国において大韓民国全羅南道高興部小鹿島に一九三五年に建立され、二〇〇四年に登録文化財第七一号に指定された「小鹿島更生園神社」一つを残すだけである。このことは、日本が朝鮮統治において行なった諸政策の中で日本の国家神道を朝鮮人に精神的に吹き込む象徴であった神宮・神社という存在、そしてその吹込みを強要した神社参拝という行為が朝鮮人にとってほかのこと以上に受け入れがたかったことを如実に物語っている。ちなみに、破壊された朝鮮神宮の跡地にはその後、南山公園が造成され、その中には現在、ソウル市内全域からその先までを一望できるNソウルタワー（旧名は南山タワー）、安重根義士記念館、金九の銅像などが建てられている。

他方で、複数の証言によると、朝鮮総督府の官僚たちは八月一五日の「玉音放送」後、総督府庁舎の各階の窓から重要書類を投げ下ろし、中庭でそれらに油をかけて焼却し、当日の抜けるような青空の下で無数の灰が粉雪のように舞い、黒煙が立ち上り、それが十数日間続いたとのことであった。こうして、大量の朝鮮総督府文書が焼却され、[*4] その中にはたとえば「従軍慰安婦」に関するものも含まれていたと推定されるが、それでも残った朝鮮総督府文書は現在、主に大韓民国の行政自治部国家記録院[*5]の中で中西部の中心都市・大田にある本院において保存されており、閲覧も可能である。

朝鮮建国準備委員会の発足

以上のような状況の展開に先立って、朝鮮総督府ナンバー・ツーの政務総監・遠藤柳作は八月一五日、ソ連が朝鮮に進軍して朝鮮全土を占領するという見通しをたて、敗戦とソ連占領の見通しという混乱の中で朝鮮人指導層の中で穏健派と目された呂運亨と接触した。遠藤は、治安の維持および朝鮮在住日本人の安全と財産の保護のために協力を要請したが、呂運亨は、一、政治犯および経済犯の即時釈放、二、八月からの三カ月間の食糧の確保、三、朝鮮人による治安維持・建国運動のための政治活動への不干渉、四、学生・青年に対する訓練への不干渉、五、労働者・農民の組織化・動員への不干渉という五つの条件を提示した。遠藤はそれらの受入れを了解して、朝鮮における行政権が事実上、いったん朝鮮総督府から委譲された形となった。そして、呂運亨は即日、行政権の受け皿として、前年に組織した建国同盟を母体にしてそれを発展させる形で「朝鮮建国準備委員会」（以下、建準）を発足させ、すべての政治勢力の結集のために宋鎮禹に合流を要請したものの、宋鎮禹は、拒否した。

現在も残る旧京城駅舎（現文化駅ソウル284）

一方、国外にいた朝鮮人独立運動家のうち、一九四〇年以来大韓民国臨時政府の大統領を務めていた金九は、前述のように光復軍が米国ＯＳＳ（現在の米中央情報局 Central Intelligence Agency：ＣＩＡの前身）による特殊訓練をうけた上で米潜水艦および飛行機に乗って本国に進攻する直前に日本の降伏の知らせに接して、光復軍による進攻で日本の敗戦に貢献できなかったのは何とも悔しいこと、貢献できなかったことが戦後において朝鮮の発言力の低下につながりかねないことなどの感想を記し、日本の降伏と朝鮮の解放を単純に喜びはせず、戦後の朝鮮の行方に対する懸念をいだいた。そして、朝鮮をめぐるその後の状況は、金九が懸念したとおりに展開していくことになる。

建準の設置とそこへの行政権の委譲をうけて、八月一六日に、遠藤と呂運亨間の約束通り、約一万六、〇〇〇人の政治犯が釈放された。他方で、朝鮮総督府は、前述したようにソ連軍のソウルへの進攻と占領を恐れる一方で、米国本国において米ソ両国による朝鮮半島の分割占領方針およびソウルは米軍側に入ることが決定していたことは知らなかったことから、米軍による占領がむしろ望ましいと考えて、八月三一日、沖縄にいた米第二四軍と最初の無線連絡をとった。それ以降、朝鮮総督府は、英語に通じていた総督府の官僚・小田安馬が中心となって作成した朝鮮の状況を記した英文の報告書を断続的に沖縄の米軍に送付したが、その内容は、朝鮮人を誹謗中傷し、朝鮮人は朝鮮上陸後の米軍のいかなる措置をも妨害するに違いない無法な暴徒であることを印象づけようというものであった。これをうけた沖縄の米軍では、すでにマッカーサーの指示で北緯三八度線以南の朝鮮の米占領軍司令官に内定していたホッジ（John R. Hodge）中将が九月四日、部下の米第二四軍の将校たちに向かって、朝鮮は米国の敵国であること、したがって降伏にともなう規約と条件が朝鮮に対して適用されることなどの指示を出した。そして、ハリス（Charles Harris）准将ほか三一人の先遣隊が九月六日にソウル到着後、朝鮮総督府側迎えの官僚といっしょに車で向かったが、同乗の官僚こそが、まさに小田であった。そして、小田は、その後も米軍のためにさまざまな便宜を提供することになった。ハリスたち先遣隊と折衝した日本側は、米側が求める諸施設はソウルの中心部において提供する用意があること、行政に必要な関係書類の用意はすべて整えており、翌朝にはそれらを手渡すと伝えた。そして、ことがスムーズに運んだこともあって、その後は、日本軍および朝鮮総督府が先遣隊を歓待する宴会へと代わる一方、先遣隊と接触しようとした朝鮮人は、すべて追い払われた。

それもあってか、ハリスなど先遣隊の幹部は翌九月七日、遠藤を訪問したが、ハリスは、米国は朝鮮総督府の組織・人員をそのまま存続させるつもりであることを伝達した。それに対して、遠藤は、阿部や自分の役割はどうなるのかを質したが、ハリスは、完全な裁量権を与えること、米軍司令官は指揮・監督の役割を果たすのみであることを伝えた。それをうけて、遠藤は、ハリスの発言を文書にすることを要請したが、ハリスも、自分の発言の文書化にはさすがに応じなかった。そして、ハリスが遠藤に語ったことはその後、実現することはなかったものの、米国が日本と朝鮮（韓国）とを比較して政策を展開する際に日本を重視する一方で朝鮮（韓国）をその分だけ軽視するという姿勢をここでもうかがうことができる。

マッカーサーは日本の降伏文書調印に先立つ八月三〇日、フィリピンを発って、神奈川県の厚木海軍飛行場に到着したが、三日後の九月二日、東京湾上の米戦艦ミズーリ号上に行き、日本全権の重光葵（日本政府代表）および梅津美治郎（日本軍大本営代表）の二人が連合国代表たちを相手に降伏文書に調印したのに立ち会い、連合国軍最高司令官として降伏文書を受け容れることを連合国代表たちといっしょに署名した。そして、マッカーサーは同日、北緯三八度線を境界として米軍が以南の地域、ソ連軍が以北の地域を、それぞれの地域にいる日本軍を武装解除させるという名目で朝鮮を分割占領するという政策を発表した。続いて、米極東軍司令部は九月七日、北緯三八度線以南の南朝鮮地域において米軍が軍政を実施するという布告を出したが、この布告は、「マッカーサー布告第一号」といわれている。

それをうけて、ホッジ率いる米第二四軍は九月八日、仁川に到着したが、彼らは朝鮮人たちが彼らを「解放軍」として大歓迎する中、前述の小田をはじめとする朝鮮総督府側の事前の働きかけや吹込みもあってか、「敵地への乗込み」という姿勢を示し、対照的な構図が見られた。そして、ホッジたちは翌九月九日、ソウルに入って、降伏文書の署名に臨んだ。この降伏文書は、前述の九月二日の日本の降伏文書に基づいて天皇が内外の日本軍に戦闘の停止、武器の放棄、連合国への無条件降伏などを指示したこと、日本、北緯三八度線以南の朝鮮およびフィリピンの日本軍は米軍に降伏すること、第二四軍司令官（ホッジ）を北緯三八度線以南の朝鮮での日本軍の降伏を受け容れる米軍司令官に任命することなどをもりこんだ上で、北緯三八度線以南の日本軍が米軍に降伏するという内容のものであり、日本側は朝鮮総督の阿部、上月、そして朝鮮南部で日本が海軍の要衝地としていた鎮海の警備府司令長官に四月二〇日に就いていた海軍中将・山口儀三朗の三人、米国側はホッジおよび米海軍提督のキンケイド（Thomas C. Kinkaid）の二人が署名した。これによって、朝鮮総督府庁舎前でひるがえっていた日章旗が下ろされ、代わりに米国の星条旗が掲揚された。

「朝鮮人民共和国」と大韓民国臨時政府

ここで問題となるのは、北緯三八度線以南の朝鮮において米軍が軍政をしくということと、前述したように朝鮮での行政権がすでにいったんは朝鮮人側に委譲されたこととの関係である。前述の「建準」からは、呂運亨が中心となって九月六日、全国人民代表者大会がソウルで開かれ、呂運亨、穏健左派であった許憲、国内に留まった共産主義者の朴憲永の主導で同日、「朝鮮人民共和国」の樹立を宣言した。この「朝鮮人民共和国」は二日後の九月八日、閣僚名簿を発表したが、国家主席には李承晩、副主席には呂運亭、国務総理（首相）には許憲、内務部長には金九、外交部長には金奎植、財務部長には曺晩植、さらに五五人が選出された人民委員の中には金日成もふくまれるなど、当時の朝鮮の在内外人士、思想上の左右人士を問わずに網羅する陣容であった（李承晩や金九、金奎植、金日成など解放を朝鮮外で迎えた人士たちの了解はとってはいなかった）。そして、朝鮮人民共和国は、政治的・経済的に完全な自主的独立国家を期待すること、日本帝国主義と封建残存勢力を一掃して、全民族の政治的・経済的・社会的基本要求を実現しうる真正な民主主義に忠実であること、労働者、農民、その他の大衆の生活の急進的な向上を望むこと、世界の民主主義諸国の一員として相互に提携して世界平和の確保を期することの四つの政治綱領、日本やその協力者が所有する土地を没収し、それを農民に無償で分配すること、企業の没収および国有化といった施政方針を発表した。

しかし、政治綱領および施政方針は、ともに呂運亨、許憲、朴憲永の三人、特に朴憲永の主導で出されたものであり、左派の色が強かった。そのため、右派は反発し、七日には大韓民国臨時政府が朝鮮の政体を代表する唯一のものであるとして、朝鮮人民共和国を非難した。そして、朝鮮人民共和国の存在を自らの政治的主導権に対する挑戦とうけとった米軍側は九月八日、在朝鮮米陸軍軍政庁（米軍政庁、英語ではUnited States Army Military Government in Korea、略称ＵＳＡＭＧＩＫ）を発足させ、一一日にはアーノルド（Archibald V. Arnold）少将が初代軍政長官に就いたが、九月九日には「米軍政庁が、北緯三八度線以南の朝鮮における唯一の政体である」との布告を出し、朝鮮人民共和国は、非合法とされた。また、米軍政庁は同日、朝鮮総督府が建準に対して行なった行政権の委譲も取り消し、朝鮮の実情をよく承知していると判断した朝鮮総督府に当面の行政権を行使することを認め、阿部をはじめとする朝鮮総督府の日本人官僚の留任を発表した。

ところが、朝鮮が日本から解放された後も日本人が支配的立場で朝鮮に留まり続けることに対して、朝鮮民衆の怒りは非常なものとなり、米軍政庁は結局、朝鮮総督府官僚留任の措置を取り消さざるをえず、阿部をはじめとする彼らは、朝鮮を発って、日本への帰国の途に就いた。

南朝鮮に対する以上のような米国側の一連の措置は、日本に対するものとはあまりにも対照的であったが、背景としてホッジをはじめとして南朝鮮に赴任した米国人が朝鮮に対する知識も関心もない中で赴任させられたことがあった。そして、そのことは、その後の南朝鮮における政治的・経済的・社会的混乱へとそのままつながることになった。

以上のような中、呂運亨は、旧建国同盟の勢力を中心に新しい政治勢力を結集するための活動を続けた。また、米軍政庁は、大韓民国臨時政府の正当性も認めず、金九をはじめとする同政府の要人たちが一一月三日、第一陣として中国重慶から朝鮮に帰国したのも個人の資格によるものであり、後続も同様であった。光復軍の人たちもやはり同時期、個人の資格で帰国することを余儀なくされた。そのような中で、米国で活動していた李承晩も一〇月一六日、やはり個人の資格ながら前述のOSSの「オリヴィア計画」に関わったグッドフェロー大佐が同行し、米軍機に乗って米国から帰国した。呂運亨は、李承晩や大韓民国臨時政府要人たちと協力して朝鮮人民共和国や建準の立直しを図ったが、李承晩は、米軍政に協力する方向へと向かい、「反共統一」の立場から朝鮮人民共和国を非難した。また、大韓民国臨時政府の要人たちも、臨時政府こそが正統な政治政体であると主張して、朝鮮人民共和国に合流しようとはしなかった。

そして、米軍政庁は、ほかの人物よりも自分たちの政策を受け容れてくれると思われる人物として李承晩に白羽の矢をたて、米軍政庁、さらに米国本国政府を後ろ盾とした李承晩がそれ以降、米ソ関係の悪化および一九四七年から始まる東西冷戦の展開もあって、南朝鮮における政局をリードし、結局、一九四八年八月に樹立する大韓民国の初代大統領に就くことになる。

他方で、ソ連は、自らが占領することになった北緯三八度線以北の地域において、日本軍を武装解除させたが、その地において自らの意向を受け容れてくれる朝鮮人指導者を必要とした。そして、白羽の矢がたてられたのが、ソ連軍大尉であり正に「子飼い」であった金日成であった。金日成は一九四五年九月一九日、ウラジオストクを出航したソ連の軍艦に乗って東海岸の元山に上陸した。そして、金日成は一〇月一四日、平壌において開催された「ソ連解放軍歓迎平壌市民大会」においてソ連軍将校たちとともに姿を現わし、演説を行なったが、初めて彼を目にする平壌市民たちの中には自分たちの前に姿を現わした「金日成」は若すぎたため、偽者と考える人たちも少なくなかった。それでも、ソ連が金日成を擁立したため、金日成はその後、解放前には南朝鮮で活動して、日本の降伏後は「南朝鮮労働党（南労党）」を結成した社会主義者の朴憲永、解放前には平壌において活動し、日本の降伏後は平安道人民政治委員会委員長として建国運動を始め、一九四五年一一月には以北五道行政局委員会委員長（ちなみに、副委員長は金日成）となった、社会主義的民族主義者の曺晩植などに対して優位に立つことになった。

また、中華民国国民政府は一九四四年、前述したような朝鮮半島に対する戦後構想をたてていたが、北緯三八度線を境界とする米ソ両国による朝鮮半島の分割占領がなされたため、中国による戦後構想は実現しなかった。それでも、中国は一九四五年一二月、「朝鮮問題之対策」という報告書を通じて朝鮮人の中の親中分子を朝鮮の体制内に植えつけ、優秀な青年たちを中国に留学させて朝鮮における幹部へと育成させるなど、朝鮮半島に対して影響力を拡大しようとする政策を止めようとはしなかった。もちろん、この政策は、中国においてすでに始まっていた国共内戦のため、実現することはなかったが、朝鮮半島に対する中国の「執着ぶり」がうかがえる。

日本における韓国・朝鮮人のその後

このような状況の中、朝鮮半島に在住していた日本人約七〇万人およびソ連の進攻であえなく崩壊した「満州国」に在住していた日本人の中の多くは、土地・家屋など持って行くことができない不動産などを放棄しながら人によっては北緯三八度線を何とか越えて朝鮮半島を南下して、手持ちの金品の制限をうけながらも釜山などから乗船して日本に帰国した。一方、約二〇〇万人にまで増えていた、日本にいた朝鮮人の多くも、祖国の解放の歓喜の中で帰国の途に就いたが、[*6] 南北の分断状況の進展、彼らの大多数の出身地であった南朝鮮の政治的・経済的・社会的混乱の中で帰国した南朝鮮から日本に戻ってくる朝鮮人が少なからずおり、日本に留まった人も含めてその数は約六〇万人に及んだが、彼らはその後、在日韓国・朝鮮人となっていくのである。

彼らは、解放前は自らの意思とは関係なく「大日本帝国臣民」とされたが、日本の敗戦後は、日本にお

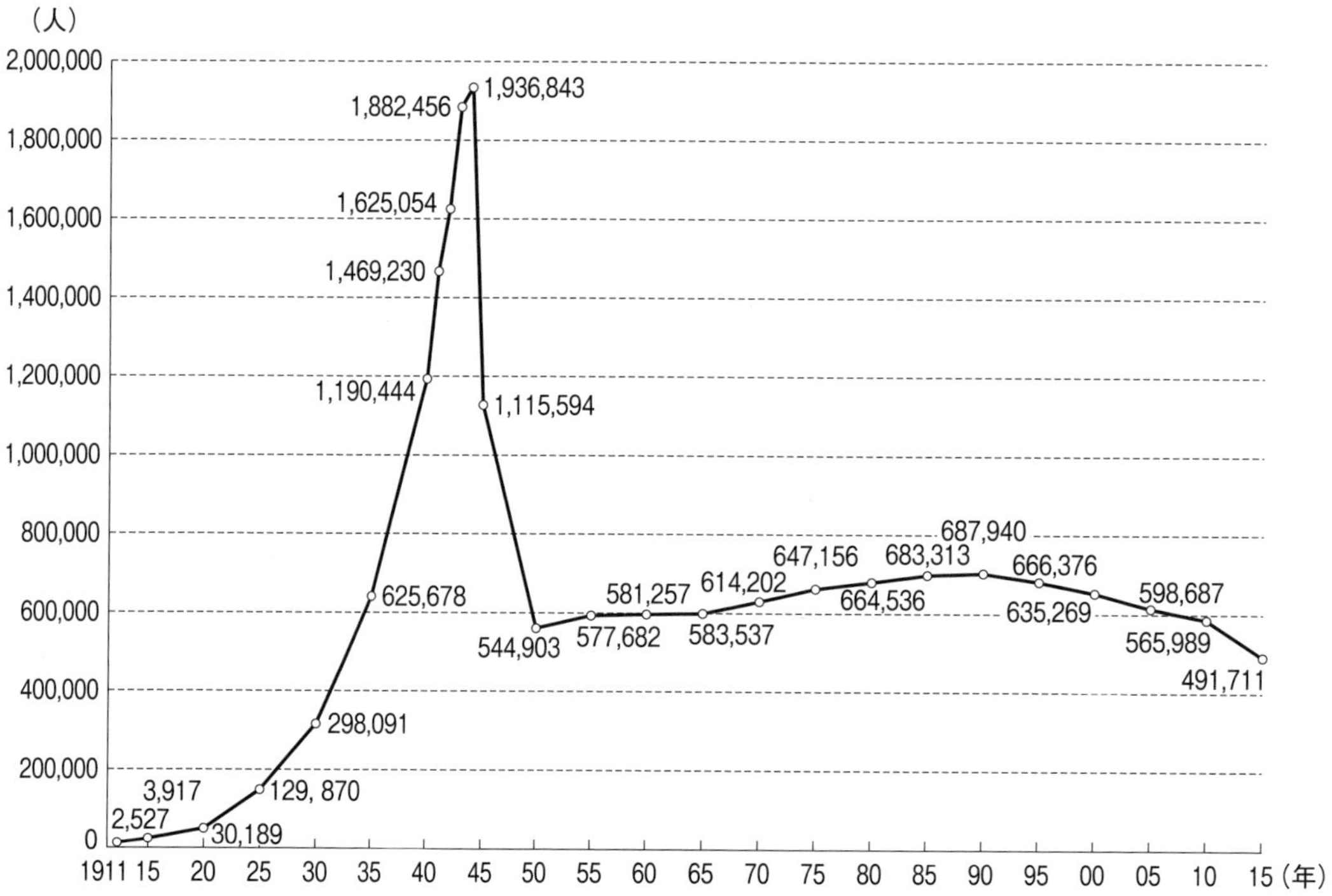

在日韓国・朝鮮人の人口の推移

出典：在日本大韓民国民団のホームページ中の「民団紹介」http://www.mindan.org/shokai/toukei.html# より

いては前述の選挙権に関して一九四五年一二月の選挙法改正によって日本人は二〇歳以上の男女に投票権が付与された一方、日本にいる朝鮮人・台湾人は、日本に戸籍がないという理由で彼らの意思を問われることなく、参政権を一方的に停止された。さらに、東西冷戦の開始と「民主化」から「復興」への米占領軍の日本占領方針の転換などもあって、新憲法である日本国憲法が施行される一九四七年五月三日の前日で、旧憲法である大日本帝国憲法が効力をもつ最後の日である五月二日、「外国人登録令」が国会の承認を必要としない最後の勅令二〇七号として公布・施行された。それによって、日本にいる朝鮮人・台湾人は、やはり彼らの意思を問われることなく一方的に「外国人」とされ、外国人登録および「外国人登録証明書」の携帯・提示が義務づけられた。これは一九五二年、外国人登録法に引き継がれたが、ここでは指紋押捺が新たに義務づけられた。この指紋押捺は、犯罪者を連想させることもあって、在日韓国・朝鮮人をはじめとする在日外国人の大きな反対運動をまきおこした。その結果、指紋押捺は、一九九二年の外国人登録法の改正によって「永住者」および「特別永住者」に限っては廃止され、それに代わって「署名」および「家族事項」が新設されて、現在にいたっている。以上からも歴史的経緯から見ても、日本社会において日本人と在日韓国・朝鮮人との共生が今後望まれる。

おわりに

以上、一九世紀半ばから一九四五年までの日本と朝鮮半島のあいだの関係史を国際政治史的観点から概観してきたが、それをふまえると、以下の諸点にまとめられるであろう。

江戸期から明治期までの日本と朝鮮

まず、江戸時代には朝鮮が朝鮮通信使を派遣して、日本側に儒教をはじめとしてさまざまな文物を教えたりして、東アジア国際システムの「大陸—半島—島国」という序列もあって、一段上の立場から日本に対して接していた朝鮮であったが、対外的な鎖国、国内における封建制度の深化およびそれによる経済・社会などさまざまな面における停滞から、徐々に国力を衰退させていった。そのことは、清国も同様であった。一方、一七世紀には同じく鎖国を始めた日本は、現実主義的立場によって一転しての開国、倒幕、明治維新、「富国強兵」にいたる近代化の道を歩み始めた。その日本は、欧米からの不平等条約の改正を求めたものの、有利な条項を手放したくはなかった欧米は、日本の要求に応じようとはしなかった。日本は、「抑圧の移譲」をどこかに行なって、均衡を保つべく、その対象を求めた。また、日本は明治新政府の発足後、徳川幕府時代にはっきりとしていなかった国境線を画定すること、二元外交をしていた国・地域との外交関係の一元化を図ろうともし、北方の北海道、千島、樺太に関しては交渉によってロシアと合意にいたる一方、南方の琉球王国に関しては強引な手法を用いて清国を押し切って日本領に編入させた。

ここに、日本にとって「抑圧の移譲」および外交一元化の二つの対象となったのは、朝鮮のみとなったが、日本にとっては、徳川幕府時代には朝鮮よりも一段下に位置した自らの立場を逆転させること、それを実現させることで自らの立場を欧米に近づけることなどを図り、一八七六年に日朝修好条規を締結した。そのため、朝鮮を朝貢国と考えていた清国との摩擦が大きくなり、日本は、いったんは清国の力の前に朝鮮において後退を余儀なくされたが、結局は日清戦争における勝利で朝鮮における清国の宗主権を否定させ、朝鮮における優越をいったんは確立させた。日本近代史における初の対外戦争である日清戦争での勝利、清国との講和条約における多くのものの獲得によって天皇制を中心にした日本のナショナリズムは高揚したが、それは、朝鮮を抑え込む形をとったきわめて能動的・外向的・攻撃的なものであった。

しかし、日本の急激な勢力拡大に対してなされたのが露仏独による三国干渉であり、日本は、それを前にして譲歩を余儀なくさせられた。そして、朝鮮（韓国）においても親露派と結びついて勢力を扶植・拡大しようというロシアの力を前にして、日本は後退を余儀なくされたが、反露という形でナショナリズムを高揚させた。それは、満州問題もふくむものであったが、二〇世紀になって満州をロシアに譲ってでも韓国は何としても確保しようという「満韓交換論」によってロシアとのあいだで合意にいたろうと日露交渉に臨んだことからも明らかなように、満州問題とは比較にならないほど朝鮮（韓国）問題においてナショナリズムの高揚が顕著にみられた。結局、日露交渉も奏功せず、日露戦争が勃発するが、日本は、日露開戦時の局外中立を宣言した韓国の要請を無視して韓国に進攻して、軍事的に韓国を押さえてしまった。その上で、日本は、日韓議定書、第一次・第二次日韓協約を結んで、韓国を日本の保護国としたが、英米をはじめとする列強の承認・黙認をうけてのものであったので、国際関係の上ではスムーズに行なうことができた。そして、日本は統監に就いた伊藤博文主導の下、「統監政治」を行なうが、それは、伊藤からすれば日本の韓国併合にまでいたらずに韓国を「改革」して、日本の「脅威」に再びならないことをめざしたものであり、伊藤の主観では韓国のためでもあるものであったが、親日派をのぞく韓国（人）にとっては日本による押付けにほかならず、伊藤の存在も、「よりましな」帝国主義者にほかならなかった。韓国人による義兵闘争や愛国啓蒙運動を日本が手段を選ばずに抑え込もうとしていることからもそのことは明らかであり、反発したり、「統監政治」に非協力の姿勢でのぞんだ。そのため、伊藤は日本の韓国併合に賛成の方向に向かい、統監の座からも退いた。伊藤を退けた日本における強硬派は、その伊藤が安重根によって暗殺されたことも追い風にして、韓国併合を断行し、日本のナショナリズムを大いに満足させたが、それは、古代、あるいはそれ以前からさまざまな形で関わってきた隣国において芽生えつつあったナショナリズムを押しつぶしてのものであり、その後に禍根をのこすことになった。こうして、日本の朝鮮統治が始まったが、それに不満をいだいている朝鮮人が多かったことを内心では知っていた日本は、力を誇示して朝鮮統治を行なうほかはなく、「武断統治」で朝鮮人を抑え込む形をとった。しかし、一見順調に見えた「武断統治」は、実際は朝鮮人の不満を増大させたものにほかならず、その不満が一九一九年、三・一独立運動という形で一気に噴出した。朝鮮のナショナリズムの噴出でもあった三・一独立運動を前にして、この時期に「五大国」の一国として遇された日本もひるまざるをえなかったが、さすがに力の誇示だけによる統治は国際関係もあって不可能であることを悟らざるをえず、朝鮮統治のやり方を「武断統治」から「文化政治」へと変えざるをえなかった。

日本の朝鮮統治とその構造

「文化政治」期は、日本から見た国際関係史において、対英米協調外交、中国に対する内政不干渉などの「幣原（喜重郎外相）外交」が行なわれている時期であり、日本の国内政治において、いわゆる「大正デモクラシー」の時期であったが、朝鮮に対しては、「一視同仁」にともなう朝鮮（人）の日本（人）への同化政策が展開され、また三・一独立運動などに関わった朝鮮人に対する懐柔政策もとられ、日本の朝鮮統治の「安定化」が図られた。また、関東大震災の発生をうけて、朝鮮人の殺害事件も起こったが、それは、その開始と終焉、その性格などをめぐって明確な定義がなく、それゆえさまざまに解釈されている「大正デモクラシー」の時期に起こった。そして、「大正デモクラシー」の定義づけの一つである「内に立憲主義、外に帝国主義」というものを最も象徴するのが、まさにこの時期の朝鮮問題に対する対応であり、日本の朝鮮統治が内在的にはらんでいた問題点であった。

日本は「大正デモクラシー」の時期、国内における一九二〇年からの戦後恐慌、一九二三年の震災恐慌、一九二七年の金融恐慌、そして一九二九年からの世界大恐慌と続く経済的混乱、それにともなう社会的不安と「憲政の常道」による立憲民政党と立憲政友会のあいだでの「泥試合」の展開による政治的行き詰まりおよび右傾化、対外的には中国における北伐による統一およびナショナリズムの高揚にともなう排日気運の激化、ロンドン海軍軍縮条約による「統帥権干犯」問題の浮上による日本国内における反発などにみまわれて、大正デモクラシーは、終焉をむかえた。そして、日本は、国内外における危機を克服すべく、関東軍の軍人が中心となって満州事変を起こし、「満州国」の建国による満州の事実上の支配、経済の

「軍事ドライブ」化による恐慌からの当時の主要国の中におけるいち早い回復などを行なったが、その一方で「もたざる国」であることを自覚していた日本は、満州を手始めとして中国本土に対する侵出の気配をうかがった。そして、その前提となるのが、満州と地続きで接している朝鮮を日本にとっていっそう都合がいいように統治することであり、そのような状況においては、朝鮮において「文化政治」を続ける「余裕」は、少なくとも日本の主観的観点からはもはやなくなっていた。それゆえ、日本は、朝鮮を中国大陸に向かって進出すべく「踏み台」のための「大陸兵站基地」とすべく、「内鮮一体」を図った。その「内鮮一体」は「文化政治」期にいわれた「一視同仁」と同様、言葉の上では日本（人）と朝鮮（人）とを対等なものと見て、そのために両者間を区別せずに扱うために一体化を図るというものであったが、実際は朝鮮（人）が当然ながらもっている日本（人）と異なる部分を無視する一方、両者がともに歩みよって一体化を図るものではなく、朝鮮（人）が一方的に日本（人）に合わせる形で一体化を図るというもの、つまり「朝鮮（人）の日本（人）化」を図るという日本にとって一方的に都合がよいものであった。そして、その延長線上に「皇民化政策」があり、その中でも「神社参拝」や「創氏改名」、朝鮮語教育の禁止などは、「内鮮一体」が実際には内包するそのような一方性を如実に物語るものにほかならなかった。

また、日本の朝鮮統治が朝鮮に各種の物理的・制度的インフラストラクチュアをもたらし、それが「光復」後、特に一九六〇年代以降の大韓民国の経済発展につながったという、いわゆる「植民地近代化論」はよく主張されている。しかし、日本は当時、朝鮮を日本のために利用するためにインフラストラクチュアをもってきたこと、さらに朝鮮に日本の「下請け」の役割を担わせ、自立ができないようにしたことなどを考えると、そのようなインフラストラクチュアが結果として「光復」後の南北朝鮮にのこった部分があったとしても、「植民地近代化論」を主張するのは、かなり無理があるものと思われる。

日本の敗戦後の朝鮮分割占領と統治

日本が一九三〇年代以降、日中戦争からアジア・太平洋戦争にいたり、戦局は、当初は優勢であったものの、やがて劣勢に立たされ、日本の敗北は必至となった。そして、連合国、特に米国は、敗北後の日本をいかに処理するかを考え、その中で前述したように日本の分割占領案もあったが、結局は回避された。ちなみに、ヨーロッパにおける敗戦国であったドイツが敗戦後、米英仏ソ四カ国の軍隊による分割占領・統治をされ、一九四九年には米英仏占領地域から西ドイツ（ドイツ連邦共和国）、ソ連占領地域から東ドイツ（ドイツ民主共和国）が成立して、その分断状況が一九九〇年まで続いた。しかし、東アジアでは直接の敗戦国であった日本が敗戦後、米ソ関係における齟齬もあって、ドイツのような分割占領・統治ではなく米国による事実上の単独占領となり、米英中ソ四カ国による分割占領案も結局は実現にはいたらず、分断を免れた一方、日本の統治に三五年ものあいだおかれ、直接の敗戦国ではなかった朝鮮は日本の敗戦後、まさに日本を分割から免れさせた米ソ関係における齟齬のため、米ソ両軍による分割占領・統治下におかれた。そして一九四八年には米軍占領地域から大韓民国、ソ連占領地域から朝鮮民主主義人民共和国が成立し、両者間で一九五〇年には朝鮮戦争が勃発して、双方に甚大な人的・物的被害をもたらして、分断が固定化し、現在にいたっているという状況である。筆者もふくめた日本人からすると、同じ敗戦国であったドイツのように日本が分断されなかったことは幸運であったといわざるをえないが、一方で日本が統治した朝鮮が分割占領・統治され、それからくる分断状況が現在も解消されていないことは、普通の感覚をもつ日本人からしても割り切れなさ、後味の悪さをのこしている。

日本の分断回避が朝鮮の分断につながったのか、朝鮮は分断が回避された日本の「身代わり」として分断されてしまったのか、あるいは朝鮮は日本の分断いかんにかかわらず分断は免れなかったのか、当時の国際政治において朝鮮が分断を回避しうる可能性があったのかなどは、当時の関連史料に基づいていま一度慎重に再検討する必要があると思われる。ただ、いずれにしても、結果として朝鮮を統治していた日本が分断を回避した一方で日本によって統治されていた朝鮮が分断を余儀なくされたという歴史的事実は、その影響を現在にまで引き継いでいることは明白である。特に、朝鮮の分断が南朝鮮および建国後の大韓民国における政治的混乱、そして一九五〇年から三年後までの朝鮮戦争における朝鮮半島全体にわたる破壊と分断の固定化、その後の南北朝鮮間の鋭い対立、その一方での日本における朝鮮戦争時の「朝鮮特需」による経済的復興およびそれもあっての保守政権の長期化というあまりに対照的な状況の展開をもたらす大きな要素となった。そして朝鮮半島の南北、内外にいる韓国・朝鮮人の多くが日本による統治からの「光復」後にそれらのことが続いたということに、現在にいたるまで割り切れなさや恨みにまでいたる感情をいだいているのは自然であることは、特に日本人であるならば銘記しておくべきであろう。

米国の朝鮮（韓国）政策（一九世紀〜一九四五年）

次に、現在において朝鮮半島情勢に多大な影響を及ぼしている米国の一九世紀から一九四五年までの朝鮮（韓国）に対する政策についてである。一八世紀に英国からの独立を果たした米国は、建国期から国家としても各個人としても「自助」による向上を尊ぶ国柄であった。そして、前述したように、米国は、ヨーロッパ諸国とは異なるやり方で東アジアに接近を試みた。英国は一八四〇年に始まったアヘン戦争において武力を用いて清国を敗戦に追い込み、それによって清国を開国させた。それにくらべて、一八五〇年代のペリー艦隊による日本の開国も、武力である艦隊の派遣および示威は行なったものの、日本側の現実的対応もあって、武力の行使なしに開国に成功した。一方で、朝鮮に関しては、東アジアにおける中国や日本のあいだにある小国にすぎないものであること、にもかかわらず日清・日露戦争をみても東アジアにおける紛争の種となっており、「困った存在」であること、経済的利害の面からみてもきわめて限られた存在であるに過ぎず、朝鮮・韓国において手にしている利権などは当然ながら保持し続けたいものの、そのために積極的に介入するほどのものではないこと、その利権が確保されさえすれば朝鮮・韓国は東アジアにおいての「やっかい者」であるので、デネットが言うように「陰謀の大海において浮遊して、航海の障害物となっているので、港に引っ張って行ってつなげておかなければならない」という存在と映るようになっていった。そして、米国が朝鮮・韓国を「引っ張って行ってつなげておく」という「港」の役割を果たす国として期待するようになったのがまさに日本であり、そのことが頂点へと達したのが、日露戦争期であった。

時の大統領であるTRやその次に大統領になるタフト、ジャーナリストのケナンなどは、米国が朝鮮・

韓国問題でやっかいごとにまきこまれないためにも、また朝鮮・韓国問題によって東アジアの平和が乱され、それによって米国の権益などが侵されないためにも、さらに最悪の状態に陥っているように見える朝鮮・韓国あるいは朝鮮人・韓国人をそこから引き上げるためにも、朝鮮・韓国を日本に任せるほかはないし、そのことは、米国にとってもプラスであると考えるようになっていった。したがって、日露戦争期に頂点に達した韓国側からの米朝条約の「周旋条項」に基づく援助の願いは、以上のような米国の思惑に反するものとなっていたので、まったく問題にもされずに無視されてしまった。このことは、いわば「積極的な不介入」ともいえるものであった。

日露戦争期に第二回日英同盟を日本と結んだ英国も日本の韓国支配を承認し、かつての三国干渉で日本を抑え込んだ露仏独も韓国問題においては日本に異議を唱えられる状況ではなくなったため、日本は、英米の承認および露仏独の黙認を追い風にして、韓国の保護国化、さらには併合までもっていくことができた。しかし、日米関係が日露戦争後、韓国に隣接する満州問題をはじめとするいくつかの問題によって摩擦を増大させたこともあって、日本は、米国の姿勢に対して疑問をいだくようになり、強引な手段もとりつつ、韓国併合を急いだ。それに対して、米国は、日本が韓国における米国の利権に手をつけないことを前提にして、日本の韓国併合を黙認した。こうして、日本は、英米をはじめとする欧米列国の「後押し」もあって、朝鮮統治を開始したが、日米関係はいっそうの摩擦を加えるようになり、特に理想主義的色彩が強かったウィルソン政権の発足後はさらにその傾向をつよめた。日本は、力による「一〇五人事件」の創作や「武断統治」の実施によって朝鮮統治が一見安定しているように映り、また朝鮮人は抵抗もできないとみていたので、一九一九年に三・一独立運動が起きたことは、正に「青天の霹靂」であり、自らを省みずにその原因を「米国要因」に求めた。

それに対して、米国側は、日本の朝鮮統治自体に異議を唱えてこず、在朝米国人にも政治問題への介入を控えるよう指示していたのに三・一運動が起きたのは日本の朝鮮統治に問題があったためであり、にもかかわらず米国に「罪のなすりつけ」をしようとしているとして反発した。その反発は日本が三・一運動を無慈悲に鎮圧して流血の事態が展開する中、いっそう強まった。ただ、それは、あくまでも米国特有の人道主義からくるものであり、朝鮮や朝鮮人に対する評価自体は変わらなかったので、米国は、三・一運動期に活発となった朝鮮独立運動を支持したり、日本の朝鮮統治自体に異議を唱えたりはやはりしなかった。そして、朝鮮問題で日米関係を悪化させるつもりはなかった日本側が米国の意向をくんで朝鮮統治のやり方を「武断統治」から「文化政治」に変えたため、米国も、そのことに満足するほかはなかった。そうして、「文化政治」期は日米関係も相対的に安定したこともあって、米国も、朝鮮問題で日本と関係をぎくしゃくさせるつもりはなかったのである。

「三八度線」決定の経緯

しかし、一九三一年に満州事変が勃発して、日本が満州において支配的立場を確立し、ワシントンおよびロンドン海軍軍縮協定も破棄されて「太平洋無条約時代」に入るなどして日米関係にいっそうの摩擦が加わるようになった。それでも、日本は、独伊のファシズム諸国と提携を強めたこともあって、かつてのように米国に対する外交上の「配慮」をする必要を感じなくなっていった。日本は、朝鮮問題においてもそのような「配慮」をしなくなっていったが、そのことは、前述の雲山金鉱問題や在朝米国人宣教師問題などにおいて顕著であった。それに対して、米国は、朝鮮問題において限定的な利害関係しかもたなかったゆえ、日本の強硬な措置に対して対抗する対応に出るまでにはいたらず、基本的に「押されっ放し」となって、日本が米国の利権回収や米国人宣教師への神社参拝などを実現させることにつながった。そして、日米関係の破綻から、一九四一年に太平洋戦争の開戦へとつながったが、朝鮮人独立運動家たちは、米国が日本を負かして朝鮮が独立することに期待をかけた。

米国側、特に国務省や大統領であるFDR自身は朝鮮および朝鮮人を日本から解放させることは日本の軍国主義を撲滅する上からも望み、カイロ宣言に「朝鮮の解放」の文句をもりこむことに賛成したが、日本から解放させたあとの朝鮮人が独立して朝鮮という国家を維持していく能力に対しては懐疑的・否定的な見方をしていた。そのことは、かつてのような「独立不能」「後進」などという朝鮮（人）・韓国（人）に対する米国の基本的な見方、もっといえば偏見がまったく変化していなかったことを示していた。そして、米国は、日本から切り離したあとの朝鮮を自国が全面的に引き受けるのは朝鮮における利害関係からも「オーバー・コミットメント」であり、好まないこと、しかし朝鮮人が独立してやっていけるとはとうてい思われないこと、そのような朝鮮は解放後、かつてのように東アジアにおいて「紛糾の種」とならないようにしなければならないことなどの判断から、国際連盟に代わって設立予定の新国際組織、その中での主要国が朝鮮を信託統治することが最善であるという考えをかためていった。

そのような中、一九四五年になると、ナチス・ドイツおよび日本の敗戦は必至となった。米国は、FDRの大統領在任中はソ連との協調、それを前提としてのソ連の対日参戦の要請などをヤルタ会談時に行ない、その一環として米ソ両国、あるいは中国もふくめた三カ国による朝鮮の信託統治を長期間行なうことをスターリンに求めた。しかし、ヤルタ会談での東欧、特にポーランドについての合意がソ連によって破られているとFDRの目にも映ったこと、それでもソ連との協調を諦めていなかったFDRが死亡し、トルーマンが後任に就くと、外交に自信のないトルーマンがフーヴァーやグルーをはじめとする「反ソ容日」の人たちの助言をうけてソ連に臨むようになったため、米ソ関係は、摩擦を増大させていった。米国は、原爆実験の成功もあって、FDR政権期にソ連に求めた対日参戦を戦後のソ連の勢力拡大を懸念して回避したいと思うようになり、日本を早期に降伏させることを望んだ。しかし、日本がこの段階においても「国体護持」にこだわり、日本の降伏を求めたポツダム宣言を「黙殺」してしまったため、米国は、ソ連の牽制、米国内での原爆開発の正当性の説明などのためにも、広島および長崎に二発の原爆を投下した。米国の原爆投下は、もともとそのつもりであったソ連の対日参戦を明らかに促したが、ソ連の対日参戦とソ連軍の進撃は千島全島、南樺太、満州だけではなく朝鮮にも及んだ。

それに対して、米国は、ヨーロッパ戦線およびアジア・太平洋戦線で日独を打ち負かしたのは米ソ両国であり、朝鮮に関してソ連は進撃を続けている一方で米国は朝鮮にまで進撃する態勢にはなく、ソ連の進撃を武力で阻止することはできない状況にあった。しかしソ連が朝鮮を席巻することは防ぎたいものの、米国が朝鮮をすべて引き受ける意思もないし、その準備ももちろんないという「中途半端」な状況の中、日本のポツダム宣言受諾が時間の問題であったこともうけて、急いで米ソ両国による北緯三八度線による朝鮮の分割占領という「禁じ手」ともいうべきやり方を考えて、それをソ連に提案した。それをソ連が受け入れたことで、朝鮮の分断は決定し、それはのちの一九五〇年から一九五三年までの朝鮮戦争によって固定化して、現在にいたっている。米国の提案を受け入れたソ連、朝鮮統治を三五年間にわたって続けた日本、すでに分化の様相を見せつつあった朝鮮民族自身も分断に関わることになったとはいえ、米国の提案がそもそもなければ少なくとも一九四五年の時点で米国以外の国や勢力が主導して朝鮮を分断することはなかったのであるから、朝鮮の分断の責任は、一義的には米国にあるといっても差支えないであろう。

また、「日本∨韓国・朝鮮」という一九世紀以来の米国の姿勢は、米国にとっての現実の利害関係などの面からみて、やむを得なかったともいえる一方、そのことからくる韓国・朝鮮に対する米国の「積極的不介入」あるいは「消極的介入」が韓国・朝鮮の運命をマイナスの形で大きく左右したことも、否定できない。

ロシア・ソ連の朝鮮（韓国）政策

一方、一九世紀以来、朝鮮半島情勢、ひいては東アジア情勢の変動に関わってきたロシア・ソ連の朝鮮（韓国）政策をみてみたい。ロシア・ソ連は、その国土がヨーロッパから東アジアまでのユーラシア大陸にまたがっており、東アジアにおいても中国と長い国境線を接していること、朝鮮（韓国）ともわずかの距離ではあるが最東南部（朝鮮からすると最北東部）で国境を接するようになったことから、その対朝鮮政策も東アジア全体、さらにはヨーロッパとの関連で展開する傾向があった。たとえば、日清戦争後の三国干渉で日本が後退を余儀なくされた際に朝鮮において勢力を拡大したことや、第二次世界大戦において独ソ戦に勝利後に軍をヨーロッパ戦線から東アジアに移動して、対日宣戦をした際に、満州だけではなく朝鮮にも進攻したことなどがあった。ただ、ロシア・ソ連にとって、朝鮮・韓国は遠く離れた国であり、しかも中国や日本、特に敵対関係であることが多かった日本との関連でみることが多く、東アジアにおいて一義的な利害関係を有する国ではなかった。それもあってか、ロシア・ソ連は、一八九〇年代後半の露館播遷後や一九四五年のソ連の対日進攻と朝鮮への進軍など朝鮮・韓国問題において自らに有利な状況であり、独占的な地位を確立できると思われる場合もそうしようとはしなかった。それは、周辺国の利害関係が複雑に錯綜する一方で、たとえばポーランドに対するように自らにとって死活的な利害関係はもたない朝鮮・韓国に過剰介入することをロシア・ソ連としては避けたいという事情があった。ただ、一九〇三年の日露交渉時に韓国を勢力圏に収めようという日本に対して北緯三九度線以北の地帯を中立化することを回答した一方で、一九四五年八月のソ連の対日宣戦・進軍をうけて米国が北緯三八度線においての米ソ両国による朝鮮半島の分割占領を提案したことを異議なく受け入れたりもした。ロシア・ソ連としては、顕在的ないし潜在的な敵対国が朝鮮半島全体に独占的な地位を確立することは、その後の東アジアにおける勢力均衡上からも防ぎたいという思惑もあったものと推察される。以上から、ロシア・ソ連の朝鮮・韓国に対する政策は、「即かず離れず」とも形容できるものではあったが、そのことは、対日・対米政策などとの関連において、朝鮮・韓国の行方を少なからず左右することへとつながっていった。

中国の朝鮮（韓国）政策

さらに、現在においても朝鮮半島情勢に少なからぬ影響を及ぼしている隣国の中国であるが、中国は、伝統的に宗主国として朝貢国である朝鮮に対して絶対的ともいえる影響力を及ぼしていた。ただ、中国は、朝鮮とのあいだの冊封体制が維持できれば朝鮮の内政にいちいち干渉することはしないという姿勢ももっていた。それでも、一九世紀に入って、中国も国力を低下させ、西洋列強によって開国および不利な不平等条約の締結を余儀なくされ、さらに日本が明治維新後に台湾や琉球、さらに朝鮮に対して影響力を拡大しようと図ると、中国を中心とする「東アジア国際システム」の維持・再興をめざした。そして、中国は、日本の影響力拡大の焦点が朝鮮に当てられるようになるにつれて、その阻止および朝鮮での影響力の確保に注力し、一八八二年の壬午軍乱および二年後の甲申政変においては朝鮮を舞台にして日中間の衝突がなされた。そこで勝利した中国は、朝鮮において優越的な立場を確保するにいたったが、中国を中心とした東アジア国際システムが崩壊していく中でも旧来の中朝宗属関係を維持することを最重視した。その間に自国を近代化させようという一八六〇年代以来の洋務運動は続けていたものの、日本の明治維新とは違って近代化という面ではうまくはいかず、朝鮮を近代化させることももちろんしなかった。

そのような中で、中国は、壬午軍乱および甲申政変の「復讐」および朝鮮における劣勢の挽回に向けて準備を万端に整えていた日本が仕掛ける形で開戦した日清戦争において完敗を喫し、台湾などの領土の日本への割譲や巨額の賠償金の支払いだけではなく、「虎の子」であった朝鮮における宗主権を手放すことも余儀なくされた。中国は日清戦争での敗戦後、自らが欧米列強および日本による分割状態、半植民地状態に陥り、洋務運動の失敗後は一八九八年の戊戌の政変や孫文などによる国権回復の動きはあったもののうまくはいかず、朝鮮（韓国）と同様に東アジア国際政治における「客体」の地位にまで墜ち込んでしまった。

中国はそれ以降、自らの立場・状況がいっそう悪化するのを防ぐことで精いっぱいであり、日露戦争期における日本の韓国への勢力の扶植・拡大、その後の韓国の保護国化および併合、日本の韓国併合後の朝鮮統治の開始という事態の展開を前にして、前述の一九〇九年の間島協約を日本とのあいだで締結したことを除くと、それらに異議を唱えることなどができる状況にはなかった。

そのような中、日本の進路が朝鮮を「踏み台とする」形で満州から中国本土をうかがうようになると、中国は、韓国・朝鮮の状況を次の自らの状況になぞらえていき、韓国・朝鮮に対してある程度の同情心を示すようになった。さらに、中国は、日本を単独では抑えられないことから、「援軍」を必要としたこと、そして日本をその内部から攪乱することなどを図って、朝鮮人独立運動家たちと徐々に歩調を合わせるようになっていった。すなわち、三・一運動時の金奎植のパリ行きに中国側が便宜を図ったことにはじまり、一九二〇年代になって大韓民国臨時政府と中国の南方政府が日本をにらみながら協力関係をきずきあげていったが、それは、中国の南方政府の指導者が孫文から蔣介石に代わっても続き、大韓民国臨時政府の青年に軍事訓練を施したり、大韓民国臨時政府の活動資金を工面したりした。

中朝間の関係の強化は、一九三〇年代になっても続いた。一九三七年の日中戦争で日本が中華民国の首都であった南京を陥落させ、中華民国は抗日戦を続行すべく首都を内陸部の重慶に移したのをうけて、大韓民国臨時政府も、根拠地を南京から重慶に移したのは、そのことを象徴していた。中国の大韓民国臨時政府への援助、そして大韓民国臨時政府の中国への協力という関係は、一九四一年一二月の太平洋戦争の開戦後も続き、たとえばカイロ会談時に朝鮮問題を取り上げて会談後のカイロ宣言において朝鮮の解放を盛り込むことを主張したりもした。

しかし、中国は、一方で米国の参戦もあって日本との戦争がしだいに自らに有利に展開して日本の敗戦が現実のものとなっていく中、アジア・太平洋戦線が米国の主導で動いているという「現実」にも直面せざるをえなかった。大韓民国臨時政府の承認を米国が見合わせることを要求したことに対しては、米国の後ろ盾もあって世界における「四人の警察官」の一国として遇されていたこともあって、それを受け入れるほかはなく、朝鮮問題によって米国との関係を損ねるつもりはなかった。さらに、中国は前述したとおり、一九四五年になって日本の敗戦を迎えるにあたって、日本の統治から切り離す方向が決まった朝鮮に対して、軍事的に進攻し、占領する計画を立てていたが、一方で「大国」として遇されつつあり、米国が立てていた戦後の朝鮮の分割占領にもあずかる予定であった。そのような計画を立てていたことは、それが現実には実行されなかったとはいえ、朝鮮に対して優越的な立場を確保・維持しようというかつての伝統的な姿勢を復活させようとしていたことがうかがえよう。

朝鮮（韓国）の動きとその背景

最後に、国境を接する中国やロシア（ソ連）、さらには欧米列強や日本の動きを前にした朝鮮（韓国）の対応についてみてみたい。朝鮮は一四世紀末に朝鮮王朝が成立して以来、儒教を国教としてきたが、儒教は、「官尊民卑」「男尊女卑」「祖先崇拝」「長幼の序」などを重んじるものであり、中国からのものであった。そして、その儒教は、本家である広大な中国においてよりも狭い朝鮮においていっそう凝縮する形で行き渡るようになっていった。朝鮮王朝によるそのような体制は、国内における商品経済の広まりなどによって動揺をみせつつあったが、朝鮮をめぐる国際環境にも依っていた。つまり、朝鮮の「宗主国」であったものの、朝鮮が服従さえしてくれればその内政にまでいちいち干渉してこない中国がその力を保持し、中朝関係が第三国からの介入を許さないほどに強固であること、また日本が東アジア国際秩序における「大陸―半島―島国」という序列を覆すような動きをとらないこと、そして欧米諸国が東アジアに対して手を伸ばしてこないことなどであった。しかし、中国が力を低下させ、アヘン戦争での敗北によって欧米への開国および不利な内容の不平等条約の締結を余儀なくされたこと、日本において徳川幕府時代には芽生えていたもののまだ潜在化していた東アジアにおける序列を崩し、日本が頂点に立とうという思想や行動が幕末から倒幕、明治維新という流れの中で一気に顕在化していったことなどによって、朝鮮王朝は、国際政治的にも揺さぶられることになった。それに対する朝鮮の対応は、欧米によって開国させられながらも東アジア、特に朝鮮に対する宗主権を保持し続けようとした中国に依存すること、そして鎖国を続けることであった。

　そして、中国、日本に続いて朝鮮にも接近した欧米諸国も、一八六〇年代には日中に比べての朝鮮の重要性の小ささと、そのことからくる準備不足もあって、朝鮮と衝突したものの引き下がり、そのこともあって朝鮮は、鎖国を続けることができた。しかし、明治新政府は早くも一八六八年、王政復古が成ったことを朝鮮に通告する「書契」によって徳川幕府時代の日朝関係を逆転させようとし、さらに一八七一年、対等条約である日清修好条規を清国と締結して中朝関係にくさびをうちこんだ。さらに、欧米、特に朝鮮の開国にヨーロッパ諸国よりも積極的であった米国は、直接には手を下さずに朝鮮を開国させるため、ペリーの『日本遠征記』を渡して、日本を朝鮮の開国へと仕向けた。その「援軍」もあって、日本が強気な手法をとったため、朝鮮もそれに抗しきれず、一八七六年二月には日朝修好条規が締結され、朝鮮は、不利な不平等条約を締結させられた。

朝鮮においては、日本との修交の前に西洋ないし日本に倣った近代化を図ることによって独立を維持していこうという動きがすでにあったが、それに反してなおも西洋式・日本式の近代化にはいたらずに独立を維持しようという動きもあった。そして、一八七〇年代から一八八〇年代初めにおいては、閔妃勢力が前者の立場、彼女の舅である大院君の勢力が後者の立場をそれぞれとっていたが、一八八二年の壬午軍乱から二年後の甲申政変を経て、清国に救われた格好となった閔妃勢力は後者の立場、大院君勢力は日本に擁立されることによって必然的に前者の立場をとるようになった。さらに、朝鮮は、欧米諸国とは一八八二年に米国と最初に修交したのをうけて、翌年からヨーロッパの主要国とも修交し、欧米による「力の外交」の波が朝鮮にも否応なく及ぶことになった。

以上のような状況において、朝鮮の政界においては、危機を克服するため、協力する方向ではなく、対立を深め、中国や日本を引き入れて、危機がいっそう増大するという状況になった。それに対して、民衆は、迫り来る危機に対処すべく、一八九四年には農民戦争や義兵闘争への参加や加勢という形で抵抗しようとした。それでも、それらの抵抗は、日本軍および親日政府によって抑え込まれてしまった。その後も、朝鮮政府は、日本を抑えるべくロシアに依存するようになり、親露派が優位を占め、中国からの自立を内外に示すために、国号を「大韓帝国」に変え、大韓帝国国制を出して、近代的装いを見せる一方で、対外関係におけるいっそうの自主および国内政治における自由化を求める独立協会の動きは自分たちの既存の権力を損なうという理由から抑え込んでしまい、結局は解散に追い込んでしまった。

朝鮮独立運動とナショナリズム

そして、韓国政府は、日露間の対立激化を前にしては中立化の模索、韓国問題に対する日本の強硬姿勢を前にしては日露開戦時の局外中立を日露両国に要請することのほかには対応できなかった。日露戦争開戦をうけて、日本が前述の韓国の局外中立要請を無視して、日本軍を侵攻させ、ソウルを中心にして占拠し、それをうけて日韓議定書の締結、第一次日韓協約の締結と既成事実を積み重ねるのに対して、独立の維持に向けては対処できない状況に陥った。そして、高宗など韓国政府の人たちが日露戦争中にやったことは、現実的状況をみれば結実する可能性はそもそもなかった（米朝条約の「周旋条項」による）米国への援助要請であり、韓国は、韓国の運命よりも日本との関係を優先する米国による「裏切り」に遭ってしまい、日露戦争において勝利した勢いにのった日本からの圧力に抗しきれず、結局は第二次日韓協約の締結、それによる保護国化を余儀なくされた。

そして、韓国政府は日本の韓国保護国化以降、日本に協力する親日派が主導権をにぎり、保護国化に抵抗する高宗がハーグ密使事件の発覚によって統監の伊藤から激しく責め立てられたのに便乗して高宗を皇帝の座から退位に追い込み、ますます親日派で占められることになった。それに対して、政府の外では、愛国啓蒙運動および義兵闘争が展開し、独立の維持、保護国化への反対および日本への併合の阻止に向けて動いた。それらは、日本および親日的な韓国政府によっていずれも潰されてしまったものの、愛国啓蒙運動のほうは改革、義兵闘争のほうは抵抗の意思をそれぞれ示した。ここに、韓国（朝鮮）のナショナリズムというものの一端が現れたかっこうであるが、韓国（朝鮮）のナショナリズムは、日本のそれが前述のごとく能動的・外向的かつ攻撃的なものであったのとは正反対に、日本からの圧力に対する受動的・内向的・防御的なものであった。

それゆえ、日本が強引ともいえる手法で韓国を併合して日本内の一地域である「朝鮮」とする一方で、「日韓併合」に協力した旧韓国政府の人たちに爵位を与えたりして慰撫する一方で、朝鮮人全体の中から現れた抗日という形でのナショナリズムは、強力な「武断統治」の展開の下で一見すると消え去ったかのようにみえても実際は水面下にもぐっていただけであり、何かの契機で再び現れるというものであった。そして、前述のように、国際的な動きもうけて、朝鮮の外において独立を訴える動きが出てきてそれが朝鮮にも波及し、また朝鮮内においてもそのような動きを受け止めるべく、宗教家たちが独立宣言に向けての準備をした。ソウルのパゴダ公園における独立宣言書の朗読の際には民衆たちが参集し、朗読の終了後には民衆たちが独立を訴える行進を始め、ソウルにおけるそのような動きがすぐに朝鮮全土に広がって、三・一運動になった。

この三・一運動こそ、前述のような性質をもった朝鮮におけるナショナリズムが一気に噴出したものとなった。三・一運動は、目標とする朝鮮の独立を勝ち取ることはできなかったものの、朝鮮のナショナリズムというものがいかなるものであるのかを日本に充分にみせつけることには成功し、日本をして朝鮮統治を「武断統治」から「文化政治」へと変えざるをえない状況に追い込んだ。

一方で、旧政治指導者たちの多くは、一部の例外はいたものの、すでにこの時期には日本への抵抗を無意味であるとして完全に放棄していた尹致昊が象徴的であったが、以上のような朝鮮のナショナリズムの表出には否定的であり、あるいはそこまではなくとも積極的ではなかった。また、世界各地においてこの時期、独立運動を展開した朝鮮人運動家たちの場合も、それぞれの地において独立運動を展開したため、統一した組織がすべての地域における独立運動を統括することは、そもそもむずかしかった。そのような困難を克服するためにもできたのが、大韓民国臨時政府であったが、臨時政府も、それぞれの根拠地をかかえていた運動家たちによる「寄合い所帯」であり、いわゆる「上からの指示」を強いることはできなかったし、仮にそのような指示があったとしても、それにそのまま従う運動家たちは決して多くはなかった。朝鮮独立運動が一つの大きな中心を核にして展開されたというよりも、米国においては李承晩や徐載弼など、中国においては金九や金奎植など、ロシア領においては李東輝など、朝鮮本国においては呂運亨や安昌浩などといった具合にそれぞれの地域において小さな中心をもった人たちが自らの主導権のもとで独立運動を展開する場合が多かった。もちろん、呂運亨や安昌浩、金奎植などのようにほかの独立運動家との連携を模索しようという姿勢をみせる人たちもいたが、一方で特に李承晩は、ほかの独立運動家との連携による独立運動全体の強化に一義的な価値をおかず、自らが独立運動における主導権をにぎることに一義的な価値をおいていた。そのため、李承晩に対する反感・嫌悪感もほかの独立運動家の中で強く、その結果が、一九一九年に独断で「委任統治請願」をウィルソンやパリ講和会議に行なったことを理由にした一九二五年における彼の大韓民国臨時政府大統領職からの弾劾であった。そして、李承晩はこれ以降、米国において自らを前面に押し出した上での米国政府、議会の有力者などに対する朝鮮独立支持のためのロビーなどに注力するなどの活動を一九四五年まで続けた。そのことが、彼に対する米国政府のすぐの支持にはつながらなかったものの、「光復」後の北緯三八度線以南の南朝鮮地域において米国がほかの独立運動家との比較において彼を選び、李承晩が政治的に浮上するのにつながっていったとみられる。李承晩については、大韓民国において、一九四八年の建国から朝鮮戦争を経て以降の基盤固めをしたという「建国大統領」という評価がなされている一方、朝鮮独立運動全体、そして「光復」後の南朝鮮の政局にとって李承晩の存在が「黒い影」となってしまったという側面も否定できない。

独立運動の分裂と朝鮮半島の今後

その後、一九三九年に第二次世界大戦がヨーロッパにおいて勃発し、翌一九四〇年になってナチス・ドイツがヨーロッパを席巻する勢いをみせ、さらに日本が同年、そのドイツと日独伊三国同盟を結んで同盟関係に入るなど、国際情勢がいっそう緊迫するにつれて、朝鮮は、日中戦争の長期化や北部仏印への進駐といった日本の戦時体制にさらに組み込まれることになった。そのような中、朝鮮人の中で日本の統治をもはや変更不可能のものと判断して「親日派」に転向し、日本に協力する人たちもさらに増えたが、「光復」後にそのことを追及・糾弾されて、そのために病状が悪化して一九四五年一二月に急死した尹致昊に象徴されるように、彼らは結局、日本側に利用され、朝鮮社会や世論を分裂させるだけの存在でしかなかった。「親日派」およびその行為は、批判されて当然である一方、やはり前述の「一〇五人事件」の時の尹致昊に代表されるように、彼らの多くに対しては日本側による脅迫や拷問がなされるなどして圧力が加えられたのであり、その点も、見過ごしにはできないであろう。同様の人たちとしては、日本国内における（主として社会主義から国家主義への）「転向者」、中国における「漢奸」などもいたが、規模および異民族に対する圧力と「寝返り」の両面、さらに日本の敗戦後の社会への影響力などからみて、朝鮮における「親日派」は、その種の人たちの中で際立った存在であったと言っても差支えないであろう。そして、「親日派」への追及は日本からの解放後、南北朝鮮でなされるが、大韓民国においては権力の座に就く李承晩が反共を優先したため、彼らの多くは、「過去」を追及されることなく、要職へと登用されることになった。

日本は結局、一九四一年に太平洋戦争に突入するが、朝鮮はそれ以降、日本による収奪の対象、カイロ宣言で朝鮮に関して言及されたところの「奴隷状態」ともいえる状況に追い込まれた。朝鮮は、日本が食糧の配給制度も滞るようになり、相次ぐ空襲をうけて破壊状態に追い込まれたのとはちがい、空襲自体はそれほどなく、食糧事情も日本ほど悪化しはしなかった。「奴隷状態」とは、物理的な側面以上に「内鮮一体」や「皇民化政策」によって朝鮮人としての民族性の喪失、抹殺へとつながりつつあったという精神的な側面のほうが強かった。

日本の敗戦が必至という戦局となって、朝鮮は、いついかなる形で日本から解放されるのかが焦点となったが、前述したように朝鮮国内だけではなく中国、ソ連、米国など世界各地で独立運動家たちがそれぞれ自らを中心にして運動を展開しており、彼らのあいだにおいての横の連携は基本的になかった。そして、そのような状況において「光復」が彼らの予想するよりも早くやってきて、さらに米ソによる朝鮮半島の分割占領が彼らの予想しない中でなされたので、呂運亨のように「朝鮮人民共和国」を建国して当時の左右の独立運動家を網羅しようという動きもあったとはいえ、多くの独立運動家たちは、それぞれの思惑をもって動いた。そのことによって、「光復」および分割占領という「外圧」に対して、かつその後を決定づける重要な時期において、統一した行動がとれず、むしろ分裂の方向へ向かっていったことは、その後の南朝鮮における政治的混乱、南北における二つの政府の成立と対立、朝鮮戦争の勃発と南北を問わず徹底した破壊、分断の固定化という現在にまでいたっている状況のもととなっていることを銘記しておくべきであろう。ただ、これも、まさに「外圧」、特に朝鮮独立を阻止すべく圧力をかけ続けた日本によって、朝鮮独立運動が統一した動きをとることができなかったこと、それほどまでに朝鮮統治期（大韓民国では、「日帝強占期」とされている）における日本の力・存在感が巨大なものであったということ、それでも朝鮮は「日本化」されることなく独自性を維持しつづけてきたし、現在も維持しつづけているということも忘れてはならないであろう。

朝鮮半島はいわゆる「地政学」上、また歴史的経緯からみても、周辺諸国、利害関係国からの影響は免れない。そして、そのことは、現在の朝鮮半島をめぐる状況からみても、同様である。最後に、南北朝鮮の人たちは、そのような国際関係からの影響をふまえた上で悲願である統一に向かうこと、そして周辺諸国や利害関係国、特に日本は、そのような動きに少なくとも向かい風を送らないことを強く願いつつ筆をおきたい。

注

第一章

＊1　韓国の国民的英雄の一人である彼の銅像が現在、釜山・龍頭山公園など南海岸の各地およびソウルのメイン・ストリートの一つである世宗路にあり、いずれも、日本の方向に向かっている。

＊2　そして、その中には、たとえば太平洋戦争の開戦時と終戦時にいずれも外相を務めた東郷茂徳の祖先もおり、鹿児島市西側に位置する苗代川（現在の鹿児島県日置市東市来町美山）に定住して、薩摩焼に従事した。

＊3　釜山北方の東萊におかれたが、一六七八年に釜山の中心に近い草梁に移転した。

＊4　明は一六三六年に中国東北部にできた満州族王朝の清によって滅ぼされ、清は、一六四四年より中国を支配した。清はその前身の後金の時代、明を慕った朝鮮を従わせるため、一六二七年に最初の侵攻を行なった。韓国・朝鮮でいうところの「丁卯胡乱」であるが、この時は「兄弟之国」となって和睦した。しかし、後金が一六三二年に中国東北部全域を支配し、一六三六年に明を滅ぼす中で「君臣之義」に代わることを朝鮮に要求し、朝鮮がそれを拒否したため、同年に再度侵攻して韓国・朝鮮でいうところの「丙子胡乱」を起こし、朝鮮は、善戦したものの、翌一六三七年の講和で明との関係を完全に断たれ、清に服属した。

＊5　従来から中国に朝貢する一方で一六〇九年の薩摩の侵攻によって服従させられたものの、中国への朝貢を続け、「日清両属」という状況にあった。

＊6　新井白石「朝鮮国信書之式の事」「朝鮮聘使後議」「国書復号紀事」『新井白石全集』第四（吉川半七発行／非売品、一九〇六年）、国書刊行会編『新井白石全集』第四巻（国書刊行会、一九七七年）を参照。

＊7　なお、朝鮮民主主義人民共和国では、一九九四年七月に死亡するまで国家主席の座にあった金日成の曾祖父金膺禹が

この事件において米国を退けた中心的人物であったとされている。

＊8　その際にフランス側がソウル西北の江華島にあった歴代国王の文書を保管した奎章閣の付属図書館であった外奎章閣から『朝鮮王朝儀軌』などの図書をもち去り、フランス国立図書館に所蔵していたが、その返還をめぐって大韓民国とフランス間で交渉がもたれた結果、図書は、フランスが「貸与」する形で、二〇一一年に一四五年ぶりに大韓民国に順次返還された。

＊9　現在のいわゆる「北方領土問題」において、日本は、この時の合意から、四島は「日本固有の領土」と主張している。

第二章

＊1　平安道と咸鏡道という北部の二つの道はロシア領、慶尚道、全羅道、忠清道という南部の三つの道は日本領、そのあいだにある京畿道、江原道、黄海道という中部の三つの道のみを韓国固有領とする三分割である。

＊2　ソンタクがこの時期、高宗にコーヒーを初めて紹介し、それが、コーヒーが朝鮮じゅうに広まることにつながった。

＊3　ソンタクは後述するように日本が韓国を保護国化して、併合を図っていた一九〇九年、ソンタク・ホテルを売却してしまい、翌一九一〇年に韓国を離れた。さらに、ホテルは一九一七年には梨花学堂（現在の梨花女子大学校）に売却され、寄宿舎として使われ、さらに一九二二年、梨花学堂のフライ・ホール（Frey Hall）が建った。その建物も、朝鮮の解放後の一九七五年五月に発生した火災で焼失してしまい、その址だけがのこっていたが、二〇〇四年に竣工された梨花百周年記念館が建ち、現在にいたっている。

第三章

＊1　西四辻公堯（小倉祐三郎）が伝聞や聞き取りを基に一九三〇年に作成したとされる私家版『韓末外交秘話』（海野福

寿編・解説『外交史料　韓国併合』上、不二出版、二〇〇三年に収録）に、伊藤が「ぐずぐず言うなら殺ってしまえと言う中で韓圭卨が連れ出されたため、殺害されたものと思われた」という記述がある。一方でその場にいた林権助は、韓圭卨は激高のあまり、自ら席をけって立ち上がり高宗の御座所のほうに向かって出ていったこと、しかし韓圭卨は興奮のあまり、厳淳妃の部屋に入り込んでしまい、それに気がついて急いで出たものの、会議室の前に戻って卒倒してしまったこと、そこで「水でも頭にかけて冷やしておけばいい」と指示したことなどを回想した。林権助『わが七十年を語る』第一書房、一九三五年を参照。

＊2　このため、彼ら五人は現在、大韓民国・朝鮮民主主義人民共和国いずれにおいても「乙巳五賊」とよばれている。

＊3　実際に調印された日時は、一一月一八日の未明であった。

＊4　第二次世界大戦後の冷戦の展開の中で「封じ込め政策」などの米国冷戦戦略をたてたジョージ・F・ケナン George Frost Kennan の伯父である。

＊5　また、その一環として外国、特に日本から韓国が借りている借金である国債（その一部は、韓国内における日本人居住区を造成するために使われた）を韓国人自らの手で資金を集めて返すことによって身軽になり、ひいては外国、特に日本からの影響力を少しでも減らして韓国の独立、独自性をその分だけ回復しようという狙いをもった「国債報償運動」も展開された。

＊6　彼は日本によって逮捕され、対馬に護送・監禁されたが、一二月に断食によって獄死した。

＊7　割腹自殺したともされるが、病死説が有力である。

＊8　前述の大韓自強会は、この時の反対のため、強制的に解散させられた。

＊9　最初は「朝鮮拓植株式会社」とする予定であったが、露骨すぎるということで中止された。

＊10　これは、伊藤の首相在任中に起こり、また首謀者であった三浦梧楼を駐朝公使に任命した責任は免れないものの、閔妃殺害を伊藤が三浦に指示したことを示す文書は現在のところ、確認されていない。

＊11　これは、一八六七年当時の伊藤はまだ下級武士にすぎなかった立場からいっても、事実ではないと推測される。
＊12　中国においては、日本の韓国併合を「亡国」としてとらえ、自国の運命との関連の中でうけとめるという傾向が立憲派の梁啓超などにみられ、梁啓超は、変法自強思想を展開した。一方、革命派は、内田良平の黒龍会を媒介にして一進会と原則なき妥協をし、日本の韓国併合を問題視しない傾向がみられた。
＊13　韓国併合の「功績」で、桂は、長州閥の先輩である井上馨をさしおいて山県や暗殺された伊藤と並ぶ公爵に昇進し、小村も、侯爵に昇進した。

第四章

＊1　ちなみに、阿部は一九四〇年に首相を退任後、朝鮮総督に就任した。また、宇垣は一九三七年、首相に就くよう大命降下が下ったが、陸相を得られず、首相に就けなかった。
＊2　その「責任者」となったのが、朝鮮駐箚憲兵隊司令官の明石元二郎であった。
＊3　このため、この「寺内暗殺未遂事件」または「朝鮮陰謀事件（英語では、「Korean Conspiracy Case」という）」は、「一〇五人事件」ともよばれている。
＊4　その後尹致昊は、現状を動かしがたいと思うようになり、日本への無抵抗を周りに訴え、のちに「親日派」となった。
＊5　うち、イタリアはすぐには参戦せず、一九一五年、戦後の獲得物の約束をうけて、三国協商側に寝返って、ドイツとオーストリア＝ハンガリーに宣戦した。
＊6　前日の三月二日は日曜日であったため、キリスト教側が安息日であるとして反対した。
＊7　これによって、一九二〇年三月、現在も大韓民国において発行されている『朝鮮日報』が、その翌月にはやはり同様の『東亜日報』がそれぞれ創刊された。
＊8　ただ、日本からも片山潜、徳田球一など一六人が参加したため、事前に名称が「極東労働者大会」と変更された。

＊9　一九二三年一二月末に当時の皇太子でのちの昭和天皇を狙撃した虎ノ門事件が発生した責任をとって翌一九二四年に警視庁を懲戒免官されたあと、同年には『読売新聞』の社主になり、一九三四年にはプロ野球の球団で現在の読売ジャイアンツの前身である大日本東京野球倶楽部の創設にも関わり、「日本プロ野球の父」ともいわれる。さらに、戦後には、公職追放とその解除を経て、一九五六年、原子力委員会の初代委員長、初代の科学技術庁長官に就き、原子力発電所の建設にも深くかかわった。

＊10　森五六述・山本四郎編「関東大震災の思い出」、日本歴史学会編『日本歴史』第二五六号、吉川弘文館、一九六九年、松尾尊兊「関東大震災下の朝鮮人虐殺事件」（上）、『思想』四七一号、岩波書店、一九六三年を参照。

＊11　大韓民国臨時政府側の数字では六、六〇〇人あまり、朝鮮人に同情的な姿勢もみせていた政治学者の吉野作造がつかんだ数字では約二、七〇〇人、黒龍会調査では七二二人、日本政府司法省調査では二三一人もの朝鮮人が殺害された。朴殷植著、姜徳相訳注『朝鮮独立運動の血史』二、平凡社東洋文庫、一九七二年、姜徳相『関東大震災』中央公論社、一九七五年、琴乗洞編・解説『関東大震災朝鮮人虐殺問題関連史料Ⅱ　朝鮮人虐殺関連官庁史料』緑蔭書房、一九九一年を参照。

＊12　そのため、中国は、最初に予定していた大震災に対する対日援助を中止して、対日非難に回り、中国人が被った被害を調査するための調査団を日本に派遣した。

第五章

＊1　現在、大韓民国で発行されている新聞『中央日報』とは別の新聞である。

＊2　日本政府は結局、東京での開催を返上し、一九三九年の第二次世界大戦の勃発もあって一九四〇年のオリンピック自体が中止となった。

＊3　大日本帝国「臣民」とされた朝鮮人が日本に渡航することは本来、密航ではなかった。

＊4　慰安婦の正確な総数を示すような資料はみあたらない。吉見義明『従軍慰安婦』岩波書店、一九九五年では約四万五、〇〇〇から約二〇万人、秦郁彦『慰安婦と戦場の性』新潮社、一九九九年では約二万人と推算している。アジア女性基金のサイトも参照のこと（http://www.awf.or.jp/）。

＊5　一方で、日本政府は、軍や朝鮮総督府などの日本当局が慰安婦を強制連行した文書などは確認されなかったともした。

第六章

＊1　途中で英本国における総選挙での敗北をうけて首相を辞任・帰国し、新たに首相に就いたアトリーに代わった。

＊2　犠牲となった韓国・朝鮮人を慰霊する「韓国人原爆犠牲者慰霊碑」は一九七〇年四月、在日大韓民国居留民団広島県本部によって建てられたが、平和公園内の設置は許可されず、公園の外に建てられた。この「差別」に対する批判が高まる中、慰霊碑はその後、一九九九年七月に公園内への移設が実現した。

＊3　八月一五日は、大韓民国では「光復節」、朝鮮民主主義人民共和国では「祖国解放記念日」という祝日になっている。

＊4　日本は、「内地」および朝鮮以外の「外地」においても同様の措置をとった。

＊5　一九六九年に設立された総務処政府記録保存所が二〇〇四年にそのように改称された。

＊6　そのような中で、たとえば一九四五年八月二二日に青森県大間から釜山に向かう途中で京都府舞鶴を経由した日本海軍の輸送艦・浮島丸が二四日、舞鶴港沖で米軍が設置した機雷に接触したということで沈没し、乗船していた朝鮮人三、七二五人のうち五二四人および日本海軍軍人二五五人のうち二五人が死亡したとされる「浮島丸事件」が起こった。ただ、事故原因については、故意的な爆発説があり、朝鮮人の乗船者数についても、約七、〇〇〇人であるという説、朝鮮人の死亡者数についても、約五、〇〇〇人であるという説もある。

図版出典一覧

第一章

「釜山・龍頭山公園の李舜臣像」―筆者撮影

「大院君」「高宗」「閔妃（と伝えられる女性）」―李圭憲／高柳俊男・池貞玉共訳『写真で知る韓国の独立運動（上）』国書刊行会、一九八八年

第二章

「清国からの独立を象徴し建設された独立門」―著者撮影

第三章

「T・ローズヴェルトとタフト」Roosevelt 560.52 1909-017, Theodore Roosevelt Collection, Houghton Library, Harvard University

第四章

「ソウル・パゴダ公園内の三・一運動場面レリーフ」―著者撮影

「大韓民国臨時政府パリ委員部庁舎跡を示す看板」―著者撮影

第五章

「孫基禎の優勝報道記事より」―『東亜日報』記事より

第六章

「米国発行の切手『蹂躙された国ぐに』シリーズ中の朝鮮のもの」―著者提供

「現在も残る旧京城駅舎（現文化駅ソウル２８４）」―著者撮影

「在日韓国・朝鮮人の人口の推移」―在日本大韓民国民団ホームページ「民団紹介」（http://www.mindan.org/shokai/toukei.html#）

カバー・表紙

「一九一九年四月一四日フィラデルフィアのアメリカ独立記念館の前で開催された「韓人（自由）大会」に参加した各地域代表ら。右側が李承晩博士。」

「三・一運動以後アメリカの祝祭日には、在米朝鮮人僑胞が太極旗をもち街頭行進をした。」（背景）―李圭憲／高柳俊男・池貞玉共訳『写真で知る韓国の独立運動（上）』国書刊行会、一九八八年

あとがき

日本と朝鮮半島のあいだの関係は有史以来、続いてきたが、現状は、日本と朝鮮半島の南にある大韓民国が日米安全保障条約（一九五一年調印）と米韓相互防衛条約（一九五三年調印）によって、日韓間はそのような直接的関係にはないながらも米国をあいだとした「日米韓」体制を続け、北にある朝鮮民主主義人民共和国と対峙している。一方、その朝鮮民主主義人民共和国はかつては中国、ソ連の支援をうけて大韓民国を圧倒していたものの、大韓民国の経済成長、ソ連の崩壊、中国の「資本主義」化などをうけて劣勢に立たされ、それを挽回するため、核・ミサイル開発を続けている。そして、朝鮮半島に対しては、日米中露の周辺四カ国がそれぞれの立場で影響を及ぼしており、「群雄割拠」の様相にある中で、日本は大韓民国とは修交し、経済的のみならず、「韓流」「日流」という言葉に象徴されるように文化的にも交流を深めている。しかし、いわゆる「歴史問題」などによる摩擦、それに対する「嫌韓流」という言葉に象徴される反発も日本においてみられ、さらに朝鮮民主主義人民共和国とはいまだに修交もできていない。

本書の内容は、いってみれば以上のような現在進行中の現状を追っているものではなく、「過去」の出来事や人物を扱っているものである。しかし、その「過去」が現在の日本と朝鮮半島との関係において過ぎ去ったものではなく、それどころか「現在」に多大な影響を及ぼしていることは、そのことをどのように評価するにしても、誰しもが否定できない。筆者は、本書においてそのことを常に意識しながら、「過去」が「現在」といかに結びついているのかを示すために、本書全体および個別の内容において執筆したつもりである。

筆者は、本書のような通史的な概説書はその分野における研究キャリア、研究業績および執筆時の力量という三つが「三拍子」の形で充分に整っていることが執筆の前提となると考えている。それをあてはめると、その三つのいずれもが現時点において充分とはいえないいわば「三重苦」をかかえる筆者に、本書を書くだけの資格があるのかと自問せざるをえない。それでも、ともかくも本書を仕上げることができたのは、ひとえに本書執筆のために参考・引用したこれまでの優れた先行研究のおかげである。

過去に、慶應義塾大学に在籍したことがない筆者が慶應義塾大学出版会から本書を出版できるようになったのは、出版会編集部の乗みどりさんのおかげである。出版会から二〇〇九年に出された共著『現代東アジア』において拙稿も担当された乗さんは日本の韓国併合一〇〇周年にあたる二〇一〇年、それがさまざまな形でとりあげられる一方でそれへの日本人一般、特に若い世代の反応をみて、筆者に本書の執筆を依頼された。くしくも同じ問題意識をもっていた筆者は、その依頼に応じたが、やがてそれが「安請け合い」であったことを痛感することになった。以前に出版した二冊の専門書で扱った時期や内容、そしてそれらの周辺については比較的早く執筆できたが、そのあとが続かず、わずかを執筆してそれを乗さんに送ったあとにまた執筆できなくなるということが繰り返された。乗さんは、その間も手元にある原稿を読まれる一方で残りの分の執筆を筆者にせかすことはされなかった。いまにして思えば、そのような過程は、本書が完成するまでの「発酵」の過程であったが、それにしても完成までにこれだけの時間がかかったことに関しては、お詫び申し上げたい。また、乗さんが本書の原稿を順々に目にされてその度に出されたご感想・ご示唆などが本書の内容のいっそうの充実につながった。これらの点すべてに関して、改めて謝意を表したい。

そのほかにも、本書がこうしてできるまでに有形無形の恩恵を与かった方がたに謝意を表したい。まず、本書のもととなった『現代東アジア』における拙稿を編集していただいた国分良成先生（防衛大学校校長）に謝意を表したい。国分先生のご示唆もあって、拙稿が実際に出た形のものとなり、それが本書の基礎となっている。国分先生は、学会でお目にかかる度に筆者と親しく話す機会をもうけていただいているが、本書にはどのようなご感想をいだかれるであろうか。

つづいて、『現代東アジア』のもととなった『国際情勢ベーシックシリーズ　東アジア』（自由国民社、一九九七年）における拙稿を国分先生とともに編集された故小島朋之先生（元慶應義塾大学教授）およびその編集実務にあたられた当時同社の一柳みどりさんのお二人にも謝意を表したい。お二人のご協力がなければ、その拙稿は、やはり実際に出たものとは違う形のものとなり、それにともなって本書の内容も変わらざるをえなかったであろう。小島先生は、残念なことに二〇〇八年に逝去されたが、本書を目にされたならどのようなご感想をおっしゃったであろうか。一方、筆者にとって乗さんとならんでもう一人の「みどりさん」である一柳さんはその後、独立されたが、学会でお目にかかった際に本書のことをお知らせすると、ぜひ拝読したいとおっしゃった。本書がご期待に沿うものとなっていれば幸いである。また、同書の執筆者の一人として、筆者に連絡をとっていただいた倉田秀也氏（防衛大学校教授）にも謝意を表したい。

そして、筆者の大学院生時代の恩師であった故有賀貞先生（一橋大学名誉教授）にも謹んで謝意を表したい。有賀先生は大学院ゼミにおける劣等生であった筆者が本書を計画中であることをお伝えした際、ご自身のことのように喜ばれて、かつ筆者を励まされた。しかし、有賀先生は今年三月に逝去され、本書をご覧いただく機会は失われてしまい、本書の出版の遅れがこの上ない痛恨事となった。大学院生時代、温かくもこれ以上は考えられないというほどに厳しく筆者を指導された有賀先生が本書を目にされたならどのようなご感想をいだかれたのかは、もはや想像するほかないが、褒めていただくほどではなくとも、書直しを命じられるほどにはなっていなければ幸いである。本書を謹んで有賀先生のご霊前に捧げたい。

また、筆者の求めに快く応じられた上で本書の原稿をお読みいただき、貴重なご感想・ご意見を賜った姜徳相先生（元一橋大学教授、滋賀県立大学名誉教授）にも謹んで謝意を表したい。有賀先生とならんで、筆者の大学院生時代のもう一人の「師匠」である姜先生は、日本と朝鮮半島のあいだの現在を正しく知り、未来を正しく予測するためにも歴史を学ぶことの重要性を常に語っておられるが、本書がそのことに少しでも応えているもの、またそのご感想・ご意見をできるだけとりいれたものとなっていれば幸いである。ただ、いうまでもないが、本書の記述・内容についての責任は、筆者のみに帰するものである。

さらに、前著の時と同様、本書の執筆時において多大の協力と忍耐を強いることになった家族にも謝意を表したい。

最後に、本書を書き終えて改めて感じるのは、本書で扱った内容は筆者がこれまで個人的に学術書・論文で扱ったよりも時期的にも対象的にも広範囲であるものの、それでも日本と朝鮮半島との関係史全体においてはほんの一部に過ぎないということである。したがって、筆者としては、まずは現在計画中の三冊目の学術書の出版に向けてまだまだ研究を続けなければならないと感じている。また、筆者は、これまで学術書・論文を出すにあたって後に残るものになることをその基準にしてきたが、このことは、概説書である本書に関してもまったく同様である。筆者は、本書がそのようなものになっていることを願うばかりであるが、今後も後に残る研究を続けていくべく、精進したい。そして、本書が、いまも「歴史問題」で揺れる日本と朝鮮半島のあいだの今後の相互理解につながる一助となることを心より願う次第である。

長田　彰文

二〇一三年六月

究』9号、津田塾大学、1982年
小此木政夫「朝鮮信託統治構想—第二次大戦下の連合国協議」、『法学研究』第75巻第1号、慶應義塾大学法学研究会、2002年
小此木政夫「三八度線設定の地政学—対日軍事作戦と国際政治」、前掲『慶應の政治学　国際政治』
小此木政夫「朝鮮独立問題と信託統治構想—四大国『共同行動』の模索」、『法学研究』第82巻第8号、2009年
鄭敬謨「今日の朝鮮・明日の朝鮮」、ジョン・A・サリバン&ロベルタ・フォス編、林茂訳『二つの朝鮮　一つの未来』御茶の水書房、1989年
長澤裕子「『ポツダム宣言』と朝鮮の主権—『朝鮮に対する日本の主権維持論』を中心に」、『現代韓国朝鮮研究』6号、現代韓国朝鮮学会、2006年
裴京漢「中日戦争時期 蔣介石・国民政府의 対韓政策」、『歴史学報』208巻、歴史学会、ソウル、2010年

おわりに

Carter J. Eckert, *Offspring of Empire: the Koch'ang Kims and the Colonial Origins of Korean Capitalism, 1876–1945*, University of Washington Press, Seattle, 1991（日本語訳は、小谷まさ代訳『日本帝国の申し子—高敞の金一族と韓国資本主義の植民地起源　1876–1945』草思社、2004年）.

年8月まで』朝雲新聞社、1975年
水野直樹『創氏改名―日本の朝鮮支配の中で』岩波書店、2008年
宮田節子『朝鮮民衆と「皇民化」政策』未來社、1985年
森田芳夫『朝鮮終戦の記録―米ソ両軍の進駐と日本人の引揚』巌南堂書店、1964年
金基兆『韓半島 三八線 分割의 歷史―日帝15年戦争 政戦略과 美・蘇外交戦略秘史(1931～1945)』韓国学術情報、ソウル、2006年
李完範『三八線画定의 真実―1944～1945』知識産業社、ソウル、2001年
鄭容郁『解放前後 美国의 対韓政策:過渡政府構想과 中間派政策를 中心으로』서울大学校出版部、ソウル、2003年
韓詩俊『韓国光復軍研究』一潮閣、ソウル、1993年
Armstrong, Charles K., *The North Korean Revolution, 1945–1950*, Cornell University Press, Ithaca, 2004.
Cho, Soon Sung, *Korea in World Politics, 1940–1950: An Evaluation of American Responsibility*, University of California Press, Berkeley, 1967(日本語訳は、スゥンスン・ジョウ(趙淳昇)『朝鮮分断の責任―分断をめぐる外交』成甲書房、1984年).
Cummings, Bruce, *The Origins of the Korean War, Vol. 1: Liberation and the Emergence of Separate Regime 1945–1947*, Princeton University Press, Princeton, 1981(日本語訳は、鄭敬謨・林哲・加地永都子訳『朝鮮戦争の起源 1945年―1947年 解放と南北分断体制の出現』1・2、シアレヒム社、1989・1991年、1、明石書店、2012年).
Hasegawa, Tsuyoshi, *Racing the Enemy: Stalin, Truman and the surrender of Japan*, Belknap Press of Harvard University Press, Cambridge, 2005(日本語訳は、長谷川毅『暗闘:スターリン、トルーマンと日本降服』中央公論新社、2006年).
Matray, James I, *The Reluctant Crusade: American Foreign Policy in Korea, 1941–1950*, University of Hawaii Press, Honolulu, 1985.
United States Postal Service, *The Postal Service Guide to U. S. Stamps*, 20th Edition, Washington, D. C., 1993.
Yu, Maochun, *OSS in China: Prelude to Cold War*, Yale University Press, New Haven, 1996
李盛煥「太平洋戦争と朝鮮」、『軍事史学』31巻1・2号、錦正社、1995年
林哲「第二次大戦後の朝鮮における民主主義民族戦線」、『国際関係学研

社、1985年
李圭泰『米ソの朝鮮占領政策と南北分断体制の形成過程―「解放」と「二つの政権」の相克』信山社出版、1997年
李景珉『増補　朝鮮現代史の岐路―なぜ朝鮮半島は分断されたのか』平凡社、2003年
伊地知紀子『在日朝鮮人の名前』明石書店、1994年
市場淳子『ヒロシマを持ちかえった人々―「韓国の広島」はなぜ生まれたのか』凱風社、2005年
内海愛子『キムはなぜ裁かれたのか―朝鮮人BC級戦犯の軌跡』朝日新聞出版、2008年
加藤聖文『「大日本帝国」崩壊―東アジアの1945年』中央公論新社、2009年
加藤哲郎『象徴天皇制の起源―アメリカの心理戦「日本計画」』平凡社、2005年
加藤陽子『徴兵令と近代日本　1868～1945』吉川弘文館、1996年
河西晃祐『帝国日本の拡張と崩壊―「大東亜共栄圏」への歴史的展開』法政大学出版局、2012年
金賛汀『浮島丸釜山港へ向かわず』かもがわ出版、1994年
姜徳相『朝鮮人学徒出陣―もう一つのわだつみのこえ』岩波書店、1997年
品田茂『爆沈・浮島丸―歴史の風化とたたかう』高文研、2008年
下斗米伸夫『モスクワと金日成―冷戦の中の北朝鮮　1945～1961年』岩波書店、2006年
鄭栄桓『朝鮮独立への隘路―在日朝鮮人の解放五年史』法政大学出版局、2013年
内藤陽介『これが戦争だ！―切手で読みとく』筑摩書房、2006年
中野聡『東南アジア占領と日本人―帝国・日本の解体』岩波書店、2012年
波多野澄雄『太平洋戦争とアジア外交』東京大学出版会、1996年
林博史『BC級戦犯裁判』岩波書店、2005年
平山龍水『東アジア冷戦の起源―朝鮮半島分断の構図』信山社、2002年
防衛庁防衛研究所戦史室『戦史叢書（73）関東軍〈2〉―關特演・終戦時の対ソ戦』朝雲新聞社、1974年
防衛庁防衛研究所戦史室『戦史叢書（82）大本営陸軍部〈10〉―昭和20

小野信爾「三・一運動と五・四運動―その連関性」、『朝鮮史研究会論文集』17 号、朝鮮史研究会、1980 年
森山茂徳「日本の朝鮮統治政策（1910～1945 年）の政治史的研究」、『法政理論』23 巻 3・4 号、新潟大学法学会、1991 年

第五章

鎌田忠良『日章旗とマラソン　ベルリン・オリンピックの孫基禎』潮出版社、1984 年
姜信子『追放の高麗人（コリョサラム）―「天然の美」と百年の記憶』石風社、2002 年
姜在彦編『朝鮮における日窒コンツェルン』不二出版、1985 年
姜在彦『金日成神話の歴史的検証―抗日パルチザンの〈虚〉と〈実〉』明石書店、1997 年
鄭棟柱著・高賛侑訳『カレイスキー―旧ソ連の高麗人』東方出版、1998 年
外村大『朝鮮人強制連行』岩波書店、2012 年
山田昭次・古庄正・樋口雄一『朝鮮人戦時労働動員』岩波書店、2005 年
尹明淑『日本の軍隊慰安所制度と朝鮮人軍隊慰安婦』明石書店、2003 年
吉見義明『従軍慰安婦』岩波書店、1995 年
和田春樹『金日成と満州抗日戦争』平凡社、1992 年
朴永錫『萬寶山事件研究―日帝大陸侵略政策의 一環으로서의』亜細亜文化社、ソウル、1978 年（日本語訳は、『万宝山事件研究―日本帝国主義の大陸侵略政策の一環として』第一書房、1981 年）
長田彰文「『万宝山事件』と国際関係―米国外交官などが見た『事件』の一側面」、『上智史学』52 号、2007 年
長田彰文「日本の朝鮮統治における『皇民化政策』と在朝米国人宣教師への圧力・追放―神社参拝問題を中心に」、『上智史学』54 号、2009 年
長田彰文「1930 年代朝鮮雲山金鉱経営・採掘権をめぐる日米間交渉」、『日本植民地研究』23 号、日本植民地研究会、2011 年

第六章

饗庭孝典・NHK 取材班『NHK スペシャル　朝鮮戦争―分断三八度線の真実を追う』日本放送出版協会、1990 年
五百旗頭真『米国の日本占領政策　戦後日本の設計図』上・下、中央公論

姜徳相『関東大震災』中央公論社、1975年（改定版として、『関東大震災・虐殺の記憶』青丘文化社、2003年）
姜徳相『呂運亨評伝1　朝鮮三・一独立運動』新幹社、2002年
姜徳相『呂運亨評伝2　上海臨時政府』新幹社、2005年
高原秀介『ウィルソン外交と日本—理想と現実の間　1913〜1921』創文社、2006年
長田彰文『日本の朝鮮統治と国際関係—朝鮮独立運動とアメリカ　1910–1922』平凡社、2005年
朴慶植『朝鮮三・一独立運動』平凡社、1976年
波田野節子『李光洙・「無情」の研究—韓国啓蒙文学の光と影』白帝社、2008年
服部龍二『東アジア国際環境の変動と日本外交　1918〜1931』有斐閣、2001年
原暉之『シベリア出兵—革命と干渉　1917–1922』筑摩書房、1989年
馬越徹『韓国近代大学の成立と展開—大学モデルの伝播研究』名古屋大学出版会、1995年
松田利彦『戦前期の在日朝鮮人と参政権』明石書店、1995年
宮嶋博史『朝鮮土地調査事業史の研究』汲古書院、1991年
山岡道夫『「太平洋問題調査会」研究』龍溪書舎、1997年
梁賢恵『尹致昊と金教臣　その親日と抗日の論理—近代朝鮮における民族的アイデンティティとキリスト教』新教出版社、1996年
油井大三郎『未完の占領改革—アメリカ知識人と捨てられた日本民主化構想』東京大学出版会、1989年
孫世一『李承晩과 金九　1875–1919』1〜3、나남（ナナム）、ソウル、2008年
李炫熙『三・一独立運動과 臨時政府의 法統性』東方図書、ソウル、1987年（日本語訳は、『三・一革命と大韓民国臨時政府の法統性』東方図書、ソウル、1996年）
林鍾国著・反民族問題研究所編『実録　親日派』돌베게（トルベゲ）、ソウル、1991年（日本語訳は、コリア研究所訳『親日派—李朝末から今日に至る売国売族者たちの正体』御茶の水書房、1992年）
Dae-Sook Suh, *The Korean Communist Movement, 1918–1948*, Princeton University Press, Princeton, 1967（日本語訳は、徐大粛著・金進訳『朝鮮共産主義運動史　1918–1948年』コリア評論社、1970年）.

1895–1910, The University of California Press, Berkeley, 1995.
具汏列『帝国主義와 言論：裵説・大韓毎日申報 및 韓・英・日関係』梨花女子大学校出版部、ソウル、1986 年
朴桓『満州韓人民族運動史研究』一潮閣、ソウル、1991 年
朴桓『러시아（ロシア）韓人民族運動史』探求堂、ソウル、1995 年
鄭晋錫『大韓毎日申報 와 裵説：韓国問題에 対한 英日外交』나남（ナナム）、ソウル、1987 年（日本語訳は、李相哲訳『大韓帝国の新聞を巡る日英紛争―あるイギリス人ジャーナリストの物語』晃洋書房、2008 年）
崔起栄『韓国近代啓蒙思想研究』一潮閣、ソウル、2003 年
片山慶隆「ハーグ密使事件・第三次日韓協約をめぐる日英関係」、『一橋法学』8 巻 1 号、一橋大学法学会、2009 年
北岡伸一「国務省極東部の成立―ドル外交の背景」、近代日本研究会編『協調政策の限界：日米関係史　1905～1960（年報・近代日本研究 11)』山川出版社、1989 年
長田彰文「ジョージ・ケナンと日米関係―韓国問題との関連において」(一)、(二)、『上智史学』40、41 号、1995 年、1996 年
長田彰文「日本の韓国併合と米国　1906～1910 年―『総監政治』の開始・転換と米国の対応」、『法学会雑誌』54 巻 1 号、首都大学東京、2013 年
奈良岡聰智「イギリスから見た伊藤博文統監と韓国統治」、伊藤之雄・李盛煥編著『伊藤博文と韓国統治―初代韓国統監をめぐる百年目の検証』ミネルヴァ書房、2009 年
劉孝鐘「ハーグ密使事件と韓国軍解散」、旗田巍編『朝鮮の近代史と日本』大和書房、1987 年
金恵貞「露日戦争以後　日帝의顧問政治実施와 目的―財政顧問 目賀田種太郎을 中心으로」、『韓国民族運動史研究』44 号、韓国民族運動史学会、ソウル、2005 年

第四章

李盛煥『近代東アジアの政治力学―間島をめぐる日中朝関係の史的展開』錦正社、1991 年
梶居佳広『「植民地」支配の史的研究―戦間期日本に関する英国外交報告からの検証』法律文化社、2006 年
片桐庸夫『太平洋問題調査会の研究―戦間期日本 IPR の活動を中心として』慶應義塾大学出版会、2003 年

鄭在貞『日帝侵略과 韓国鉄道：1892～1945』서울（ソウル）大学校出版部、ソウル、1999年（日本語訳は、三橋広夫訳『帝国日本の植民地支配と韓国鉄道：1892～1945』明石書店、2008年）
大澤博明「日清共同朝鮮改革論と日清開戦」、『熊本法学』75号、1993年
片桐庸夫「渋沢栄一と朝鮮—その対朝鮮姿勢を中心として」、慶應義塾大学法学部編『慶應義塾創立150年記念法学部論文集　慶應の政治学　国際政治』慶應義塾大学法学部、2008年
石和静「ロシアの韓国中立化政策—ウィッテの対満州政策との関連で」、北海道大学スラブ研究センター編『スラブ研究』46号、1999年

第三章

市川正明『安重根と日韓関係史』原書房、1979年
伊藤之雄『伊藤博文をめぐる日韓関係—韓国統治の夢と挫折　1905～1921』ミネルヴァ書房、2011年
李英美『韓国司法制度と梅謙次郎』法政大学出版局、2005年
海野福寿『韓国併合史の研究』岩波書店、2000年
小川原宏幸『伊藤博文の韓国併合構想と朝鮮社会—王権論の相克』岩波書店、2010年
片山慶隆『日露戦争と新聞—「世界の中の日本」をどう論じたか』講談社、2009年
片山慶隆『小村寿太郎—近代日本外交の体現者』中央公論新社、2011年
姜在彦『姜在彦著作選　第Ⅱ巻　朝鮮近代の変革運動』明石書店、1996年
黒瀬郁二『東洋拓殖会社　日本帝国主義とアジア太平洋』日本経済評論社、2003年
千葉功『旧外交の形成—日本外交　1900～1919』勁草書房、2008年
長田彰文『セオドア・ルーズベルトと韓国—韓国保護国化と米国』未來社、1992年
古谷昇『韓国における金融組合の生誕とその発展—フィールドワークによる実証分析を中心として』拓殖大学創立百年史編纂室、2012年
森山茂徳『近代日韓関係史研究—朝鮮植民地化と国際関係』東京大学出版会、1987年
森山茂徳・原田環編『大韓帝国の保護と併合』東京大学出版会、2013年
Duus, Peter, *The Abcus and the Sword: The Japanese Penetration of Korea,*

吉野誠『明治維新と征韓論―吉田松陰から西郷隆盛へ』明石書店、2002年
渡辺勝美『朝鮮開国外交史研究』東光堂書店、1941年
Dennett, Tyler, *Americans in Eastern Asia: A Critical Study of the Policy of the United States with Reference to China, Japan and Korea in 19th Century*, The Macmillan Company, New York, 1922.
大澤博明「明治外交と朝鮮永世中立化構想の展開―1882〜84年」、『熊本法学』83号、熊本大学、1995年
大澤博明「日清天津条約（1885年）の研究」（一）（二）、『熊本法学』106、107号、2004年、2005年
大澤博明「大鳥圭介公使の朝鮮帰任（1894年6月）について」、『熊本法学』124号、2011年
大澤博明「朝鮮駐劄弁理公使大石正巳：その任免と反響」、『熊本法学』127号、2013年
張啓雄「国際秩序観の衝突―日韓外交文書論争における『皇』『勅』」、平野健一郎ほか編『国際文化関係史研究』東京大学出版会、2013年
山内弘一「朴珪寿と『礼儀之邦』―考証学との関わりをめぐって」、『上智史学』41号、上智大学史学会、1996年
吉野誠「咸鏡道防穀令事件―賠償請求案の検討」、『東海大学紀要　文学部』66号、東海大学、1996年

第二章

池内敏『竹島問題とは何か』名古屋大学出版会、2012年
井上勇一『東アジア鉄道国際関係史―日英同盟の成立および変質過程の研究』慶應通信、1989年
金文子『朝鮮王妃殺害と日本人―誰が仕組んで、誰が実行したのか』高文研、2009年
月脚達彦『朝鮮開化思想とナショナリズム―近代朝鮮の形成』東京大学出版会、2009年
中塚明『日清戦争の研究』青木書店、1968年
朴宗根『日清戦争と朝鮮』青木書店、1982年
和田春樹『日露戦争―起源と開戦』上・下、岩波書店、2009〜2010年
이순우（李スヌ）『近代서울（ソウル）의　歴史文化空間：손탁호텔（ソンタクホテル）』하늘재（ハヌルジェ）、ソウル、2012年

2008年
梶村秀樹『朝鮮史—その発展』講談社、1977年
武田幸男編『朝鮮史』山川出版社、2000年

第一章

李元植『朝鮮通信使の研究』思文閣出版、1997年
岡本隆司『属国と自主のあいだ—近代清韓関係と東アジアの命運』名古屋大学出版会、2004年
奥平武彦『朝鮮開国交渉始末』刀江書院、1969年
姜範錫『征韓論政変—明治六年の権力闘争』サイマル出版会、1990年
姜徳相編著『カラー版　錦絵の中の朝鮮と中国—幕末・明治の日本人のまなざし』岩波書店、2007年
北島万次『豊臣秀吉の朝鮮侵略』吉川弘文館、1995年
金鳳珍『東アジア「開明」知識人の思惟空間—鄭観応・福沢諭吉・兪吉濬の比較研究』九州大学出版会、2004年
木村幹『高宗・閔妃—然らば致し方なし』ミネルヴァ書房、2007年
琴秉洞『金玉均と日本—その滞日の記録　増補新版』緑蔭書房、2001年
高橋秀直『日清戦争への道』東京創元社、1995年
田代和生『近世日朝通交貿易史の研究』創文社、1981年
田保橋潔『近代日鮮関係の研究』朝鮮総督府中枢院、1940年
趙景達『異端の民衆反乱—東学と甲午農民戦争』岩波書店、1998年
中村均『韓国巨文島にっぽん村—海に浮かぶ共生の風景』中央公論社、1994年
旗田巍『日本人の朝鮮観』勁草書房、1969年
原田環『朝鮮の開国と近代化』溪水社、1997年
平山洋『福沢諭吉の真実』文藝春秋、2004年
平山洋『アジア独立論者　福沢諭吉—脱亜論・朝鮮滅亡論・尊王論をめぐって』ミネルヴァ書房、2012年
毛利敏彦『明治六年政変』中央公論社、1979年
森山茂徳『日韓併合』吉川弘文館、1992年
安川寿之輔『福沢諭吉のアジア認識—日本近代史像をとらえ返す』高文研、2000年
安川寿之輔『福沢諭吉の戦争論と天皇制論—新たな福沢美化論を批判する』高文研、2006年

主要参考・引用文献／さらに読み進めるための文献リスト

(書籍・論文の順／それぞれ日本語文献、ハングル文献、英語文献の順。日本語文献は著者名の 50 音順、ハングル文献は著者名の가나다라［カナダラ］順、英語文献は著者名の ABC 順)

[本書全般にわたるもの]

姜在彦『[増補新訂] 朝鮮近代史』平凡社、1998 年

姜徳相『朝鮮独立運動の群像―啓蒙運動から三・一運動へ』青木書店、1984 年

金煕一著、在日本朝鮮人科学者協会歴史部会翻訳委員会訳『アメリカ朝鮮侵略史』雄山閣出版、1972 年

木村幹『朝鮮 / 韓国ナショナリズムと「小国」意識―朝貢国から国民国家へ』ミネルヴァ書房、2000 年

琴秉洞『日本人の朝鮮観―その光と影』明石書店、2006 年

國分典子『近代東アジア世界と憲法思想』慶應義塾大学出版会、2012 年

高崎宗司『「妄言」の原形―日本人の朝鮮観　増補三版』木犀社、2002 年

趙景達『近代朝鮮と日本』岩波書店、2012 年

朝鮮史研究会編『朝鮮史研究入門』名古屋大学出版会、2011 年

林建彦・阿部洋編『ニッポン・コリア読本』教育開発研究所、1991 年

山辺健太郎『日韓併合小史』岩波書店、1966 年

山辺健太郎『日本統治下の朝鮮』岩波書店、1971 年

和田春樹『これだけは知っておきたい　日本と朝鮮の 100 年史』平凡社、2010 年

具汏列『韓国国際関係史研究 1―日帝時期 韓半島의 国際関係』歴史批評社、ソウル、1996 年

Kim, Seung-young, *American Diplomacy and Strategy toward Korea and Northeast Asia, 1882-1950 and after: Perception of polarity and US commitment to a periphery*, Palgrave Macmillan, New York, 2009.

[各章に関するもの]

はじめに

岡本隆司『世界のなかの日清韓関係史―交隣と属国、自主と独立』講談社、

ま行

や行

ら行

わ行

な行

は行

た行

〈事　項〉

堀口九万一　45, 46
堀本礼造　27, 28
洪思翊（ホン・サイク）　158
洪範図（ホン・ボムド）　124

ま行
馬建常　29
マッカーサー，ダグラス（MacArthur, Douglas）　197, 203, 204
三浦悟楼　44, 46
水野錬太郎　119, 120, 133, 134
南次郎　95
明成（ミョンソン）皇后→閔妃
閔妃（ミンビ）　19, 28, 32, 41–45, 47, 61, 84, 232
閔泳煥（ミン・ヨンホワン）　50, 79
陸奥宗光　38, 40, 41, 43, 44,
目賀田種太郎　67, 68, 81
メルレンドルフ，ポール・G・フォン（Möllendorf, Paul G. von）　29, 31, 32
モーリー，E・M（Mowry, E. M.）　112
森山茂　16, 18, 20, 21
モロトフ，V・M（Molotov, V. M.）　192, 195

や行
山県有朋　22, 24, 34, 35, 44, 46, 49, 50, 55, 57, 58, 60, 63, 82, 91, 118, 119, 244
山県伊三郎　91, 95, 110, 119
山口儀三朗　205
山梨半造　95
梁起鐸（ヤン・キタク）　85
兪吉濬（ユ・キルジュン）　20, 27, 30, 42, 47, 48
尹致昊（ユン・チホ）　67, 81, 97, 98, 143, 170, 237, 244
尹奉吉（ユン・ボンキル）　149, 150, 235
呂運亨（ヨ・ウニョン）　106, 113, 123, 125, 131, 184, 203, 205–207, 235, 238
吉田松陰　13
吉野作造　123

ら行
ラスク，ディーン（Rusk, Dean）　197
ランシング，ロバート（Lansing, Robert）　105, 112
李鴻章　21, 23, 25, 26, 38, 43
梁啓超　244
ルート，エリフ（Root, Elihu）　75, 77, 79
レーニン，ウラジミール・I（Lenin, Vladimir I.）　104
ローズヴェルト、セオドア（Roosevelt, Theodore）　62, 68, 72, 73, 75–77, 79, 90, 221
ローズヴェルト、フランクリン・D（Roosevelt, Franklin D.）　173, 175, 178–180, 182–184, 186, 190, 191, 224, 225
ローゼン，ローマン・R（Rosen, Roman R.）　52, 62, 64, 73
ロジャーズ，ジョン（Rogers, John）　12
ロッジ，ヘンリー・C（Lodge, Henry C.）　75
ロバノフ＝ロストフスキー，A・B（Lobanov-Rostovskii, A. B.）　49, 50

トルーマン，ハリー・S（Truman, Harry S.） 190, 191, 193–195, 198, 225
トロツキー，レフ（Trotsky, Lev D.） 156

な行

梨本宮方子 107
南昇龍（ナム・スンヨン） 151
ニコライ二世（Nikolai Ⅱ） 49, 63
西徳二郎 52
野口遵 151

は行

ハーディング，ウォーレン・G（Harding, Warren G.） 127–129, 131
バーンズ，ジェームズ・F（Byrnes, James F.） 194
パヴロフ，A（Pavloff, A.） 57, 58, 66
朴殷植（パク・ウンシク） 85
朴珪寿（パク・ギュス） 19, 20
朴斎純（パク・ジェスン） 59, 80
朴春琴（パク・チュングム） 139
朴憲永（パク・ホニョン） 131, 205, 206
朴泳孝（パク・ヨンヒョ） 20, 29–31, 43
長谷川好道 72, 77, 102, 110, 119, 122
花房義質 17, 28
林権助 58, 63, 66, 67, 77, 78, 92, 243
林銑十郎 148
原敬 50, 92, 105, 110, 111, 118, 119, 129
ハリス，チャールズ（Harris, Charles） 203, 204
ハルバート，ホーマー・B（Hulbert, Homer B.） 79, 83
韓圭卨（ハン・ギュソル） 78, 243
ヒトラー，アドルフ（Hitler, Adolf） 151, 190
ヒトロヴォ，ミカイル・A（Hitorovo, Mikhail A.） 43
ヒューズ，チャールズ・E（Hughes, Charles E.） 127–129
玄楯（ヒョン・スン） 128
フーヴァー，ハーバート（Hoover, Herbert） 191, 225
福沢諭吉 29, 32, 33
ブラウン，アーサー・J（Brown, Arthur J.） 98
ブラウン，M（Brown, M.） 52
プラット，ザドック（Platt, Zadoc） 5
ヘイ，ジョン（Hay, John） 61
ベセル，アーネスト・T（Bethell, Ernest T.） 82, 85
ベゾブラゾフ，A・M（Bezobrazov, A.M.） 59, 62, 63
ペリー，マシュー・G（Perry, Matthew G.） 11, 21, 221, 232
ボーンスティール，チャールズ・H（Bonesteel, Charles H.） 197
ホーンベック（Hornbeck, Stanley K.） 115, 154
ホッジ，ジョン・R（Hodge, John R.） 203–205, 207
ホプキンス，ハリー・L（Hopkins, Harry L.） 180
許憲（ホ・ホン） 205, 206

索　引

〈人　名〉

長田 彰文（ながた あきふみ）
上智大学文学部史学科教授。1958年大阪府生まれ。
早稲田大学政治経済学部および京都大学法学部卒業、一橋大学大学院法学研究科修士課程修了、同博士課程単位取得退学。博士（法学）。大韓民国ソウル大学校国際地域院（現・国際大学院）客員研究員（2001–2002年）、米国コロンビア大学東アジア研究所客員研究員（2009–2010年）、中華民国（台湾）中国文化大学社会科学院政治学系客員研究員（2017–2018年）。
専攻分野：日韓関係史、アジア太平洋国際政治史。
主要著作：『セオドア・ルーズベルトと韓国―韓国保護国化と米国』（未來社、1992年）、『日本の朝鮮統治と国際関係―朝鮮独立運動とアメリカ 1910–1922』（平凡社、2005年）、（共著）『現代東アジア―朝鮮半島・中国・台湾・モンゴル』（慶應義塾大学出版会、2009年）、ほか。

世界史の中の近代日韓関係

2013年7月31日　初版第1刷発行
2020年9月28日　初版第3刷発行

著　者――――長田彰文
発行者――――依田俊之
発行所――――慶應義塾大学出版会株式会社
〒108-8346　東京都港区三田2-19-30
TEL〔編集部〕03-3451-0931
〔営業部〕03-3451-3584〈ご注文〉
〔　〃　〕03-3451-6926
FAX〔営業部〕03-3451-3122
振替　00190-8-155497
http://www.keio-up.co.jp/
装　丁――――鈴木　衛（写真提供・株式会社国書刊行会）
印刷・製本――株式会社理想社
カバー印刷――株式会社太平印刷社

Printed in Japan　ISBN 978-4-7664-2058-6